逆境生存

JAC写给外贸企业的转型战略

JAC◎著

TO SURVIVE
IN ADVERSITY

JAC'S BUSINESS STRATEGY

中国海关出版社
·北京·

图书在版编目（CIP）数据

逆境生存：JAC写给外贸企业的转型战略/JAC著.—北京：中国海关出版社，2018.11
　ISBN 978-7-5175-0315-6

Ⅰ.①逆…　Ⅱ.①J…　Ⅲ.①外贸企业—企业战略—研究—中国　Ⅳ.①F279.24

中国版本图书馆CIP数据核字（2018）第244640号

逆境生存：JAC写给外贸企业的转型战略
NIJING SHENGCUN：JAC XIEGEI WAIMAO QIYE DE ZHUANXING ZHANLUE

| 作　　者：JAC |
| 策划编辑：马　超 |
| 责任编辑：吴琳旖 |
| 责任监制：王岫岩　赵　宇 |
| 出版发行：中国海关出版社 |

社　　址：北京市朝阳区东四环南路甲1号	邮政编码：100023
网　　址：www.hgcbs.com.cn；www.hgbookvip.com	
编 辑 部：01065194242-7585（电话）	01065194234（传真）
发 行 部：01065194221/4238/4246（电话）	01065194233（传真）
社办书店：01065195616/5127（电话/传真）	01065194262/63（邮购电话）
印　　刷：北京鑫益晖印刷有限公司	经　　销：新华书店
开　　本：710mm×1000mm　1/16	
印　　张：17.75	字　　数：304千字
版　　次：2018年11月第1版	
印　　次：2019年3月第2次印刷	
书　　号：ISBN 978-7-5175-0315-6	
定　　价：55.00元	

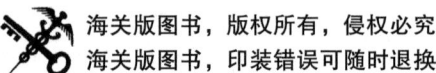

海关版图书，版权所有，侵权必究
海关版图书，印装错误可随时退换

前　言

转型，不管你愿不愿意，已经不可逆转地到来

这本书实际上来源于我的演讲稿，我带着这份演讲稿跑遍了中国的大江南北。讲座场场爆满，不是因为我多么有名或者我的演讲水平有多么高，而是因为大部分的外贸企业都已经感觉到了外贸形势的变化，希望找到应对之道，而我算是较早研究这个课题的外贸一线人员。

或许我永远达不到理论家们那样的高度，可是我胜在能够把宏观经济形势的变化与日常外贸操作联系起来，使操作真正地落地。

当然，只是把我自己的外贸企业当作研究对象是不够的，因为样本太少，极容易造成分析的片面性。在这里，我要感谢我曾经培训过的2 700多家企业和利贸咨询深入服务过的400多家企业为我提供内部数据，允许我分析并公开。分析这些数据得出的结论让我原本的感觉得到了验证，使我的文章和演讲更加严谨、真实、有震撼力。

其实，我在第三本书——《JAC写给外贸公司老板的企管书》中，或多或少谈及了一些外贸转型的内容。书既然是写给老板看的，就要给予他们启发，不能是老生常谈。在中小企业中，老板是"发动机"和"导航仪"，发动机是决定我们能跑多远多快的核心，而导航仪让我们辨清方向。如果导航仪导错了方向，那么我们跑得越快，越远离终点。我希望我的所有书都能给大家带来不一样的东西，例如强大的思维能力、缜密的逻辑分析能力、前瞻性的战略预测能力。

这本书会从外贸企业面临的整个市场的变化、订单的变化、竞争态势的变化、沟通途径的变化、营销途径的变化、企业发展阶段的变化等几个维度来分析外贸形势的变化。当然，单纯地分析变化情况并不是这本书的目的，本书的目的是通过分析变化来消除其给企业老板和一线业务员带来的迷茫和不知所措的感觉。

我要提醒那些在变化中还不转变思维模式的企业老板和业务员：不要等出现了明显的危机才想着改变，你们从书里也会看到大量的实际案例，看到僵化的思维模式给企业带来的灾难性后果。

我非常认同彼得·德鲁克（Peter F. Drucker）说过的一段话："在动荡的时代，最可怕的不是动荡本身，而是一直延续以前的逻辑思维模式！"

在本书中，无论是从战略层面（如寻找最新的红利点、精准的客户定位、完善的市场推进策略等）、公司运营层面（如人才布局、营销布局、产品开发策略、内部管理布局等），还是从最基本的外贸操作层面（如外贸基础梳理、客户寻找、主动营销、客户谈判等），我都会给出一些具有建设性的意见及卓有成效的改进方案。我可以承诺这些意见会卓有成效，因为书中的所有方案在我自己的公司和利贸咨询服务的公司都切切实实地执行了，而且取得了良好的效果。

转型的必修课是痛苦的

我每年都会减肥，给自己定好目标，找好监督者，然后行动。但是我不能不承认，我所谓的减肥，采用的是相对来说较为舒适的方式，例如晚上吃点水果，喝点粥，抑制住自己的食欲，选择自己最喜欢的运动方式进行锻炼。这种减肥在很大程度上来说是种享受。

可能是因为这样减肥相对来说很容易，所以我也很容易放弃减肥成果。夏天时，我往往能取得减掉三十几斤的成绩，但是到了秋天，体重就会慢慢地长回来。

今年，我更忙了，不可能再有那么多时间去减肥，所以被迫采取了另外一种模式——雇佣专业教练，进行专业训练。当然，起初我并不知道这意味着什么。可是上完第一节课后，我就知道了。整整一个星期，我的胳膊抬不起来，睡觉时只能保持一个姿势，因为翻不了身，起床后一个人穿不了衣服，没法开车，讲课时拿着话筒像是拎着几十斤重的哑铃……

于是朋友提出了各种疑问，当然我相信这些疑问的出发点是好的，是对我的忠告：

是不是教练不专业？

是不是教练不清楚你的体质？

不要减了，老婆、孩子都有了，何必呢？
你也不是很胖！干吗这么折腾自己？
……

  总之，大部分人都劝我别减肥了，极少有人鼓励我坚持下去。

  这是不是像极了企业转型？要改变原有的思维模式、固有的行为模式、陈旧的运营模式，需要极大的决心，但是决心会因为改变带来的不适应和痛苦而慢慢地消减，更会因为热心群众的好心劝导而动摇。利贸咨询在服务中遇到了大量的此类案例，很多人在谈转型的时候雄心万丈，在转型项目启动的时候信心满满、热泪盈眶，但是项目一落地，各种问题就出现了。

  关于外贸形势的巨变，我写了很多文章，论述了低成本时代的结束、增量环境变存量环境、国内外企二代的接班、资本的介入等，这些都让竞争更加激烈，企业不改变就会面临淘汰。这本书将我的文章、演讲稿整理成体系，内容很多，可以概括为四个方面：外贸形势变化分析、企业战略调整、老板思维调整、业务员工作思路转变。

  耐心看完，相信你不会失望。

JAC

2018 年 9 月 30 日

第一章　外贸江湖风起云涌

第一节　逆境生存法则　_003

第二节　这些变化，你必须知道　_005

  Part 1　最全面的关于外贸形势变化的阐述　_005

  Part 2　转型期的外贸红利点在哪里　_009

  Part 3　外贸主动营销时代到来　_012

  Part 4　以广交会数据分析外贸形势　_015

  Part 5　资本介入加速外贸行业洗牌　_018

  Part 6　企二代的外贸转型之路　_020

第三节　存量时代的生存法则　_024

  Part 1　下一个球更好与赢在沟通　_024

  Part 2　存量时代，客户是需要"抢"的　_025

第四节　变化中的疑惑　_026

  Part 1　怎么打赢外贸这场战争　_026

  Part 2　OEM与品牌之路　_029

第二章　外贸企业的积累与沉淀

第一节　外贸企业积累　_035

  Part 1　做了这么多年外贸，你到底留下了什么　_035

  Part 2　已成交客户画像　_038

Part 3　老板，你有这些数据吗　_040

Part 4　销售漏斗模型　_041

Part 5　如何进行有效的客户分类　_044

第二节　"沉下去"做外贸才是成功之路　_045

Part 1　更多的红利点在于"沉下去"　_045

Part 2　企业战略之客户定位战略　_048

Part 3　传统B2B向B2C转型的策略　_053

第三章　做好外贸，两条腿走路

第一节　挖墙脚和守江山　_067

第二节　专业成交　_069

Part 1　最大化成交战略　_069

Part 2　SNS的所有打法　_074

Part 3　让你的内容更专业　_077

Part 4　你关注过客户的市场环境吗　_080

第三节　老客户管理　_083

Part 1　老客户评估　_083

Part 2　你知道是哪些客户在重复购买你的产品吗　_086

Part 3　新产品推荐的方法　_087

Part 4　分析你手里客户的存活能力　_088

Part 5　年底了，你可以把这些东西翻译给客户看　_092

第四章　新形势下，老板要转变

第一节　企业老板存在哪些问题　_099

第二节　招聘时一定要知道的事儿　_101

　　Part 1　企业在招聘中遇到的惯常误区　_101

　　Part 2　流程不健全的招聘注定会失败　_104

第三节　老板，你真的会管理吗　_107

　　Part 1　谈谈中国式管理　_107

　　Part 2　老板，你大可不必这样　_114

　　Part 3　老板不能总是当"救火"队员　_116

　　Part 4　现实给了我一个响亮的耳光　_119

　　Part 5　频频惹祸的年终奖　_121

　　Part 6　职责管理，每个企业转型的第一步　_123

第四节　怎样为员工定制培训方案最有效　_131

　　Part 1　名师未必出高徒　_131

　　Part 2　你曾经派你的员工参加过培训吗　_133

　　Part 3　对不起老板，你想多了　_134

　　Part 4　专业已经不是高级技巧，而是标配　_135

　　Part 5　传承、发展非常关键　_138

第五节　如何提升业务员的业务水平　_140

　　Part 1　不要再"喂养"业务员　_140

　　Part 2　告诉你的业务员，不要这样参展　_142

　　Part 3　诸位老板，你真的以为你的业务员是神仙吗　_144

　　Part 4　SNS很重要，但是千万不要外包　_146

Part 5　老板一定要让业务员弄明白这三点　_148

Part 6　你要教会业务员做案例分析　_152

第五章　新形势下，业务员要改变

第一节　先从日常陋习改起　_159

Part 1　做外贸，千万不能靠等和碰　_159

Part 2　情理之中的拒绝或反感，不应成为你不作为的借口　_160

Part 3　别拿自己业务不精当借口　_162

Part 4　在僵局中沉住气，不一定能取胜　_163

Part 5　致命思维　_166

Part 6　客户未必会为你的高品质商品买单　_167

Part 7　破解外贸里有名的死循环　_169

Part 8　不打电话，你怎么会知道这些问题　_171

Part 9　每项工作都必须落实到位　_174

第二节　缜密的思维逻辑　_179

Part 1　条件反射，做业务必备　_179

Part 2　跟进客户最强大的思维导图　_184

Part 3　成交思维导图　_187

第三节　修炼谈判技能　_190

Part 1　三品策略　_190

Part 2　外贸谈判要学会合并同类项　_192

Part 3　价格谈判最强策略　_194

Part 4　JAC议论文谈判法　_197

Part 5　你会向客户发问吗　_200

Part 6　你和客户沟通的时候有感情吗　_202

Part 7　你会"恐吓"客户吗　_204

Part 8　用样品拿订单的最强大方法　_206

Part 9　提高开发信回复率的最强技巧　_210

Part 10　一点点蚕食客户的兴趣点　_212

Part 11　业务员基本素质之高效沟通：跟客户使用WhatsApp等手机软件聊天该注意什么　_214

第四节　勤思考，才能进步　_217

Part 1　你以为销售真的就是卖产品吗　_217

Part 2　为什么客户明明需要你的产品却不理你　_220

Part 3　已经跟客户合作的同行到底比你好在哪　_221

Part 4　你知道你的客户是怎么一个个流失的吗　_223

Part 5　关于报价的种种疑虑　_228

Part 6　想一下，你手头上是不是有这两类客户　_231

Part 7　做外贸可以不谈论价格吗　_234

Part 8　如何让你的PPT发挥最大功效　_236

Part 9　汇率如此变化，外贸还怎么做　_238

Part 10　客户凭什么回答你的问题　_240

第六章　高效完成外贸关键点的规定动作

第一节　老客户维护开发的规定动作　_245

第二节　展会的"前后左右"，你做到极致了吗　_248

　　　　Part 1　展前准备　_248

　　　　Part 2　展会进行时　_252

　　　　Part 3　展后主动出击　_256

第三节　高效地推进行时　_257

　　　　Part 1　行前准备　_257

　　　　Part 2　从抵达目的地到谈判结束　_261

　　　　Part 3　地推里面这些"坑"要注意　_266

第一章

外贸江湖风起云涌

第一节　逆境生存法则

如果外贸行业是一条河，那么每一家外贸企业都是其中的一条小船，河流便是小船赖以生存的大环境。

20世纪末期，大部分外贸企业的快速发展，都是因为处在了顺风顺水的环境中，其实我们的船本身没有任何动力来源，甚至没有桨，前进的速度因为水流和风向的作用已经足够快。

是什么给了我们如此美妙的环境呢？

（1）信息差：中国的工厂非常多，但是当时懂外贸、会营销的很少，所以信息差让一部分意识开放的企业先拿到了第一桶金。

（2）劳动力成本：这是一个不得不提却又不需要详细说明的因素。

（3）大体量的世界经济：虽然1997年亚洲发生了大规模的经济危机，但是对世界经济影响并不大，当时的世界各国都处于稳定发展时期，需要中国工厂的供应。

2010年以后，尤其是2012年以后，情况变了，水停了，风也停了，甚至出现了倒流的迹象。但是顺风顺水期的发展蒙蔽了大部分外贸企业的眼睛，大家想当然地认为是自己的能力强带来了企业的快速发展，根本没有想到要去寻找船桨，更没有想到要去学习，并且加强自己划桨的能力，困局就这样出现了。

其实大家都在寻找突破口，但是思维的突破才是最难的，因为绝大多数人都没有意识到是因为自己不会划桨才陷入了困境，他们认为是经济不行了，行业不行了，B2B（Business-to-Business，商对商电子商务模式）不行了，所以他们在寻找另外一条河，依然顺风顺水的河。很多人找到了——B2C（Business-to-Customer，商对客电子商务模式），于是转型、升级，这在很长的时间里成了整个外贸的主题，甚至连跨境电商这个原本属于外贸一个阶段的产物都变得不再是外贸了。我经常听到一些人将跨境电商和外贸相比较，就如同黑马非马论。

但是，B2C也会从蓝海变成红海，也会出现激烈的市场竞争，河水还是会静止或者倒流，依旧不会划桨的企业怎么办？再换一条河？要知道，就算是换，也是在赶所谓的风口，绝大部分人的反应是很慢的，等觉得自己看准了，安全了，一头扎进去才知道是漩涡，要抽身就难了。所以，正确的想法是要修炼内功，即具备划桨的能力才是逆境生存法则中最重要的。

内功包括哪些方面呢？

（1）管理层的思维模式和战略布局。

对于绝大部分的外贸企业来说，老板的思维模式是一个企业发展的天花板。我曾经多年以业务员为读者对象写文章，但现在我果断地转向了老板这个群体，因为他们才是外贸的希望，他们的转变才会促进整体的上升。

（2）标准化＋量化的科学管理模式。

标准化的培训和员工工作模式，可以极大地减少员工流失，加速员工成长，降低试错成本，是团队实现快速复制的基础。

量化这个概念不是新概念，但是大部分老板接触的量化是结果量化。结果量化是一种很好的管理模式，可惜并不适合中小企业。因为体制健全的企业，上层盯结果，中层盯流程，在这种配合下，结果量化是合理的，但是大部分的中小外贸企业并没有什么中层，没有人关注流程，流程的失控一定会带来结果的不如意。

（3）让营销变成除了销售之外的另一只翅膀。

在B2C中，营销让销售变得多余；在B2B中，营销让销售变得简单。但大部分的外贸企业都只有销售这一只翅膀，所以业务员的能力决定了企业的发展，业务员的努力与否决定了订单成交与否。为了公司的长远发展，必须把营销放在重要战略的位置。

（4）员工的专业、职业、商业和服务精神。

这其实是标准化中的一项内容，特意单独列出，表示重视。

在没有强大的产品和营销的情况下，业务员就是孤军作战的状态，所以业务员的素质就代表着公司的素质，决定了客户是否愿意理会我们，了解我们，相信我们，跟我们合作。

以上四点就是我们的桨，要不断地练习划桨，才能在逆境中生存下来。

第二节 这些变化，你必须知道

最全面的关于外贸形势变化的阐述

一、企业的变化

图 1-1 显示的是外贸中的第一个大变化，即企业的变化。大部分的外贸企业都已经渡过了创业阶段，也就是暂时摆脱了生存危机，进入了第三个阶段——守业。

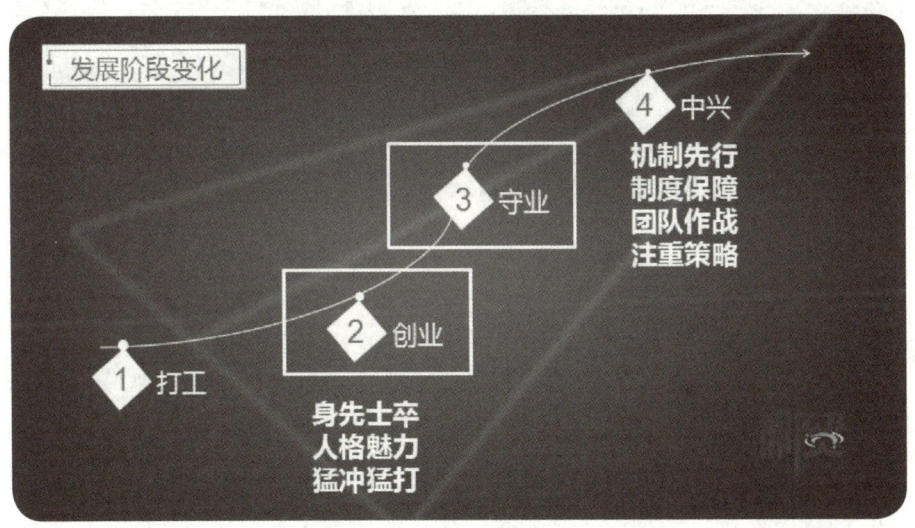

图1-1

创业阶段和守业阶段对于管理人员、团队等的基本要求是有很大差别的。在创业阶段，一个老板带着几个业务员，猛冲猛打，老板身先士卒，其他人哪敢懈怠？所以三军用命，加上外贸的黄金时期带来的红利，企业会迅速发展。

三到五年之后，一起打拼的员工有了稳定的收入，已经很难再靠热情来做业务，而老板却有着更上一层楼的雄心，于是反差出现。

老员工的懈怠、新团队的成长，要求体系、制度更加明确完善，战略更加清晰。因为团队要有一个共同目标才有动力，潜力才会被挖出，惰性才会被最大限度地降低。所以守业阶段要稳，甚至可能要敢于抵制高速发展的诱惑，沉下心思来优化团队、机制、流程。

向守业阶段转型的策略如图1-2所示。

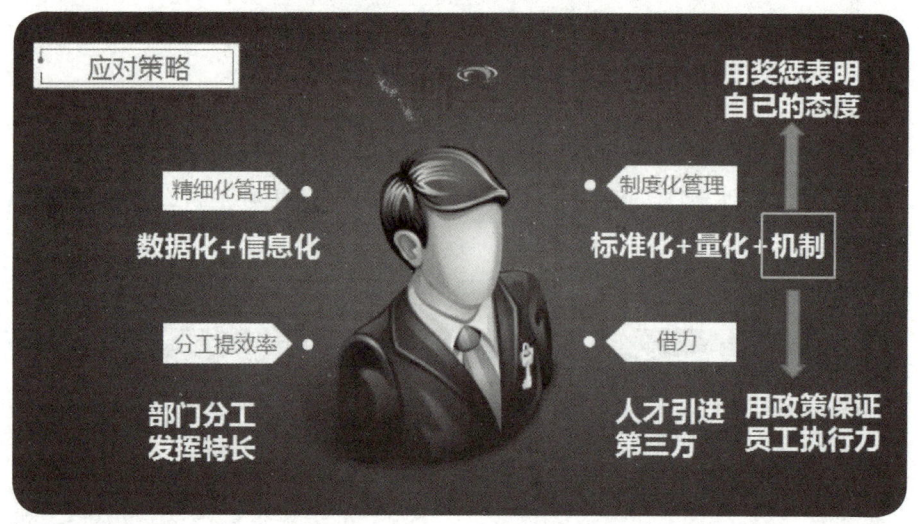

图1-2

二、次终端与营销方式的变化

B2C的发展，让广大的消费者享受了极大的红利，但是给次终端带来了极大的压力。因为B2C的成本低，选择多，而次终端的货源却往往是本国的渠道商，渠道商攫取了高额利润后，次终端拿到的价格已经无法和B2C的供应商竞争，如图1-3所示。这样的压力逼迫着次终端寻求更加便宜的货源，而中国互联网的发展让这种诉求得到满足。敦煌网在国内第一个推出了小额批发的业务，随后是亚马逊推出针对小B端的服务，阿里巴巴的Wholesale（阿里巴巴推出的小单外贸平台）更是把这种变化推进到了极致。

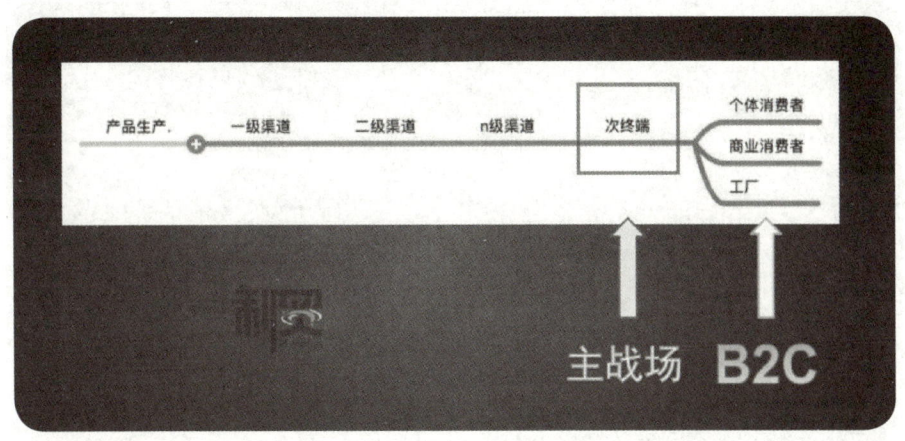

图1-3

次终端的争夺逐渐成为快消品的主要竞争模式。

次终端因为不愿意保持库存,而且希望快速采购,所以长久以来都依赖于保持库存且能迅速送货的批发商。中国的出口商为了能够跟当地的批发商竞争,往往采用租赁海外仓的模式切入。

当然,海外仓往往要结合本地化营销才能发挥最大功效,这里引出了我们外贸营销方式的重大变化:本土化营销,具体流程如图1-4所示。所以走出去应该成为每一个公司的战略规划。

除此之外,整个的营销也发生了极大的变化,如图1-5所示。

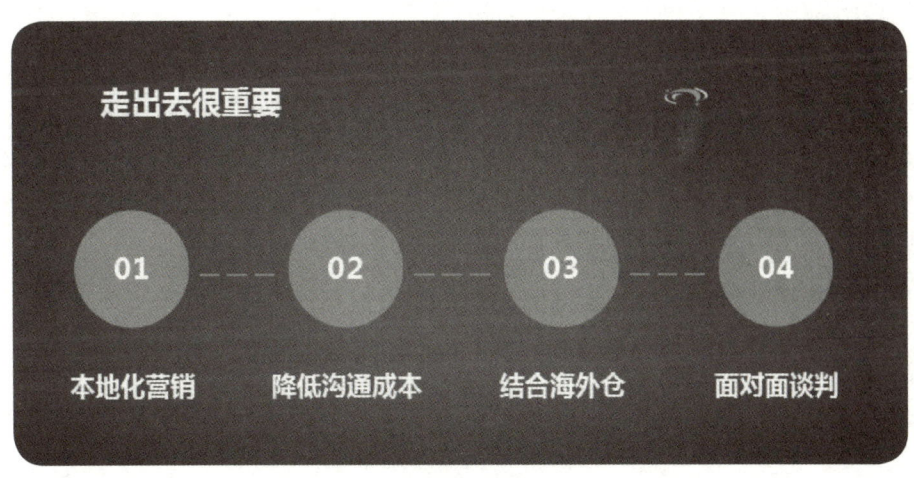

图1-4

图1-5

订单的零散化、小额化也会给团队服务带来巨大的压力。一个业务员能够服务的客户数量是有限的，因为他的精力有限。如果一个业务员可以服务10个大客户，这10个大客户能为他带来1 000万美金甚至更多的业绩；而服务小客户花费的精力实际上并不比服务大客户少很多，我们就算可以服务30个小客户，可能这些小客户的平均订单金额也就是10万美金，总额才300万美金。

三、市场的变化

说到外贸形势变化就不得不提市场的变化，传统的英语市场已经是红海一片，但是并不是所有的市场都如此，小语种市场的布局如图1-6所示。

西班牙语和俄语市场已经被讨论了很多年，有的公司已经从中尝到了巨大的甜头，而更多的公司还是观望再观望。的确，招聘掌握小语种能力的员工存在着巨大的困难，但是只要是应该做的事，再难也要做。其实，只要我们把某件事看得极其重要，就不可能做不好。利贸咨询现在辅导的很多企业，一边喊着招聘困难，一边却不投入资金和精力，只能说明，这些企业根本就没有把人才使用当成战略。

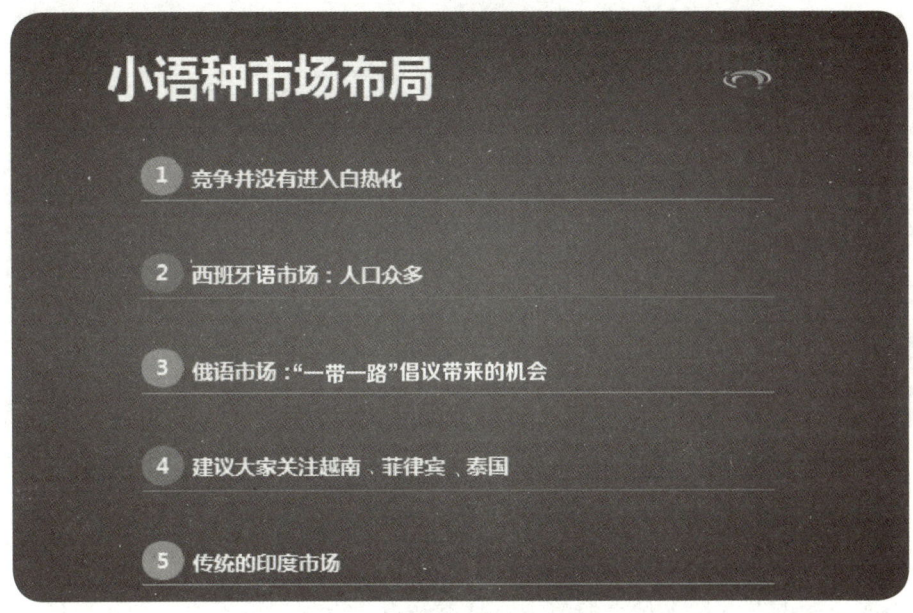

图1-6

"一带一路"沿线机会多,你会放过马上要进行大规模基础设施建设的中亚地区吗?

越南、菲律宾、泰国等国家的人力成本低,是劳动密集型产业的新聚集地,产业的发展也会带动日常消费,就如同当年的印度尼西亚。

印度因为废大钞政策的实施,银行里有了充足的资金,政府也拿到了大量的税金。有了钱就能进行基础建设,就会带动其他的消费,所以印度市场要重视。

转型期的外贸红利点在哪里

外贸不好做了,因为原来的红利没有了。虽然新的红利点已经出现,但是大部分的公司还没有转变思维。所以做外贸要改变思维,而改变取决于市场。

每次探讨市场、方法、技巧,都会有人跳出来说这些都是术,产品才

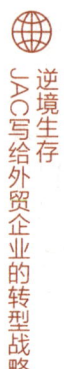

是道。争论这些没有意义，我只知道作为一名销售员，我就要关注市场和销售，这才是在其位，谋其职。

中国成为世界工厂、世界供应商最大的原因是人口红利、劳动力红利，而且说句实话，一直到今天，这还是中国制造能够立足于世界的最重要的原因之一。劳动力红利绝对不仅仅是指人多、用工成本低，还包括工人具备善良、能干、任劳任怨等特质。

我们分析得细一些，企业的红利点到底经历了哪些变化呢？

一、信息差红利

因为互联网的发展，信息差红利时代已经基本上过去了。当信息差逐渐减少，采购者寻找供应商的成本降到可以忽略不计的时候，价格战必然会开始。当然还不仅仅是价格战，客户对于供应商的产品质量、服务质量、沟通效率也会有越来越高的要求，甚至苛求。也就是提供信息的年代结束了，谁体现的价值高，谁才有机会取胜。

二、供应链改造红利

供应链改造绝对是提升竞争力、追回红利的最有效方法。

传统的外贸竞争都是对渠道的争夺，例如我们在某些国家有各种代理，他们负责采购产品、清关等事务，然后卖给下一级渠道，渠道间必然有层层"盘剥"。所以跳过中间环节，直达终端，或者是更加接近终端的环节，是新的红利点。因为这个时候我们需要"地推＋海外仓"的配合，并不是所有人都有魄力来做这些工作。

三、营销红利

大部分人都不会营销，大部分人认为的营销都不是营销，而是凑热闹。因为大部分的营销决策都是按照是不是有人在做和多少人在做来制订的，人多的营销渠道就是好的，人少的就是不好的。

我们要清晰地认识，某些营销渠道已经是独木桥，而有的还是康庄大道。

B2B 平台到了瓶颈期已经是不争的事实，因为 B2B 实际上就是分资源，当有 10 000 家采购商分配给 10 000 家供应商的时候，似乎每一家都有肉吃，但是当把 10 000 家采购商分配给 100 000 家供应商的时候，供应商就要进行激烈竞争了。

大部分的老板都只知道 B2B 营销，对于 SEO（Search Engine Optimization，搜索引擎营销优化）、SNS（Social Network Services，社交网络服务）、EDM（Email Direct Marketing，电子邮件营销）等营销方式完全是持着让别人试路，自己来享受胜利果实的态度。但是第一批做 B2B 的都占了大便宜，而跟风的已经没有了第一批的风光。

各个平台带来的询盘质量是不一样的，我相信多渠道运营的一定很清楚。

因此想要获得营销红利，就要比同行早走一步棋，敢于尝试新的营销方式。

四、OEM 转品牌化运作红利

OEM（Original Equipment Manufacturer，授权贴牌生产）不好做，这是绝大部分工厂老板的心声。辛辛苦苦一年，就赚了一点点加工费，那么大一个工厂，随时都有崩塌的危险，因为那几个大客户总是在制造危机。所以做品牌是现在很多老板的内心诉求。

可是品牌化之路也不容易走，一不小心就会被大客户投诉，面临着订单被取消、OEM 业务停滞的危机。但是转型是必需的，尤其是 B2C、海外仓的发展为我们提供了非常好的时机。企业以品牌结合 B2C、"地推 + 海外仓"，去开发次终端市场，或许是一条不错的道路。

五、小语种市场红利

如同前文所说，小语种市场，尤其是西班牙语和俄语市场，绝对是红利大规模存在的市场。

原来的小语种市场受上游渠道商的控制，而渠道商往往会说英文，懂中国市场状况。而现在下游渠道商外逃，这些渠道商未必会说英语，所以配备掌握小语种能力的员工是开发小语种市场的硬需求。

2017 年广交会，我们公司接待了很多个不会说英语的外国人，有法国的、西班牙的、俄罗斯的，都是带着一个不懂商务的翻译，沟通成本极高，沟通效率极低。

如果你有一个既懂语言又懂商务，更懂产品的业务员呢？

穷则思变，变则通！

外贸主动营销时代到来

对于电子商务的态度，我一直都很坚定：电子是途径，商务是本质；电子商务是商务发展到互联网时代的产物，它存在于一定的阶段，也会随着科技的发展成为历史，但是商务会一直存在。

电子商务在外贸中的运用造就了一批外贸企业，它曾经让外贸企业的获客成本、沟通成本变得很低。但是电子商务同时也带来了一些负面因素，最严重的当属让这个时代的外贸业务变得不像是业务，而是跟单。

一、坐以待毙只可能等来小订单

我曾经跟着一个数据公司在义乌走访了他们的老客户，得到的反馈是，数据使用的效果不好。但是仔细聊下来才发现，所谓的效果不好却只是因为他们的业务员根本不愿意去使用数据，因为每天都有询盘可以处理。

询盘是一次机会，这个客户大多数时候有即刻的需求，只要双方条件匹配，就能立刻拿下订单；而数据，则仅仅是一条商业线索，要首先创造机会或者等待机会，然后才可能拿到订单。

创造机会或者等待机会，真的很困难，很煎熬，不如处理一个询盘来得简单，更何况很多公司的询盘量真的很多。业务员每天早上来到公司，打开邮箱，就能看到询盘躺在那，就算是碰，也能碰到一个"死耗子"，还需要费那么多心思去用数据主动联系客户吗？

二、主动出击能换来大订单

现在询盘的状况大家都看到了，只有小订单、零散订单，大客户都去哪了？

稍微大点的客户都已经是别人的囊中物了，而且经过那么多年的相互磨合，与供应商的关系逐步稳定，除非发生了重大的变故，他们已经基本上不需要出来发询盘了。

主动出击是找到他们、引发他们关注、获取成交机会的唯一办法。

这个主动出击，实际上就是标题中提到的主动营销。主动营销是相对于守株待兔而言的，守株待兔也就是等待询盘。主动营销包括以下途径：

（1）开发信；

（2）开发式电话；

（3）地推；

（4）主动进行即时沟通；

（5）SNS 圈定客户营销；

（6）跟进客户。

前四个非常容易理解，后两个需要解释一下。

（一）SNS 圈定客户营销

首先要知道我们想要哪些人（目标客户和目标用户）成为我们的观众，针对性地发布这些目标观众喜欢的内容（企业动态和专业内容），然后向他们发送好友申请，关注他们的内容更新，主动留言，寻求沟通的机会。

之所以把 SNS 运营放进主动营销的范畴，是因为我发现大部分外贸人圈定了客户之后，并不会主动去沟通，似乎觉得圈好了就是自己的了，不需要主动做工作。

（二）跟进客户也算是主动营销吗

跟进客户当然也算主动营销。当客户失踪，不再理睬我们，但是他们的确是有明确的需求，我们就此放弃吗？当然不行，硬着头皮、咬着牙也要不断地跟进下去。

跟进客户如何做更有成效呢？决定成效的三方面因素是途径、内容、坚持。

跟进客户的途径包括邮件、即时沟通软件、电话、面谈，但是绝对不能把所有希望都寄托在邮件上。在沟通成本如此高的现在，使用即时沟通软件和电话进行沟通更加高效，所以最大限度地利用好即时沟通软件和电话已经成了现在所有的外贸人必须关注的新课题。

内容就是价值，跟进客户最困难的一点就是我们面对的客户可能都有合适的供应商，大多数时候他们不会——因为完全没有必要——搭理我们，除非客户认为我们有被搭理的价值。

而价值来自两个方面：产品价值点、客户需求点。

产品价值点指的是"产品"自身具备的价值和卖点。但是产品不会说话，业务员才是产品的嘴巴，同样的产品，不同的人能够卖出不同的价格，同事之间的业绩能够千差万别。所以我说的产品是打了引号的，因为业务员才是这个"产品"。这个"产品"的最大卖点在于专业、职业、商业和服务精神。

客户需求点就比较容易理解了，要搞定一个客户，一定要知道他的大体需求，一方面让我们提出的条件更加有吸引力，另一方面让双方的沟通更加顺畅，降低沟通成本。

获知客户需求点的方法有两种：客户行业细分，对产品的用途或者产品的销售途径进行分析，得出每一种用途或者每一个销售途径的特点，跟进客户的时候对症下药；客户背景调查，我比较提倡精准地跟进客户，精准也就是对每个客户都进行详细的了解，不寻求以量取胜，而是务求在每一次动作中提供价值。

跟进客户要求一个业务员有主动表达的能力，就如同一个导游一样，不需要客户询问，也能积极、有重点、有条理地进行讲解。大多数业务员习惯了以前那种一问一答的业务模式，客户问，我们答，并不需要严格的思路和逻辑。但是现在的客户根本不可能有那么多时间去询问每一个联系他的人，我们必须首先证明我们的价值。

主动表达的能力不可能与生俱来，更多的来自模拟训练。

主动营销的时代已经到来，我们要通过模拟训练的方式，锻炼出主动表达、逻辑表达的能力，结合多种途径，将我们的价值传递给客户，并坚持做，重复做，这或许是解决如今外贸困境的一种极其有效的方法。

Part 4
以广交会数据分析外贸形势

2017年11月4日,第122届广交会圆满闭幕。利贸咨询项目组人员亲历了三期,有诸多的感受。

一、这届广交会感觉人数多了

真实情况怎么样呢?

表1-1 近十年历届广交会采购商到会人数统计表

年份	采购商人数	
	春季	秋季
2017	196 490	191 950
2016	185 596	185 704
2015	184 801	177 544
2014	188 119	186 104
2013	202 766	189 646
2012	近21万	188 145
2011	207 103	209 175
2010	203 996	200 612
2009	165 436	188 170
2008	192 013	174 562
2007	206 749	189 500

根据表1-1显示的数据,人数真的有所增加。广交会被称为中国外贸的晴雨表。2009年,全球经济衰退,中国外贸遭受了前所未有的打击,所以2009年春交会采购商人数明显下降。另一次下跌开始于2014年。因为

2014年世界大宗货物价格狂跌，尤其是原油，大家对于经济的预期还是非常差，虽然经济危机已经进入了第六个年头，经济形势依旧不被看好。这也直观地体现在了广交会的采购商到会人数上。

二、哪个洲的采购商增多了

采购商的数量重要，质量更重要，那么这些采购商都是哪里人？

表1-2　各大洲采购商与会人数统计表

地区	与会人数（第121届）	与会人数（第122届）	占总人数比（第121届）	占总人数比（第122届）	相比去年同期增长（第121届）	相比去年同期增长（第122届）
亚洲	112 314	106 565	57.16%	55.52%	5.50%	1.70%
欧洲	32 664	36 847	16.62%	19.20%	0.0497%	4.21%
美洲	29 998	27 861	15.27%	14.51%	9.60%	6.37%
非洲	15 085	14 381	7.68%	7.49%	3.72%	4.48%
大洋洲	6 429	6 296	3.27%	3.28%	5.36%	12.33%

根据表1-2显示的数据，欧洲、美洲、大洋洲的采购商人数都在增加，尤其是大洋洲，居然达到了两位数的增幅。看来2015年12月20日正式生效的《中国—澳大利亚自由贸易协定》使中澳贸易进入了蜜月期。

三、排名前十位的国家（地区）

看完各大洲的情况，再看一下表1-3显示的与会人数前十名的国家（地区）情况。

中国香港地区的参展人数从2000年起就一直居高不下，最开始是因为信息差和语言优势，催生了大量的香港中间商，他们凭借信息差在供应商与客户间赚差价。随着互联网的发展，这类中间商群体逐渐消亡，取而代之的是某些大型公司的采购办事处、采购代理。这些公司往往采购体系完善，采购产品比较多样化，能够满足客户一站式采购需要，所以生存了下来。

还有一个数据非常有意思，就是"一带一路"沿线国家的采购商报道人数为84 445人，居然只比2016年秋交会增长了3.48%，很奇怪。是产品不符合需求，还是这些国家的贸易机制不成熟，抑或是语言的问题？从这个数据来看，这些市场大有可为啊。

表1-3 与会人数前十名的国家（地区）统计表

国家（地区）	第121届排名	第122届排名
中国香港	1	1
美国	2	2
印度	3	4
中国台湾	4	7
泰国	5	3
韩国	6	5
俄罗斯	7	6
马来西亚	8	9
澳大利亚	9	10
日本	10	8

四、采购商的类型变得更丰富

首先是供应链后端的客户不断增加。以前广交会上来的都是大大小小的批发商、渠道商，而第122届展会明显来了很多零售商，而且这些零售商规模都不大，不具备任何大批量采购的实力。可见小B端已成为主战场。

其次是这届广交会还来了不少巨头，看看下面的数据吧：共有1 086户国际连锁企业与会；在2017年公布的世界零售商250强企业中有104家到会，排名前十位的有八家，分别为沃尔玛、克罗格、沃尔格林、家得宝、家乐福、阿尔迪、特易购、亚马逊；共有来自六个国家的八家跨国企业参加跨国采购服务，包括法国欧尚集团、芬兰凯斯科集团、西班牙Taurus集团、美国史泰博公司、美国中央采购公司、美国生牌公司、印度尼西亚长友集团和韩国乐扣乐扣株式会社。

最后，给大家展示一组非常有意思的数字：与会超过10次的采购商有50 036人；与会超过15次的采购商有36 597人。所以老外贸人经常讲，参加展会的来来回回就是那些人，他们要是买，早就买了，找他们聊也没有用。前半句我非常认同，但是后半句完全是自我设限。2017年的春交会和秋交会，利贸咨询在辅导参会企业的时候，重点针对这些客户设置了策略，既然这些客户几乎年年来，说明他们需求还是比较明确的，一定要攻下山头。他们无非就是有比较好的供应商或比较老练油滑罢了，针对这两点，只要找到合适的策略就好了。事实证明我们设置的策略效果非常明显，我们辅导的绝大部分企业都拿到了一些样品单或者试订单。

注：文中数字来源于广交会官方网站。

Part 5

资本介入加速外贸行业洗牌

前段时间，我帮一个开工厂的老板去跟投资商谈判，这个工厂做的不是高科技产品，是传统工业产品。投资商以前是不会对一些传统的项目感兴趣的，而更热衷于互联网、共享经济、人工智能等新兴行业。

但是有的新兴行业泡沫太多，O2O（Online to Offline，离线商务模式）用"烧钱"捧起了很多明星，但是这些明星企业似乎大部分没撑过一年。"烧钱"再多也换不来赢利能力，所以大部分的投资商战绩惨淡，他们需要更多更好的选择。

虽然传统实业不如互联网等产业那么有想象空间和爆发力，但是健康的传统实业具备稳定的造血能力和赢利能力，不需要大规模"烧钱"。当投资商回归冷静之后，实业或许才是最好选择。

千万不要觉得跟你无关，这是一个信号，预示资本介入，行业洗牌加速。

市场竞争的最终结果是垄断，而垄断绝对不是普通的市场竞争，而是大资本消灭小资本，或者收购，或者控股，或者摧毁。

试想一下，一个体量非常大的公司要如何以最快的速度消灭同一行业的小公司呢？我有几千万元甚至上亿元资产，和一个家庭作坊拼价格、拼专业性，是不是太可笑了？有人说靠质量优、服务好，但是我认为绝对不够，因为顾客的需求有各种层次，只要低层次的需求存在，仅靠质量和服务就难以淘汰那些小公司。

但是，时机终于成熟了：低端产品产能转移，逼着中国的工厂开始升级自己的工艺水平、产品质量、内控水平、服务品质，但是绝大部分工厂根本不可能在短时间内完成这个任务。因为中国的绝大部分工厂都处于被喂养的状态，客户提供理念、产品设计、包装，而工厂要做的只是照做，现在突然要做出转变，谈何容易？

案例分享　企业转型难点

有一个老板给我描绘过他转型期的痛苦。在做了很多年同质化极其严重的大路货之后，他希望能够做一些高品质的东西，实际上客户也给了机会，但是当产品从生产线下来的时候，他傻眼了，次品率居然达到了40%，于是不断地返工重做。他百思不得其解，图纸非常精确，材料完全没有问题，设备也足以应付，怎么会出现这么高的次品率呢？他询问工人，为什么明明图纸写得这么清楚，做出来的产品却有误差。工人非常轻松地回复："我们以前不就是这样做的吗？"

他突然明白了，于是把自己车间的二层楼腾了出来，召集了一帮踏实肯干的工人，打磨工艺，提高精度，建立标准化的作业流程，请了专业的生产方面的咨询管理公司设置管理内控机制，用了13个月才使整个流程初具雏形。然后他筛选工人，对他们进行严格培训，逐步淘汰量大、要求低、利润低的产品。

最终，产值低了一半，利润却从百分之十几升高到接近百分之三十，而且他的工厂开始接到越来越多的高端产品订单，未来的产值超过以前完全没有问题。他现在已经开始筹划自己的品牌了。

转型的客观困难让大部分工厂需要度过一段非常艰难的时期，更为关键的是，稍微高端的客户群体没有低端群体那么大，也就意味着并不需要那么多的工厂，这时淘汰就开始了。

这个时候是资本进来的最佳时机，因为小企业遇到的困难是收购或者并购加速器。这绝对不是我的揣测或者预测,而是已经实实在在地在我们的身边发生了。

大部分企业因不景气而破产倒闭,这是竞争的必然结果,资本又可以帮助优势企业吞并一些暂时困难却没破产的企业。如果这些企业不打算退出,资本就用低于成本价销售和赊销等手段来侵占市场。所以留给大家的时间到底还有多久呢?资本一旦加速介入,就不是靠所谓外贸技巧能够解决的了。

这种态势下,企业估计只有以下结果了:

(1)关门;

(2)变得值钱一点,稍微强化一下团队能力、企业机制、工作流程,等待被收购时卖个好价钱;

(3)打造自己的品牌;

(4)打造其他特色优势,例如具有产品专利,设计能力非常强,服务水平高于同行,采购体系强大而完善,或者在渠道方面有别人不能企及的优势,在国外有常驻人员或者分公司。

狼来了,研究清楚未来的出路才是每一位企业老板应该做的。

Part 6

企二代的外贸转型之路

从 2011 年开始,就有媒体开始做一些关于企二代接班的相关调查。他们通过数据分析,认为五年以后,也就是 2016 年,企二代接班将成为中国经济的一大特点。利贸在市场推进的过程中也发现了这个现象。

我在和企二代的接触过程中发现,他们并不是我们想象的那样子。他们从小看着自己的父母打拼,深切地了解父母的辛苦,因为从小接受良好的教育,很多都有出国留学的经历,所以至少综合素质不差。他们不想"啃老",希望有所作为,很多人并不想回到老家接手父母的企业,更想趁着年轻闯一下,证明自己。

我看过一个调查,在抽样的 839 家家族完全拥有或者控股的企业中,明确表示愿意接班的企二代仅占总样本的40%，有15%的企二代明确表示不愿意接班，要坚持自己创业，另有45%的企二代对于接班的态度尚不明确，并不想那么早就决定自己的职业生涯发展方向。

与企二代相对应的是父母辈企业主的交班意愿，如图1-7所示，年龄越大，他们越渴望自己的子女来接替自己，掌控企业。

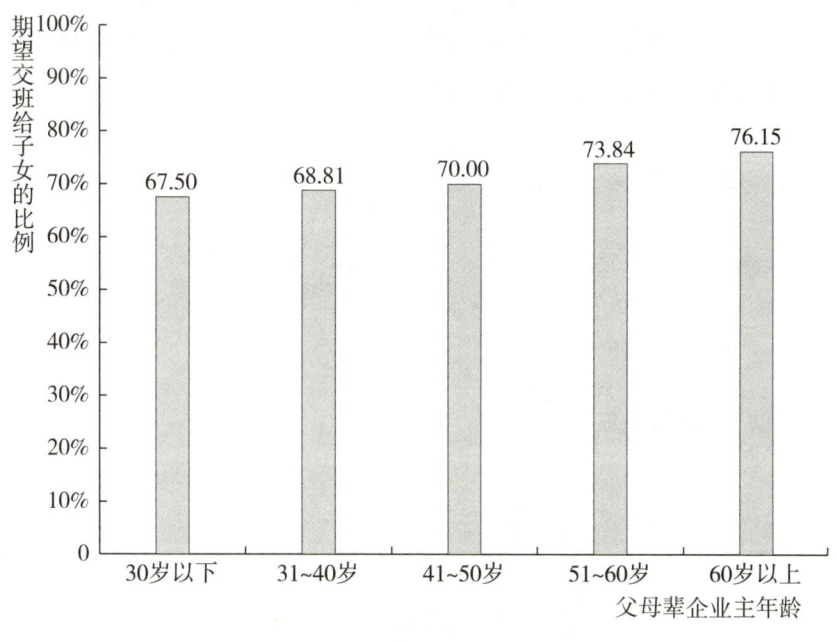

图1-7

因为被调查的企业绝大多数都从事传统制造业，年轻一代对这些东西完全没有兴趣，而且缺乏必要的管理经验和心理准备。还有一个重要原因，就是两代人的管理理念、价值观、投资观、用人观等存在巨大差异，使领导权在家族内部顺利交接变得困难重重。企二代为了表现自己，往往会大刀阔斧地改革，这样却难免急功近利，但是在不变革即灭亡的经济形势下，或许能杀出一条路呢？第一代人却往往比较沉得住气，虽然他们也知道要变革，可是他们更希望有万全之策，在没有十足把握之前，他们宁愿维持现状。可是要维持多久，他们也不知道，他们更害怕的是，外部环境的急剧变化或许会让他们维持现状的努力在某一刻突然化为泡影。这种矛盾，不好说谁对谁错，只是如此针锋相对，如何实现顺利过渡？

企二代接班还有一个障碍，跟着企一代开辟江山的部分老员工难以驾驭。其实，所有的种种都是因为没有做好领导权传承规划。

《2015中国家族企业健康指数报告》中有一幅图，如图1-8所示，列出了中国家族企业面临的种种挑战，做出了评分，并与新加坡的家族企业进行对比。图1-9显示，31%的企业老板表示完全没有考虑领导权传承程序问题，30%的企业老板仅仅有些简单的考虑，系统考虑过领导权传承问题且形成了明确方案的企业老板仅仅为6%。

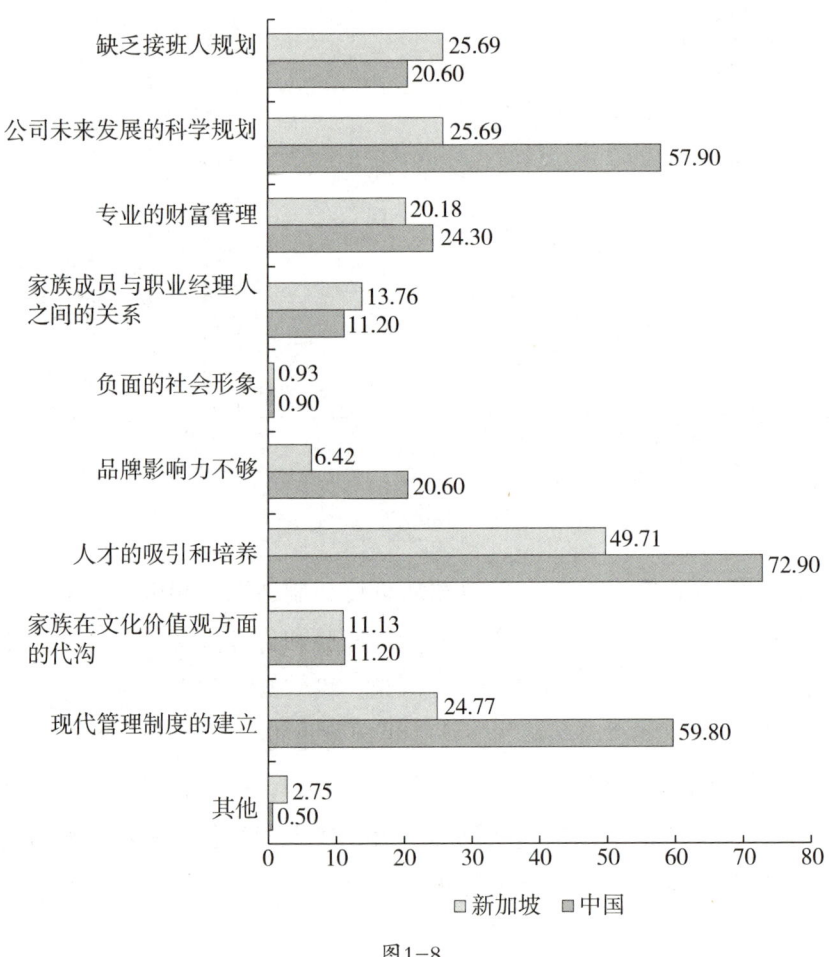

图1-8

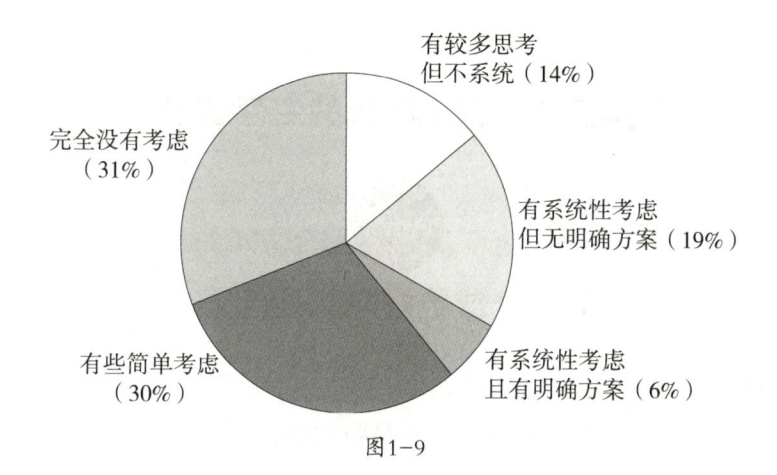

有较多思考但不系统（14%）
完全没有考虑（31%）
有系统性考虑但无明确方案（19%）
有些简单考虑（30%）
有系统性考虑且有明确方案（6%）

图1-9

于是，企一代想要交班却又不敢完全放手，企二代虽然接了班却因为处处受限而无法施展能力，或因为没有经验而要处处求助，混乱由此而起。这个时期，竞争对手往往会乘虚而入，挖员工、挖客户、挖市场，日本在20世纪80年代，韩国在21世纪初都经历了这个时期。

到底要如何做领导权交接规划呢？

（1）变人治为制度治。不管是谁掌权，一切看制度。企业要形成科学化管理、标准化＋量化的体系，通过标准化提炼出成功的经验，交到接班人的手里，直观而可执行。

（2）"顾命大臣"很重要。毕竟一开始企二代并不了解企业的实际运作流程和细节，里面有太多的东西不是表面上看起来那么简单，所以需要有人辅助。这部分人要忠心耿耿，有非常强的办事能力。

（3）储备干部要寻找。没有一个人愿意进入一个老气、沉闷的企业，哪怕是进来当领导，所以企一代要有意识地储存一些年轻的人才。

（4）流程梳理要做好。要把企业中的所有流程全部拆开，重新梳理，让作业流程可以实现明确的标准化，这样不论谁管，都能尽快地掌握。

第三节　存量时代的生存法则

Part 1
下一个球更好与赢在沟通

2008年我签过一个泰国客户，这个客户非常有意思，从2008年到2010年年底，几乎每个月都换供应商。不是因为我的服务不好，而是客户不甘心，他总是觉得有比我更好的。

客户的这种比较不是坏事，他们会真切地体会到各家供应商的差别，因为不同的供应商的交付能力、沟通效率、服务水平、质量管控水平等都会不同。

这个过程中会有欢笑、摩擦、争吵、分手，当然也包括被骗，综合比较后，客户终于发现一家供应商较为符合要求，虽然也并不完美，也会有很多大大小小的问题，但是他的问题更容易解决，或者他更有意愿解决。

当然，有一些体系健全的公司走的是另外一条路，提高准入门槛，拉长考察时间，通过各种筛选、验厂来确定自己的供应商。供应商未必是一家，这些客户绝大部分情况下不会把鸡蛋放进同一个篮子里，除非暂时找不到其他的符合条件的供应商。但是一旦这类客户选定供应商，他们便会有耐心地与供应商合作下去，出现问题也不怕，双方协商着解决，只要保持沟通的顺畅度和问题解决的顺利度、意愿度，就会不断地磨合下去。

两种类型的客户我都有，双方从来不是一开始就合作完美，也遇到了许多质量问题、包装问题、货期问题。但是我的态度很明确，承担该承担的责任，绝不推脱。最大的一次事故是因为我们的产品出现了金属块，造成了客户的厂房火灾，损失了上百万美金。客户派了七个人的谈判小组来解决问题，双方达成解决共识只用了四个多小时。这个客户和我一直到现在还在合作，我的同行隔三岔五会上门拜访他，但是几乎没有机会。

我和所有长期合作的老客户，关系都非常紧密，不仅是工作关系，还包括私人关系。新供应商在产品、价格、付款方式等方面都不难达到要求，但是关系的攻破太难，新供应商想要取代老供应商，难于登天啊！除非老供应商跟客户出现了不可调和的矛盾，或者某些产品老供应商做不了。

中国外贸发展了这么久，上面的描述在绝大部分产业里面就是现状，所以我才说，每一个客户身上都有同行的阴影。

增量时代，大家拼的是市场推进速度，因为市场大，供应商却有限，我不跟你争，你也没必要跟我抢，你做你的，我做我的，井水不犯河水；存量时代，拼的是耐心，拼的是对于市场的深耕，因为你想要的客户在我手里，我想要的客户在你手里，心急吃不了热豆腐。

你有耐心吗？你懂得市场深耕吗？你的能力能够满足市场深耕吗？

Part 2

存量时代，客户是需要"抢"的

这是行业发展的必然趋势。

我刚刚做外贸的 2002 年，客户都没有固定的供应商，只要你的条件合适，很容易就实现关系的升级；而现在，我们遇到的大多数客户都有稳定的供应商了，想要"抢"客户，就不仅仅是你的条件合适那么简单了，你还要把他现有的供应商比下去。

存量时代，客户已经被瓜分殆尽，我们现在做的工作就是你抢我的，我抢他的，他抢她的……所以每个人都必须改变，调整心态，调整打法，不然只能被淘汰，已经有太多的外贸企业难以为继甚至倒闭。

绝大多数人都要改变自己碰客户的工作态度和工作思路。可能很多人会反驳："我们怎么是碰客户呢？我们明明是在谈客户、培养客户啊！"

如果不是碰客户，为什么开发信都是千篇一律地套用模板？这样的开发信只能碰上三类客户：

（1）新进入行业，还没有固定供应商；

（2）跟前供应商产生了不可调和的矛盾；

（3）不想换供应商，但是想知道其他家的价格，与老供应商谈价格。

要改变碰客户的思维，写开发信就不能一味地图所谓简短。你不仅仅要让客户知道你是做什么的，还要让客户知道你的价值在哪里，也就是卖点，这才是重点。

这只是其中的一个方面，还有一个方面。

我讲课的时候都会做一个调查：一个客户发来询价函之后，你会跟进几封邮件呢？我在课堂上听到的最多的答案是五封，而我们公司某位同志可以做到十封，所以他的业绩很好。

绝大多数人认为，客户来了邮件询价，我们报价了之后，客户就应该表现出极大的热情，跟我们探讨各种问题。有这种客户，但可遇而不可求。而大部分客户是因为我们跟进得紧，不断地表达诚意，不断地表现专业，不断地重复卖点，才会有热情。这才是谈客户、培养客户，除此之外就是碰客户。

还有很大一部分人，每天都在寻找搜索客户的所谓最佳方法，每天都在不断地搜索客户，却从来不去培养客户、跟进客户，这更是碰客户了。

当然如果你每天坚持不断地碰客户，也会有收获的，但是这不代表你会做外贸了。因为当遇到疑难客户、难缠客户、难产客户、专业客户的时候，你依然非常吃力，甚至无能为力。当你得到的一切仅仅是因为你很勤快的时候，你更要考虑一下了，可不可以让自己的勤快更加有价值一点？

每一个客户身上都有同行的阴影，我们要做的是证明自己的同时，消除同行的阴影，这不是仅仅靠勤快就能够搞定的。

第四节 变化中的疑惑

Part 1

怎么打赢外贸这场战争

外贸是一场战争，这场战争由若干个战役组成，这些战役相互独立却又有着千丝万缕的联系，对付一个客户可以称作一次战役，做一次展会也是一次战役，拜访客户更是一次战役。这个世界上没有常胜将军，胜不骄，败不馁，是生存法则；胜了总结经验，败了吸取教训，是进步之道。打赢一场战争需要的条件很多，总的说有两个方面：战略得当，三军用命。

我们重点讨论一下三军用命，把它进行拆分，最重要的有如下几项。

（1）兵马未动，粮草先行。

打仗的兵需要喝水、吃饭，马需要吃草，要知道，几万人甚至几十万人的食品消耗数量简直就是天文数字，所以每次战役都要花大量的时间准备军需。对应在外贸里，可能不是非常确切，但是重要性一致，那就是基础储备。这些基础储备包括系统的产品知识、丰富的产品资料、翔实的可证明自己观点的各种材料，可以是图片、视频等各种形式。

我们在辅导企业的时候，进行的第一项工作就是基础储备测试。基础储备测试并不是出一套试卷，考大家一些产品知识，而是按照产品特点、产品的谈判流程设计一次对话，很自然、很真实的对话。

很多老板看到测试结果的时候简直不敢相信，他们可能从来不知道，原来业务员在谈判的时候，基础是那么的薄弱，几句话就卡壳了，最后只剩下谈价格。因此，我把基础储备列为业务员最不愿意做，却非常重要的工作之一，倡导各个企业建立机制，加以规范。

（2）知己知彼，百战不殆。

这几年谍战片很兴盛，让间谍这类在战争中原本最不为人知、最见不得光的群体曝光在普通人面前，极大地满足了普通人的猎奇心理。我是这其中最狂热的一员，我翻了大量的史料、逸事去寻找这批人的轨迹。可是我很失望，因为我找到的不是屏幕上那些关键时刻、生死瞬间，而是一些鸡毛蒜皮。其实我也明白，那些激动人心的情节是为了满足剧情的需要而创作出来的，大部分的情报工作者收集的都是看似不起眼的日常细节，交给情报分析人员，情报分析人员再进行分析、串联，得出结论，形成战略。

做外贸，谍战也非常重要。从战略大局来讲，要了解你想要抢占的市场、渠道特点、产品准入门槛、高级产品标准等；从个体订单来讲，就是要对客户进行全方位的背景调查，不要漏掉任何一个细节。但是，在实际外贸工作中，背景调查又是大部分业务员不愿意做却又极其重要的工作之一，所以机制很重要。

（3）养兵千日。

一个人生下来就会舞刀弄枪吗？还是听一下军事理论课，看一下枪械大炮图就能变身实战家？恐怕不是，这些都是一点点练出来的，不打仗的时候，士兵都在训练、演习、模拟实战。

一个人生下来就会做销售吗？还是听上几堂课就会卖东西了呢？绝对不是，沟通能力、应变能力、心理素质都需要练，哪怕就是拿到了详细的销售台词，还是要练。因为不练，这些东西永远不会成为你思想的一部分，怎么说都拗口，怎么说都像是在背台词。这就是我一直挂在嘴边的模拟训练。

我们辅导过那么多企业，有刚起步的，有规模很大的，但是在深入实战过程中还是发现了很多的问题，按照这些企业老大的说法就是：要不是赶上了好时候，还不知道企业会是什么样子，靠老客户吃饭，新客户几乎没什么转化率，新人几乎没有什么成长。我能看出他们不是谦虚，而是确确实实地忧虑。而解决问题的唯一方法就是强化训练，于是带着他们开始了。但是各种笑话就出现了，一个带客户验厂的流程都要模拟到后半夜还不能及格，甚至给客户打一个电话，目的搞不明白，流程搞不清楚，话说不利索。但坚持模拟后的效果是显著的。

其实只要企业有想法、有流程、有测评标准，自己做模拟训练也完全不成问题。

（4）用兵一时。

这是大家最关注的环节，但是就算是最关注的环节，也存在着大量的问题：决心不强，浅尝辄止，最大的表现就是借口太多，遇到一点点障碍就会轻易放弃；谈判无思路，无方案，无调整；从来都是希望客户提出成交，我们等着，侵略性不强，在客户犹豫的时候没有主动推一把，错过良机。因此要学会主动营销，在外贸实战中创出佳绩。

如果外贸真的是一场战争，粮草、情报战、统兵（战略）、练兵、用兵，每一个环节都不能少，而且每一个环节都要做到极致。这样怎么可能不获胜呢？

Part 2
OEM 与品牌之路

现在的外贸进入了新的转型期。这个转型期很重要的使命便是创建品牌，但是由于某些第三方服务机构，如电商平台、海外仓等的营销需要，他们故意简化了品牌的打造流程。现在的众多企业居然认为做品牌就是生产点产品，贴个商标，然后把产品放在某个海外仓进行销售。

OEM 转品牌的一个大难关是跟原有客户的矛盾，尤其是如果原有的客户在当地有一点规模，他怎么会允许你拿着他给的设计、款式，甚至是最新的理念，同时做自己的品牌呢？

我认为所谓的 B2B 品牌，绝对不仅仅是产品品牌。例如可以把我们的 OEM 做好，也就是把控好生产管理过程，打造好质量控制体系，搭建好售后服务体系，当然对整个行业的理解、对新的趋势的把握要专业、全面，业务员要有极强的沟通能力和服务能力。这种模式可以让我们接触到本行业的一些高端客户，甚至有机会合作。

2008 年，跟三星合作做一些配方就让我们整个工厂的发展坐上了火箭，以此为基础，整个韩国市场就完全成为了囊中物。你会问，具有什么样的条件才能跟三星合作呢？我认为应该具有以下几个条件：

（1）我们的营销做得特别好，三星的采购代理一直以为我们是一家很大、很有实力的公司；

（2）我们特别舍得投资，经常去韩国与客户面谈；

（3）我们非常专业，客户对我们的印象很好；

（4）代理来的时候，我们会尽心照顾和招待；

（5）样品全免费，客户要一份样品，我们寄了三个批次，每个批次一份，证明我们的质量稳定；

（6）工厂虽然不大，但五脏俱全，尤其是质量控制体系、售后服务完善。

据我所知，每个行业里面都有 OEM 明星，他们代表着整个行业的管理水平、加工水平的顶峰，国外的品牌很明确地知道要想真正拿到质量过硬、没有后顾之忧的产品，就要找他们。这种企业的前景未必比自有品牌企业差。

那么贸易公司怎么办，做什么品牌？贸易公司可以选择做服务品牌。

利贸咨询在项目的推进中发现很多的企业是直接对外声明自己是贸易公司的，而他们之所以能够立足，活得还很滋润，是因为他们创出了服务品牌，也就是我们常说的拥有强大的采购体系及如下几项能力：

（1）寻找合作工厂的能力；

（2）与合作工厂议价的能力；

（3）管控工厂生产进度的能力；

（4）管控工厂产品质量的能力；

（5）集合采购的能力；

（6）处理客户投诉的能力；

（7）设计、推荐新款的能力。

所以不要把品牌的理解狭隘化，而应该追求在行业内做到极致，创造产品品牌之外的服务品牌、质量品牌等。

什么是做品牌？闷着头研发是做品牌吗？远远不够。品牌代表一个企业的整体战略，绝对不是一个研发部门可以肩负得了的。

总体来说，品牌运作必须包括四大体系，缺一不可，否则会引发大麻烦。

第一体系：生产环节。

例如想在美国打造一个品牌，那么生产环节上必须有一个标准配置：熟悉美国大品牌生产特点的管理人员＋熟悉美国品牌生产的一线工作人员＋高标准的生产设备。

我一直在说，普通的贸易公司或者绝大部分的中小工厂很难突然推出一个改变整个行业的产品品牌。因为要做到这一点，需要大量的资金，需要挖来或者培养出一个熟悉大品牌品质管理、生产体系、生产制度的管理骨干，需要一大批高素质的一线生产人员，需要配备高标准的生产设备。很明显，大部分企业做不到，所以大部分企业都在生产雷同的大路货，这个时候想要突出，就要做好营销。

第二体系：质量控制环节。

稍微大一点的企业或者品牌商都非常重视质量控制环节，因为如果自己的品牌产品总是不断地出一些低级问题，会直接影响自己的声誉。因此要想做好品牌，估计绝大部分企业的质量控制体系都要重新打造，一般企业都要高薪聘请专业人员。

第三体系：市场营销环节。

酒香也怕巷子深。我们做一个品牌，就是希望越来越多的终端客户能够喜欢我们、信任我们，但是如果没有营销，问题就大了，我们首先要让中间商或者代理商喜欢我们。也就是说，在品牌还什么名声都没有的情况下，我们不得不找中间商或者代理商，虽然一定能找到，但是耗时日久，而且在初期我们一定需要让渡绝大部分的利润。

JAC/外贸故事

2006年，我们曾经成功地在澳大利亚运作了一个花园泵产品品牌。我们前期用了大约一年的时间完善生产环节、质量控制环节等体系，而后期，品牌则开始迅速爆发，做到了第四位。但是刚开始我在澳大利亚的花园器材经营店推销产品时，却遭遇了很多拒绝：不好意思，我们跟×××品牌有协议，不能卖其他品牌；不好意思，我从来没有听过你的这个牌子，不感兴趣，因为我不认为有人会买你的东西；要不你送几台样品过来，我卖卖看，卖得掉，我想我会感兴趣的……

我拼命地跑了两个多月都没有多少效果，于是想到了先对终端用户推销，便制作了大量的彩页去人口稍微集中的地方散发，结果被保安赶了无数次，还有一次被人报警。但是终于有效果了，因为价格低，广告做得也比较有针对性，开始有消费者询问，开始有人购买，开始有人询问是否可以代理。这个代理商还领着我们去做了几期的报纸广告，于是很多代理商开始找我们，包括那些曾经拒绝我们的。

而我们的产品质量的确好，所以迅速凭借低价优势抢占了大片市场。要知道，当时的网络概念还不是很清晰，所以营销采用了最笨但也是最直接的方法，而现在的营销方式有许多，线上、线下，会比以前更加高效。

很多人认为做一个线上品牌就足够了,在亚马逊上小有名气就不错,但是线上品牌太不牢靠,想长久,还是需要线下的影响力。

第四体系:售后服务环节。

即便是品牌产品,生产管理严格,质量控制体系完善,也会有一些并不完善的产品流入市场,或者说,哪怕是因为消费者的问题造成了产品的损坏,我们都应该有及时的善后措施。

现在某些大品牌惹事都是因为售后服务工作没有做好,例如某个品牌的笔记本电脑,一个城市都找不到一家客服中心,直接被媒体曝光了,销量骤减。这就体现了售后服务对于品牌的重要性。

要在国外做好售后服务,不是那么容易,必须当地化,所以我才说线上品牌并不牢靠,因为没有线下的售后服务,线上品牌永远无法扎根。因此我预言,所有的 B2C 都会变成 B2B2C(Business-to-Business-to-Customer,企业通过中间商再对消费者的模式)。

就如同开头所讲,四大体系缺一不可,所以做品牌真的是一件耗精力、耗金钱、耗耐心的事。品牌之路没有那么简单,有一定的资金积累,有一定的心理承受能力,再上路,成功概率会高很多。

第二章

外贸企业的积累与沉淀

第一节　外贸企业积累

Part 1

做了这么多年外贸，你到底留下了什么

中国最讲究传承，可是奇怪的是，我们企业的传承却出现了极大的问题。一个创业的老板必然会经历很多苦痛、折磨，因为没有经验可依，可是为何团队建立之后，依旧还要让团队成员无助地摸索呢？为何不能传承？

谈到传承就要先谈积累，我们今天就讨论一下，做了那么多年外贸生意，一个企业到底应该留下些什么？或者换一种说法，一个企业要积累些什么，能让后来者站在前人的肩膀上，有基础地前行？

一、行业画像

什么是行业画像？主要包括两类。

第一类，被服务客户所在行业的画像，例如竞争对手、竞争维度（款式、价格、付款方式等方面的竞争都是怎么样的）、产品同质化程度、国外的供应商状况、供应链变化状况。这是对客户所在行业的基本把握，有助于我们制订竞争策略、市场策略，当然这个方面会变化，但是某种状态一定会延续一段时间。

第二类，客户的客户的行业画像，例如可以按照产品用途来分，分为医药、兽药、炸药、催化剂等；可以按照销售途径来分，分为超市、商场、线上、连锁店、小实体店、大渠道商等；还可以按照产品的销售目的来分，分为主营产品、促销品、礼品等。划分清楚后，每一类客户的特点要清清楚楚地描述出来。

无论是第一类还是第二类，都是在企业经营过程中才能得出的结论，

新企业没有身在其中基本不可能得到这些数据。

但是现实状况是，就算是身在其中，做行业画像的也是少数，尤其是第二类行业画像，这实际上是已成交客户画像，只不过把已成交客户按照产品的用途、销售途径或者销售目的进行细分，总结每种客户的特点，形成分析、总结，最终变成文字，沉淀在公司内部。

为什么我们的新人上路那么难呢？其实最大的原因就是对于客户的不了解，就算是拿到了询盘，也像是无头苍蝇一样乱撞，而大部分公司根本没有一些有效的指导。

二、运行数据

数据是所有机构的核心机密，对数据进行分析所能带来的结论和指导作用远远超出我们的想象。

某个企业的运行数据不是大数据，可以称为小数据。大数据已经成了很常见的一个词，但是小数据，大家知之甚少。大数据更多的是关于别人的生意，而小数据才是关于自己的生意。

企业管理里面有一个非常重要的决策方法就是数据化决策，这里的数据实际上就是小数据。而我们一直强调的行业画像、行业细分，甚至标准化文件，都是小数据。

如果你还是不理解什么是小数据，想一想"今日头条"吧，它记录你的喜好、关注点，给你做了一个画像。而现在谷歌的 GSP 广告（Gmail Sponsored Promotion，是谷歌针对谷歌邮箱用户推出的展示广告）实际上也是依托小数据。我对大数据从来都没有什么好感，觉得那些东西除了给普通人、普通企业提供一些谈资之外，没有什么实际用处，而小数据则真正脚踏实地。

想一下，每个企业都有自己鲜明的特点，大数据得出了再明确的结论，放进某个特定企业可能就会因"水土不服"而一文不值。

三、标准化文件

标准化+量化是科学化管理的核心思想，也是一个人自我约束的最好模式。绝大部分企业中的业务员，有些事情必须每天都要做，但是怎么做呢？无标准，随意发挥。

所以，有些人会点皮毛并不需要多努力可能就会比那些拼命努力却不会的人成绩好。而大部分企业是看结果的，所以努力的人被淘汰了，会一点点的留下来，"剩者为王"，资源都集中到了剩下的人身上，他们慢慢地熬成了"婆"。这是大部分企业的情况，是一个恶性循环。

标准化是打破这个恶性循环的有效途径。标准化就是把外贸业务的每一个成功的细节都总结出来，再优化到可复制、可量化。

四、员工画像

企业在用人方面的试错成本是很高的，但是总是有那么一部分人可以长久而用心地做下去，这部分人就是我们寻找的人。

怎么寻找呢？靠感觉容易出错，而且不同的人感觉到的东西不一样，所以要有一个员工画像，这也是一个标准化文件。

员工画像虽然不可能百分之百正确，但是可以最大限度降低试错成本。

以上四点是传统的外贸公司应该留存的东西，因为当时的外贸真的是处于上升期、红利期，很多东西并不需要，例如管理和机制、团队和架构。但是如果从今天看，还有一些东西需要留存。

五、一套机制

现在的外贸企业应建立的机制包括：管理、考核、激励制度；团队运行规则；职能分工、流程对接制度。

六、一个管理班子

一套中层管理班子在这个时候已经变得无比重要。

企业到了一定阶段，人越来越多，原本高效的管理模式已经因为老板精力的缺失而变得不再高效，不再适应现状，因此必须配备中层管理班子。

如果企业是一幢大楼，老板是地基，那么中层管理班子就是顶梁支柱。顶梁支柱够多，有力道，大楼才能稳固，才能盖得更高，否则永远都是一个茅草屋。

Part 2
已成交客户画像

理论家们总是会为外贸业务假设一个条件，就是供需双方完全互相了解，但是在实际外贸业务中，供需双方实际上并不互相了解。而如果供方在回复询盘时不做任何研究的话，问题就大了。因为客户能明确地感受到你的回复是格式化的，对他没有任何了解，这也是绝大部分客户不愿意更换供应商的最重要原因之一，老供应商的熟悉度、配合度，新供应商是没法比的。

因此，我们倡导收到询盘之后对客户进行分析，得出新客户画像。如果我们事先做好了老客户画像，还可以把新老客户画像进行对比，寻找其共性或者相似性，以支撑我们的回复。

生成已成交客户画像必须要有客户管理软件。客户管理软件有打标签的功能，所以我们不需要用破坏大分类的代价来进行已成交客户画像生成。标签主要有以下几方面内容：

（1）国家；

（2）询盘来源［展会、阿里巴巴、中国制造网、SEM（Search Engine Marketing，搜索引擎营销）、社交媒体平台等］；

（3）是中间商，还是终端客户；

（4）是品牌持有者，还是品牌使用者；

（5）决策人是采购经理，还是老板；

（6）对于新产品推荐的反应敏锐度；

（7）宗教；

（8）性格特征（可分为柔和、强硬等，当然公司还应设定更完善、细致的标准）；

（9）成交金额分层（以最常见的金额或者数量为基准，往上或者往下分层）；

（10）最常用的沟通方式（这个需要我们不停地试探，看哪种方式客户的回复最快，次数最多）；

（11）最常用的付款方式；

（12）规模分层（标准由公司内部统一制订，选取客户可量化的特质，例如公司人数、总营业额、行业地位，但不能使用购买额来判断客户的规模）；

（13）付款及时性（可分为及时、偶有拖延、经常拖延，这个标准是一个变量，要记得经常修改）；

（14）对货期的敏感度（可分为对拖延极其敏感、无感）；

（15）忠诚度（可分为高或低，这是一个不怎么好量化的概念，但是一个公司必须设定统一标准，例如某位客户经常因为价格说不合作就不合作，这位客户的忠诚度就低）；

（16）更为看中产品的哪些因素（是包装、外观，还是某些细节）。

其实还有很多维度，不再一一列举。

为什么要做这些标签？有什么实际意义吗？我们在对新询盘进行分析的时候，经常会觉得捉襟见肘，因为信息很少，甚至没有，这个时候怎么办？其实有一个条件我们是一定知道的，就是国家（地区），再结合老客户画像，如果你有若干个此国家（地区）的客户，可以通过分析这个国家（地区）的所有客户寻找其共性。例如美国拉斯维加斯某客户针对户外家具发询盘给我们，信息很少，但是我们有这个区域客户的客户画像，他们对产品有着不同于其他区域客户的要求，材质要特殊处理，质保期限要长，因为拉斯维加斯的沙漠化气候以及盐分含量较高的雨水。我们回复的时候就清楚地告知客户，推荐款式的材质经过特殊处理，加厚、防腐、防尘，质保期限长。

如果竞争对手还在问客户的需求或者随便推荐一款产品，那么我们已经切中了客户的需求，或者说虽然这个客户的需求与同区域其他客户不同，但是至少他清楚地知道我们了解他的市场，我们很专业，我们在努力地提供解决方案。

客户需要的不仅仅是一个供应商而已，他更需要 solution provider（解决方案供应商）。

老客户画像就如同公式，找到相同客户或者相似客户可以尝试套用公式，然后再复盘分析有哪些不妥。例如某品牌汽车店要搞促销，找我们推荐，按照已成交客户画像，我们推荐了某个款式。这个时候我们要复盘，这个款式会不会哪里不妥？价格、质量等条件合适吗？如果找不到明显不妥之处，就暂定为首选方案，推荐给客户。

Part 3
老板，你有这些数据吗

在精细化管理里面，有一个非常重要的决策方法就是数据化决策，在绝大多数时候，数据是准确的、客观的，以数据为决策基础，得出的结论才具备参考价值。但是绝大部分的中小企业都不善于留存数据，或许因为大家根本不知道该留存哪些数据，

所以第一步先要搞清必须留存的数据有哪些。

（1）某个平台的询盘量，获取一个询盘的价格，询盘转化率，获取一个订单的价格，所有客户的复购率；

（2）每一个业务员的新老客户业绩占比，业绩增长率，第一年员工的平均业绩，第二年员工的平均业绩（这个数据要一直统计下去，如果有能力、有时间，每个员工的运行数据也一定要整理出来，例如每个员工的订单转化率、老客户的复购率等），员工的时间分配；

（3）整个公司的业绩增长率，公司和每个人的平均订单额，公司和每个人的平均利润，营销投入占产出的比重，展会客户转化率（要长期测算），地推投入占产出的比重，不同来源询盘的平均利润，不同国家（地区）客户的询盘成交率，不同国家（地区）客户的平均利润；

（4）公司总的销售漏斗数据，每个业务员的销售漏斗数据，如图 2-1 所示。

当一个新员工入职时，我们怎么给他定第一年销售额目标？当我们决定是否要在某个营销平台继续开店，要看什么数据？当我们决定是不是需要配备跟单员、操作员或者是业务助理的时候，要看什么数据？为什么公司业绩停止增长了？老员工大部分时间花在了什么地方？是需要给他们分

配工作呢，还是设定机制调动他们的积极性呢？

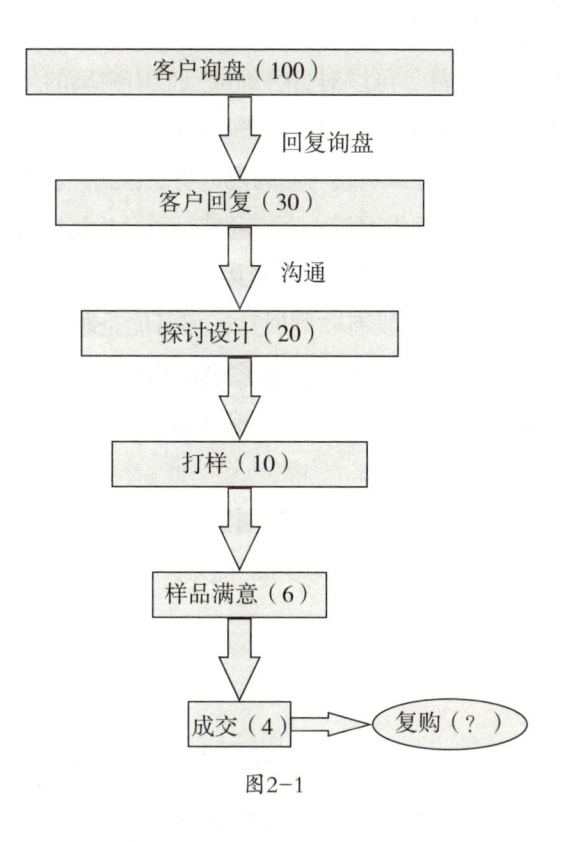

```
客户询盘（100）
    ↓ 回复询盘
客户回复（30）
    ↓ 沟通
探讨设计（20）
    ↓
打样（10）
    ↓
样品满意（6）
    ↓
成交（4） ⇒ 复购（？）
```

图2-1

有了上面的数据，做这些决策就不再困难了。

Part 4 销售漏斗模型

销售漏斗模型有很大的作用：

（1）分析员工的强项和弱项，有针对性地培训；

（2）组建团队的时候，以销售漏斗中的数据为指导，建立互补性团队；

（3）发现公司政策方面的问题，例如如果到了打样的环节，客户流失率非常高，说明公司的样品政策可能存在问题。

但是销售漏斗模型的作用却不仅仅是这些，它还具有以下几方面作用。

一、业务员自我分析

通过这个模型，业务员可以对自己的缺点做出精确的分析。

如果询盘不少，回复每一封询盘、每一封邮件、每一通电话时也没少费心思，但是收获总是寥寥，业务员就可以通过分析销售漏斗模型找原因。如果发现有很多客户都在谈设计而没有进入下一环节，就分析是因为在这个环节做得不够好，没有真正理解客户的意思，还是因为没有深刻理解公司的设计理念。

如果在寄了不少样品后没有收到回复，那可能是跟进有问题。

还有一种情况是样品寄出去了，客户也说样品合格了，但就是不下单，就要分析是因为推进不够，还是因为没有了解清楚客户拿到样品之后的测试流程、决策流程等。

发现问题，才能有针对性地解决问题。

业务员还可以把自己几年的销售漏斗模型比较一下，分析自己的进步与有待提高之处。

二、客户跟进

如果你是一个用心的业务员，询盘来了之后，会挖空心思，力图达到最大转化，可是真实状况是，绝大部分询盘成了资料"沉淀"。当然，资料"沉淀"时，客户所处的阶段未必一样，结合销售漏斗模型，后期再进行跟进的时候，方法和角度自然不同。

如果客户"沉淀"在打样之前，那么跟进的时候可以直接提出打样，甚至是免费打样；如果客户"沉淀"在打样不合格阶段，那么跟进的时候可以直接提出重新打样。

其实跟进客户根本没有那么复杂，就是明确分析出客户需要什么，我们应该做什么，就足够了。

三、客户邀约

参加展会也好，进行地推也好，你会邀约客户吗？大多数人都希望拿一封邀约信模板搞定所有问题，所以邀约客户邮件这样写、展会后第一封邮件这样写、开发信应该这样写等类似的标题绝对是受大家关注的。但是客户邀约靠模板是做不好的。

我的客户邀约，就是以销售漏斗模型为依据。

我会从销售漏斗的最底层开始邀约，首先邀约合作客户，目的有两个：维护关系，寻求更多的合作，并根据目的准备礼品、宣传材料、样品、推销词。

其次邀约样品合格却没有签单的客户。我会仔细分析之前的沟通记录，看看是不是某些条件没有达成共识，以此为基础，准备好谈判方案、让步方案、逼单方案等。

结合销售漏斗模型，还可以针对觉得样品不合格的客户、谈了很久设计却没有打样的客户分别分析原因，以此为基础设计方案，邀约客户。

四、客户推进

什么叫作客户推进？与客户跟进有什么区别？简单来说，客户跟进是指客户对我们没有兴趣，我们要重新唤起他的兴趣；而客户推进是指与客户还在谈判周期里面，我们要想办法把订单推向成交。

依据销售漏斗模型，可以清晰认识整个订单谈判流程。如果客户对设计已经基本满意了，但就是不提打样，我们就要主动提出打样；如果客户一直在跟我们沟通，就是不谈设计（设计是必备的一环），我们就要主动提出设计问题，让客户参与进来；如果客户对样品满意了，将要进入最终的谈判阶段，可以主动提出一些敏感问题，让客户明确地表达自己的观点。

五、员工管理

利贸曾接过一个项目，被服务公司执行的是末位淘汰制，老板正打算淘汰员工A，因为这名员工的成交率只有2%，而其他的五名员工最差的也在7%左右。按照这个数据，A的确应该被淘汰，但是因为我们刚刚介入这个团队，所以我们提出一个要求，暂时先不要淘汰A，等我们做出销售漏斗模型之后，再决定。

销售漏斗模型出来后，我们发现了一个非常有趣的现象，A的成交率的确很低，但是第一封邮件的回复率特别高，居然达到了41%，而其他的人最高的也就是17%，差距非常明显。

因此，利贸提出了管理意见，不能淘汰A，我们有一套模式让他提升，甚至成为顶级销售员。

其实模式很简单，他的第一封邮件回复率达到41%，但是从回复到成交，中间客户流失太过严重，而其他的五名同事，虽然第一封邮件回复率不是很高，但是后面的环节成功率却很高。于是利贸从五名同事中选了比较热心、表达能力比较强，也乐于分享的B，让他跟A组成互助小组，A教他第一封邮件的写法，他教A如何提升后面环节的成功率。三个月后，A成了公司的顶级销售员，B的业绩也有了明显的提升。

六、团队分工

现在很多公司的团队分工完全是儿戏，关系好的一组，或者抓阄，或者凭感觉。这样的团队分工意义到底有多大呢？

如果可以按照销售漏斗模型，找出每个人的强项、弱项，依照互补原则组成团队，你觉得会有什么样的化学反应呢？

Part 5
如何进行有效的客户分类

这里说的客户分类更严格来说是客户分层。分层是指按照与客户的沟通深度分类，然后根据不同的深度采用不同的跟进话题或者技巧。

B端客户极其简单和现实，关注的只有四个因素：价格、付款方式、质量、售后服务。那么我们在进行客户分层的时候，这四个要素就是重要的衡量点，当然还要引入一个要素：客户的具体需求。

按照这五个要素进行客户分层，基本上不会出现什么大的问题了。说得再明白一点，我认为一个订单要成交，必须具备五个要素：

（1）卖方充分地向客户展现了产品的卖点、价值；

（2）买方已经把具体的需求充分地传递给了卖方；

（3）双方针对价格充分沟通并且达成一致；

（4）双方针对付款方式充分沟通并且达成一致；

（5）售后服务已经让买方放下大部分顾虑。

具备一个要素就是一颗星，可以按具备要素的数量给客户划分星级。

我有过这样的客户，已经了解他的确切需求，针对价格、付款方式、质量、售后服务也充分沟通过了，但是没成交，原因很清晰，客户要求的价格太低，我们不能满足。那么这类客户是四星级客户，因为只有一个要素没能满足，达成交易最直接的办法是满足他们的要求或者找出替代方案，再重启谈判，例如提出新的你认为很合理的报价或一个更加有吸引力的报价组合（价格＋付款方式）。

这个地方要注意一个问题，很多生意可能是一次性买卖，没有第二次机会，谈判的时候就更要慎重了。

很多客户都是发了一封询盘邮件就再也没有回复了，这是几星客户呢？没星。针对这类客户应该怎么跟进呢？结合五个要素，每次跟进一个方面，今天和客户谈卖点，一个星期之后谈一次价格，再谈付款方式、售后服务，循环往复，但是不能复制粘贴，每次都要做出改变，可以利用文字、图片、视频等不同形式。碰到重大事件或节日，还可以套套近乎。注意，这里绝对不仅仅是利用邮件，应利用所有的沟通方式。

其实，客户是几星根本不是关键因素，明确缺什么才是最关键的因素。为了实现客户分层，你必须仔细分析每一个客户，剖析跟客户谈了什么，没谈什么，这五个要素到底哪个可能具备，哪个可能不具备。

用心去分析，你会发现很多没有意识到的问题，找到了问题才能制订有针对性的解决方案。

第二节　"沉下去"做外贸才是成功之路

Part 1

更多的红利点在于"沉下去"

"沉下去"做外贸，是利贸在为客户服务中首创的一个概念。

大家不要误会，以为又是"鸡汤"，以为"沉下去"指做外贸要沉下心来，踏实点，勤快点。大错特错！外贸的大转型时期，最害怕的反而就是闷头苦干，这个时期属于"见风使舵"的聪明人，灵活的思维模式再加踏实肯干才是正途。

那到底什么是"沉下来"？

中国外贸发展了这么多年，绝大部分的企业都是浮在表面，这是我们分析了3 000多家大大小小的外贸企业得出的结论。这些企业里面有创造几十亿元销售额的行业大鳄，有刚刚起步的家庭作坊，有从业28年的传统企业，有创业几个月的电商。

很多人不理解浮在表面是什么意思，我们还是要从供应链说起。

大家对于国外的大型批发商格外感兴趣，心心念念的就是这些大客户，虽然所有人都知道与这些大客户合作的条件到底有多么苛刻。这种贸易态度是有深刻的历史原因的。

（1）很多公司因为一个大客户而起步。以前很多传统的工厂、创业型公司，或是SOHO（Small Office Home Office，小型办公室或家庭办公室，特指自由工作者），可以说都是因为得到了某一个大客户而起步、发家。

（2）渠道为王思想的影响。

因为存在价格差，所以需要产品跨区域流动。既然是跨区域就会产生各种障碍，例如信息对称度、语言问题。不用说两个国家，我记得大学那会儿跟同学一起从四川绵阳往江苏徐州贩卖柚子，语言交流都是问题。明知直接从绵阳买加上运费也会远远低于徐州水果批发市场的价格，明知这个市场到底有多大，但是就是沟通不了怎么办？只剩下眼馋的份。渠道为王理论的产生很大程度上就是因为信息差、语言问题、沟通问题和物流问题。

再比如，早年间，美国需要大量的某种产品，但是在信息开放性不够的条件下，要想找到中国的供应商只能常来中国，具备这种条件的人不会有很多。所以渐渐地，最早来中国的采购商就成了该产品在美国最大的几个批发商，他们在美国建立分销体系，一级级地批发下去，分取利润。

所以彼时，得渠道者得天下。

但是中国外贸发展了那么多年，一个国家为数不多的大型批发商早已经成为了某些中国供应商的囊中物。这个过程可能是几年或者十几年，双方吵吵闹闹、分分合合，已经磨合得非常好了，不到万不得已，客户很少会更换供应商。

在短时间内不可能用产品超越同行的现状下，一个企业要想有更好的发展，就要"沉下去"，沉到供应链的更下层。

亚马逊，直接打到终端客户，这是"沉下去"的一种，所以没必要把亚马逊等的B2C业务看得太过神秘，包装得过于深奥，这是市场竞争到了一定阶段之后供应商寻找新的出路和商机而进行的沿供应链下沉罢了。

但是，从靠销售为主的B2B转型到靠营销推进的B2C，太难了。某些朋友这样说过："你给我一个客户，再困难我也不怵；卖给那些终端客户，一个个地谈完全没用，需要靠文案、营销、广告，完全不知道怎么下手啊。"

其实B2C靠的是做深做透，事情都很简单，反复做，然后复盘，再修正，然后继续反复做，根本没有太多的所谓技巧在里面。可是很多人不懂，没耐心，总觉得做不好是因为学得不够多，会得不够多，根本没有想到是因为太浮躁。

很多产品的服务属性很重，做B2C困难很大，或者营销真的很吃力，就可以做小B端。这里有一个问题还要说明一下：针对小B端的业务可能需要具备一定的库存能力，否则无法应付那么零散的订单，这就要求企业具有库存控制能力。当然，这个库存还可以通过海外仓实现。海外仓已经不是什么新鲜概念，但是估计很多人还是认为它很神秘。其实现在大部分国家的海外仓服务都是中国人在经营，能够提供的服务远远超过你的想象。例如你把货送到上海港，就完全与你无关了，到了目的港，海外仓提供接货、清关、入库、清点、发货、退货等服务，甚至负责对退回来的货物进行检查，如果货物只是包装有问题，海外仓就更换包装后继续发货。

现在小B端已经是各大平台的主战场，阿里巴巴、中国制造网，无一例外，询盘都开始小额化，亚马逊的Amazon Business（亚马逊于2015年推出的面向企业客户的网上商城）更是发展迅猛。

其实，"沉下去"还有一种，就是打入小语种市场。

利贸接触的3 000多家企业中，有专职小语种人员的居然只有两家，这是一个什么概念？也就是大家所谓的竞争惨烈，绝大多数情况下说的都是英语市场。而在非英语国家（地区），为数众多的不会说英语的批发商可能只能选择从当地渠道商手中购买，虽然明知渠道商价格很高，但是就和前面我贩卖柚子的经历同理，只能眼馋罢了。

没有小语种人员，你永远无法击穿小语种国家（地区）市场，所以小语种人员已成外贸企业必备人才。

Part 2
企业战略之客户定位战略

客户定位是企业战略定位中的一项工作。现在的客户我们可以清晰地分为两大类，专业买家和非专业买家，这两类买家各自有非常清晰的特点。

如果按照供应链来分的话，可以分为终端客户、次终端客户、靠近次终端的渠道客户、一级渠道客户。

我们不是做理论研究，所以进行客户分类的目的是为了分析这些客户的特点，找到应对这些客户的方法。

一、一级渠道客户

我们最熟悉的客户就是一级渠道客户，其特点是订单量大、给的价格低、付款方式苛刻。

因为这类客户在当地的运作时间长、根基雄厚、客源丰富，所以有很大的采购量。基于此，此类客户是几乎所有供应商的目标，抢来抢去，客户坐收渔翁之利。而且这些客户对于中国市场的了解，绝对超出我们的认知范围。

如同前文说的，参加过15届广交会的采购商有三万多人；参加过10届广交会的采购商有五万多人。看过这组数据你在想什么，你或者说你的员工在这个行业多少年呢？

我有这样一个客户，他在我现在所处的行业已经有40年了，我的年龄是34周岁，他的从业时间比我的年龄都长很多，大家觉得这个生意要怎么谈呢？

他可以指着我的样品册非常确切地告诉我每款产品是由哪个工厂研发出来的，一开始的价格是多少钱，利润是多少钱，后来其他的工厂跟进之后利润下降，价格开始变成了多少钱，现在市场价已经是一个什么样子。他看到我提供的所谓新款，就开始按照每一部分的成本开始核算总体价格，精准无比！

还有一个客户给了我一个采购清单，款式很多，数量极其庞大，可以养活一个上千人的工厂，告诉我里面的款式我可以自己选，但是有一些是必选项，而且必选项里面都标注了目标价，大体核算了一下，这些目标价基本是让我没有一分钱可以赚，甚至是赔钱。

更可怕的是，这两个客户要求的付款方式是赊账。

我们也对利贸所辅导的客户的这类客户群体做出了分析，基本上符合以上特点。

如此专业、如此懂行、如此老辣的客户要怎么谈？如此不对等的谈判地位，需要什么样的人谈呢？

专业懂行当然是最基本的要求，最好看起来比较老成，像是一个老手。这一点的作用在展会和地推的时候展现得淋漓尽致，这帮客户基本上不会选择像是一个新手的业务员聊天。

要有很强的心理素质，因为面对这类客户，接连不断的就是拒绝。这种客户在一个国家不会有很多个，所以我们要做的是跟紧他们，哪怕被拒绝了很多次。

要有足够全面的谈判技巧、周旋技巧，以及攻心销售的能力。

当然，所有这些条件都要有一个前提，拿下订单需要有实实在在的致命诱惑，至少就现在这种状况而言，如果你的产品没有实实在在的卖点，致命诱惑就是价格和付款方式。

符合上面条件的业务员很难找，基本上具备这种能力的业务员都单干了。

如果一个公司把自己的客户群体定位为这类客户，其举措应该如下：挖个特别牛的外贸特种兵；给自己的外贸业务员时间，让他们慢慢成长。

但是问题是，公司有耐心等待业务员成长，业务员却可能没有很强的抗压能力，在迟迟不见成效的情况下，他们会选择主动离职。这也是很多公司人员流动频繁的重要原因。

当我们意识到这一点的时候，就要寻找解决方案。很多公司采用了先让业务员从事跟单工作的方法，也就是让业务员在入职之后先不要接触客户，先从事老客户服务工作。这种方法有其可取之处，因为一方面可以让新入职的人员尽快地学习产品相关知识，一方面还能让其了解一些客户的需求和心态。

其实客户服务也是一项很烦琐的工作，对于相关人员的心态、专业技能、沟通能力都是一个很好的锻炼。当公司发现业务员跟单工作做得很出色、已经足以胜任业务工作的时候，再把他们放到业务岗位上，让他们从事市场开发的工作。

但是度的把握是一个非常重要的问题，因为老板本来以为跟单工作能够磨砺一个人的心态和能力，但是长久从事跟单工作却可能磨掉一个人的冲劲，使其习惯被动服务的角色。

二、次终端客户

其实还有另外一种我们不太熟悉却越来越不容忽视的客户，就是这条供应链另外一端的客户，当然不是C端客户，而是次终端客户，也就是小B端客户。

因为C端的高速发展，原有的供应链受到了冲击，次终端为了寻求生存空间，只能越过前面的供应链直接寻求中国的供应商。所以我们才会发现订单越来越小额化，那是因为客户群体发生了变化，越来越多的次终端客户开始直接从中国进行采购。

通过其特点可以看出，要搞定这类客户，需要业务员具备以下素质：具有服务精神，让客户可以依赖；懂产品，专业，让客户放心。但是几乎不需要谈判能力，就如同我们家门口的超市老板一样，跟他们谈判，需要具备多强的谈判技巧吗？一定的引导能力就足够了。

所以这类客户相对容易搞定，对于新人，是最好的客户群体。易出单，有业绩，有收入，而且服务小客户也很能磨炼业务员的心态，这正好符合绝大多数业务员的职位追求。而且对于企业来讲，还有另外一层好处，针对次终端客户是可以经营品牌的。这个就有点像是B2C，绝对值得尝试！

供应链精简已经是趋势，竞争压力让供应链上的每一环都试图寻找更低价的货源，不可逆转。就算你牢牢抓住了渠道商，但是如果渠道商的控制力不够强，下游的链条就会背叛，所以虽然你和你的客户关系很好，可能生意还是会越来越惨淡。

> **案例分享** 　　　　**企业客户定位战略**

和一位朋友A聊天，他说整个公司的投入产出比失衡，资源投放那么多，效果就是起不来。A是一位销售牛人，两三年前自己做业务的时候，风生水起，可是培训也做了，考核也做了，团队的产出就是没有达到想要的结果。

大体地聊了一会儿，我就察觉到了他的问题所在：

（1）思维模式还停留在三年前；

（2）企业客户定位战略没有做好。

第一个问题会出现在很多曾经成功过的人身上，尤其是从一线业务摸爬滚打过来的那帮牛人。他们的成功是因为他们敏锐的思维能力和超强的行动力，创立企业后，行动力没有下降，但是思维慢了。外界环境剧烈变化，但是他们中的大多数还沉浸在之前的成功模式里面，已经察觉，但是不肯接受，或者保持观望，没有及时调整。

A就是这样的人，而且他选择的行业很棒，五年之前才刚刚起步，三年之前需求端快速爆发，但是供应端反应比较慢，到了两年前才开始有大量的工厂兴建，一年前才大规模投产。也就是他在做业务的时候，是十足的卖方市场，价格好，付款方式好，量不小。

可是从2017年开始，一切都变了，大规模的工厂投产，供应端一下子过度膨胀。新兴的工厂、新兴的团队，从所谓的专业性、职业性、商业性方面跟老的团队根本没法比拼，但他们有法宝：价格优势。于是，大规模的价格战开始。

从产品端看，各家工厂区别并不大，质量相差无几，因此谁具有规模优势，谁就可以占据竞争主动权，而要维持规模优势，需要量，量来自于客户，客户来自于价格。这是不是像极了中国的外贸行业？从具备明显的成本优势加卖方市场，逐渐演变为成本优势减退，供远远大于求，竞争模式自然要发生变化。

B2B永远避免不了谈价格，客户不是买一件衣服，贵点无所谓，他是买几万件、几十万件，甚至上百万件衣服，每件便宜1美元甚至0.5美元是什么概念呢？

理论家们都讨厌谈价格，因为他们觉得谈价格很低级，应该谈品牌，谈质量，谈创新，谈服务。这些东西应该谈，但是是远水，饥渴无比的企业等得起吗？

价格战，是每个行业发展的必然阶段，也是中国外贸行业发展的必然阶段，谁都回避不了。而且，这不是终点，随之而来的还有付款方式的竞争，就如同我一直所说，付款方式的竞争才是市场竞争白热化的标志。

当我抛出这个观点的时候，A表示非常认同，他一直有这个感觉，行业正在经历洗牌期，老客户也开始不断压价，因为他们也开始收到更低的报价。

面对激烈的行业洗牌要先调整思路，但思路调整其实只是第一步，自我思路调整完毕之后的公司整体战略制订才是最重要的。这里的战略便是企业客户定位战略。

根据客户定位战略，他想要的绝大部分较大的客户，都对中国市场极度了解，对产品成本也已经了然于胸，因此必然是价格低、付款方式差的客户。当然，不可否认有对价格不敏感的客户，但是比例一定很少。放在他面前的是两个选择：要么坚持现有的价格体系，不断寻找高质量客户，放弃量的诉求，同时接受因为迟迟接不到订单，员工流动频繁的情况，甚至主动精简人员，因为高质量客户不会很多，不需要大团队；要么放弃中高端定价策略，大规模抢占低端市场，提升量，产生规模效益，优化自己的供应链，从供应链管控方面获取更多利润，也就是让自己的阶梯报价更加合理。

此外，他们还有一个优势，在美国海外仓长期备货。而阿里巴巴平台上面绝大多数的订单都是小订单，美国询盘不在少数，这些询盘绝大部分来自私人邮箱，也就是一些私人买家、实体店买家或者亚马逊等电商平台买家，因此，可以专门制订策略，主推海外仓的款式。

这样，他们公司就会出现两类客户群体，一类是有量的客户，但是利润低，付款方式并不好，这部分占整体销售额的80%甚至90%。不赚钱，卖这么多，不是白忙活吗？当然不是，就如同前面讲的，规模带来的效益、供应链的优化效应还没有算进去，如果算进去，这部分实际上绝对是赚钱的。

另一类是量小的客户，占整体销售额的 10% 到 20%，但是可以保证很高的利润。这部分客户对于很多公司是看起来很美，因为供应端总是出现各种问题，尤其是贸易公司，找不到工厂配合。所以我才不断强调 80% 到 90% 的客户的重要作用。

阶梯报价对应的是客户背景调查，也就是你要知道哪些订单来源于真正的小客户，哪些是大客户的试订单。而 A 公司 6 月份有美国展会，他去观战并拜访客户，收集了一下资料，美国与他们联系过的客户居然超过了 200 个，于是明确的思路出来了：

第一步，调整他自己的思路，重新跟工厂协商，双方一起降价，定出更加合理的价格；

第二步，进一步制订阶梯报价方案；

第三步，重视背景调查的作用，如果做不出明确的背景调查，就当普通客户，不可能提供很好的价格，如果背景调查很清晰，对方是一家专业的公司，哪怕开始量比较小，也可以提供最好的价格；

第四步，把美国展会作为试点，把 200 个客户进行分类，重新进行背景调查，对重点客户进行点对点邀约，他会登门拜访，并且提供最好的交易条件，以求成交，业绩归业务员所有；

第五步，将背景调查标准化、量化，盘活全部客户。

Part 3

传统 B2B 向 B2C 转型的策略

一、传统的 B2B 企业向 B2C 转型，哪些点最重要

首先我们要看清楚 B2B 和 B2C 的实际区别——2B 和 2C 的真正区别，才能在各个方面做好调整。

（一）产品选择

这无疑是第一步，一般来说，B2C 选品有四个原则。

（1）产品的体积不能太大，否则物流费用太高。当然不知道亚马逊推

出的龙舟计划会不会改变这个现状，如果可以改变，那么 B2C 会进入一个新的发展阶段。

（2）产品的客单价不能太低。如果物流费用占了价格的很大比重，产品就没法卖了。

（3）产品具有特色。什么是特色？就是差异化，就是有卖点。

（4）靠近货源地，能拿到一手货源。

即便知道了这个标准还是很难选，专业的选品都是根据数据来。可是有些传统的 B2B 从业者没有数据，也就只能有一定规则地大海捞针了。

（二）经营思路

这个方面可能不是一两句话能够讲明白的，挑几个角度来讲吧。

做 B2B 很多时候是单打独斗，一个人就可以将采购、销售全部搞定，而且业绩往往不错；而 B2C 要做好就要把分工做好，当然单打独斗也完全没问题，但只能维持小规模，不应该是传统企业的选择。产品开发、产品采购、平台运营、独立站运营、营销推广、设计美工等，要把每一个环节的分工交代清楚，考核明白，这样 B2C 业务才能运转良好。

B2B 是一个非常仰仗业务员的行业，老板或者带头人方法再多，都要通过业务员一步一个脚印地实施出来，业务员是否用心，业务员的英语如何，业务员的情绪如何都会不断地影响实施的效果。一个业务骨干的离去可能会直接带走一大批客户，而且公司的积累也体现在业务员身上。可以说，B2B 里面，是业务员掌控了整个公司。而如果想转型做 B2C，就要重视规章制度，只要领头人把规则研究清楚，把各个环节研究明白、梳理清楚，其他的就是实施了，而且 B2C 的积累可以直观地体现在平台上，任何人都带不走。当然，产品开发部门的人必须是最为可信的人，因为他们掌握着公司的命脉。

B2B 绝大部分业绩取决于 P2P（Person-to-Person，个人对个人）的谈判，取决于业务员的能力，而 B2C 则是取决于平台上面的产品表现。

（三）人员的招聘培养

对于北方的转型者来讲，人才绝对是一个瓶颈。在深圳随便发布一个招聘启事，就会有大批有从业经验的人员来应聘，而在北方，有经验的 B2C 从业者相对而言较少，速卖通、eBay（跨境电商平台）、亚马逊的从业人员寥寥无几。所以要解决人才问题，还是要依托于深圳。可以招聘一些不懂的新人，只要用心就可以，然后从深圳找一些各类平台的实际操作者，付费帮我们培训人才。

但是外来人员进行的培训只是对于最基本常识的教授和梳理，各个公司还要结合实际的业务对新人进行培养。

B2B 无论再如何依赖平台，也只是靠平台提供流量入口，而转化的主要因素在于线下，B2C 则不同，流量和转化都停留在平台上。所以，企业要着力研究平台的各种流量入口以及提高转化率的方法和技巧。例如企业要研究亚马逊的每一个 listing（产品页面）的流量可能来自哪一个入口，逐项研究其规则，然后培养员工按这些规则操作；企业还要研究订单的转化取决于哪些因素，培养员工重视这些因素。

（四）选择好自己的路线

这么多人急着从传统的 B2B 转到跨境 B2C 无非是无法忍受 OEM 合作模式下受制于客户的处境，想做点好产品或自有品牌产品。如果抱有这个想法，就要在产品开发、质量控制方面下功夫。当然肯定需要在美国注册品牌，以获取跨境电商平台对自己的保护。

B2C 的平台有很多，如速卖通、亚马逊、eBay、Wish（跨境电商平台），甚至包括独立站，如果想做，你都可以投入精力、物力、人力，每一个平台做好了都能赚到钱。当然你也可以选择只做亚马逊和独立站，或者就像我们一样，坚守一个信念，那就是做好自有品牌。

（五）更专注于市场反馈

面对终端消费者的 B2C 只能去贴近消费者，所以必须要关注市场反馈。这也是 B2C 能够不断提升产品品质和用户体验的最重要途径，这一点在 B2B 方面比较欠缺，因此也是思路要转变之处。

（六）产品敏锐度要更强

前面已经讲到了选品，这里需要强调一下，B2C 更加强调产品品质，因为产品好或者不好，会完全显示在你的平台上，初期几个差的 review（评论）或者 feedback（反馈）会让你的店铺受很大影响。这与 B2B 又不一样，哪怕之前你发出去的产品质量不好，也基本上不影响你继续做生意，因为 B 端的信息并不沉淀在网络上，就算是客户发布了大量信息，也未必对你有多么直接的影响。

因此在 B2C 中，产品开发和质检才变得更加重要，哪怕你的产品质量不是很好，至少不能太差。

当然，如果真的要在 B2C 业务中做出点成绩，就不能本着上面的原则了，而是要精致、有差异的产品，并且要有持续性产品开发能力。

（七）要能扛

不要听招商的人说得那么好，就满怀信心地一头扎进去，B2C 是一条到处都是"坑"的路，即便前景是那么美好，你也可能会在中途失败。

产品开发不会一次到位，如果要不断淘汰产品，库存积压怎么办？北方的人才储备不够，就是找不到合适的人，培训又难以奏效怎么办？竞争对手故意出各种花招，你要怎么应对？没流量怎么办？有流量却没有转化怎么办？产品卖出去，问题频出，退换货率太高怎么办？不断出现问题，锐气被磨掉怎么办？

非能扛者莫入啊！而且这个扛跟 B2B 的扛还真不一样。B2B 不用事先备货，来了订单再生产也来得及，如果是贸易公司就更简单了，空手套白狼，成本无非就是运行费用；B2C 或多或少你都要备点货吧，如果采用 FBA（Fulfillment by Amazon，亚马逊物流配送服务），有十几个或二十几个 listing，怎么也要发点产品过去吧，看着那积压的库存，看着那一个月几个的订单，你能扛得住？

B2B 扛着扛着，一个订单基本上能解决一定的问题，而且重复购买会让日子慢慢好过，B2C 呢？

（八）B2B 以销售推广为主，B2C 以营销为主

做 B2B，只要在平台上开店后，进行最简单的 SEO、SEM 营销，来了询盘，就有的谈，就可能有订单；而做 B2C，用传统的方式引流，很可能会失败。因为传统的方式是销售推广，面对的是专业群体，专业人士没有需要的话不会关注你的产品；而 B2C 面对的是一个个的个体消费者，他们有需要的时候会关注，高兴的时候会看看，不高兴的时候还会点一点。所以 B2C 要以营销为主，不管用什么手段，让自己的产品多曝光，但也不能花太多钱，因为一般来说，转化率不会很高。

做 B2B，面对着大买家，很难玩概念，很多要实实在在地谈，实实在在

地拼；做 B2C，面对着个体买家，他们容易冲动消费，所以要学会玩概念，玩情怀，玩生活，说白了，除了产品要好之外，还要会营销。

B2C 中的"坑"有很多，不要总是看着某几家现在赚钱眼红，你不知道他们到底经历了怎么样的痛苦，如果只是想轻轻松松，还是莫入了！

二、企业级亚马逊运营的职能分工

在传统理念里面，亚马逊操作根本是不需要团队的，似乎一个人随便操作一下就可以赚到不少的钱。在竞争不是非常激烈的若干年前还是可以使用这种模式的，但也仅仅是能赚点钱而已，跟传统企业转型、创品牌、长久运作的打算是格格不入的。大部分 SOHO 或者夫妻店完成了资本积累后，还是走上了职能分工这条路。

一般来说，亚马逊运营的标准配置是：营销、平台操作、设计美工、产品采购或者研发、运营。那么哪个职能是核心？很多人会问，一定需要核心吗？一定需要，因为这里面有很多的矛盾职能、配合职能，没有一个核心去调配，这个团队的战斗力一定是强不了的。例如产品采购或者研发和平台操作就是一对矛盾体，一个买一个卖，买来了卖不掉，可能与买的人的决策或者买的东西的市场接纳度、价格有关系，但是买的人往往认为是卖的人无能；营销需要设计的配合，但是如果没有一个调配者，等考核的时候，营销人员会说设计人员一直没提供图片、文案，设计人员会说营销人员并没有说什么时候要用。

从管理学角度来说，凡是处于明确对立面或者矛盾方的职能部门都不应该成为核心部门，除非这个职能部门的负责人是老板，或者大局观极强，可以从整个公司角度来进行管理调配。上面讲的产品采购或者研发部门就不应该成为核心部门或者管理调控部门，因为他们跟平台操作的矛盾是与生俱来的。

我们会把运营部门设置为整个公司的核心职能部门，由运营部门来设置整体运作方案，协调职能部门之间的关系，推进项目进度，具体如图 2-2 所示。

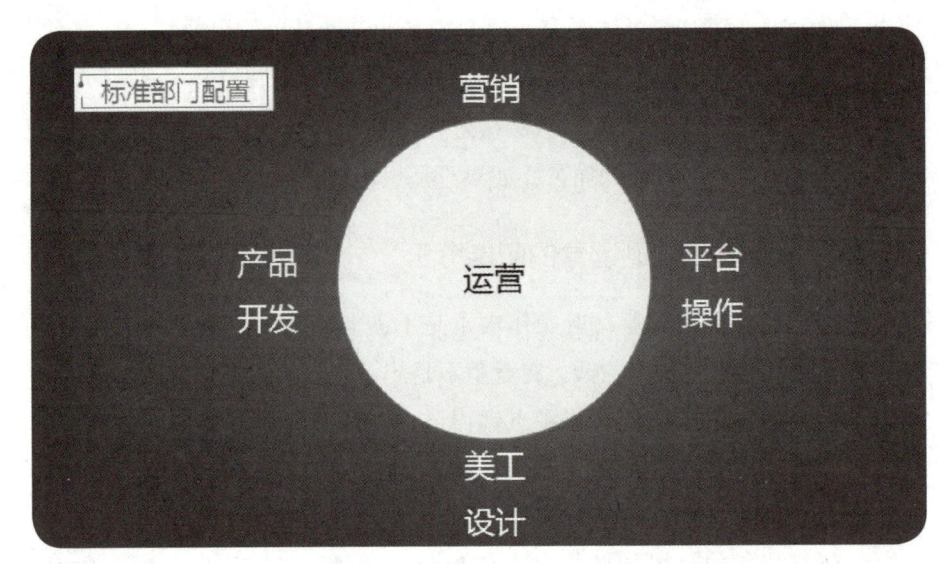

[图示：标准部门配置 - 运营为中心，周围为营销、平台操作、美工设计、产品开发]

图2-2

既然这样，对运营主管的素质要求就会比较高，基本要求如下。

（1）忠诚度高绝对是第一位的，因为他要掌握全局和资源。

（2）要能分得清什么是销售，什么是营销。销售是直接把产品卖出去，营销是扩大产品和品牌的知名度，利用一切的机会进行宣传。

（3）要有大局观。大局观的含义很广，例如不仅仅要从产品角度出发，还要从客户角度思考问题；不仅仅要从平台操作角度出发，还要兼顾产品开发的进度和创造性；不仅仅要懂营销，更要懂平台的规则；善于从高处看问题，发现问题根源；不仅仅要盯住眼前销量，更要着眼于长远。

（4）敏锐度要高，首先要对数据敏感。很多人会统计数据，但是从来不会分析数据，更没法从分析中得出一定的结论以支撑后期的决策。运营主管必须具备分析能力，例如销量的下跌代表了什么，有多少种可能性；流量暴增是因为什么，有多少种可能性。其次要对节假日和热点的使用敏感。例如节日来了，要考虑是否要组织一次营销，营销部要如何工作；有一些热点发生了，要考虑是否要借助热点营销一把。再次还要对规则变动敏感。规则变动会带来挑战，更会带来机会，要懂得趋利避害。最后还要对市场、产品敏感。例如要经常关注同行，盯着行业前几位，关注流行趋势，考虑是跟从，还是反其道而行之；竞争对手推出新品，一定要做分析，分析这个新品比自身已有产品有哪些改进，这些改进是否是实质性的，是否会对自身有很大的冲击，要不要设定针对性策略，要不要跟产品研发部门一起商量下一步的产品开发工作。

当然，并不是说上面所有的工作都要由运营主管事无巨细地去做，毕竟下面有明确的部门分工，但是他一定要懂，不然就会出现外行人带内行人的最内耗的管理模式。

其实整个体系里面最难处理的关系是与产品开发部门的关系。这个部门要么没有创造力，几年没有新产品推出，要么创造力太强，新产品层出不穷，使人眼花缭乱。产品迭代太慢，平台操作人员会比较难受，因为平台操作人员会看到客户的评价及反馈的很多问题，不能迭代，就不能革新，就没法从根本上去除被投诉的可能性；产品迭代太快，也会给平台操作和营销部门带来负担，因为他们要不停地研究市场、更换，再研究再更换。矛盾就是这样产生的。

三、亚马逊选品分析的核心

做亚马逊，大家尤其关注选品问题，因为一直以来流传一句话，亚马逊重产品，轻营销，基本意思就是，只要你选对了产品，就等着发财了。我记得当时去深圳寻梦的时候，有一个所谓的专家告诉我们："营销？做亚马逊做什么营销啊？我们运营人员仅仅关注产品就行了。"

后来才知道，这个所谓的运营人员，根本就是一个做了很多年亚马逊操作的人。因为我之前写东西不怎么注意，也经常会用"亚马逊运营"这个词语，现在要统一一下：我说的运营是包括营销、平台操作、产品研发在内的整个体系，而上面那位专家所说的运营，只是平台操作。运营是一个B2C团队的大脑，而操作只是手脚，听手脚跟你讲大脑的事，很可能都是错的。

当然，我并不是说选品不重要，而是想说，选品这种事应该交给专业的人处理，而不是整合自己手头的资源，舍近求远。

基本上选品有两个大的方向：(1)什么火卖什么；(2)选择冷门行业，避开激烈竞争。

第一种是很多科技爱好者的选择，他们通过爬虫抓取数据，看到某款产品似乎卖得很不错，利润还凑合，于是开账号，跟卖或者独自卖。品牌和品质，他们根本不关心，他们要赚快钱。总之，先把排名刷上去，能卖多少是多少，当原来的卖家发现时，他们已经溜之大吉。

当然，我们在选择第一种的同时，还可以选择做品牌，注重品质，但是激烈的竞争很考验一个团队的运营能力。

如果非要在这两个方向中选，我会选择第二种，冷门、竞争不激烈的产品或者体积比较大，没有一定的经济实力很难介入的产品。这个门槛是天然的。

但是无论选择第一种还是第二种，都进入了一个误区。例如我身边很多朋友之前就在喊着要做B2C，可是一直没有启动，得到的结论是，还在观察产品。因为选择卖得火的，找不到合适的供应商，要么是工厂认为量太小不接订单，或者不给贴牌，要么是品牌商不放心；选择卖得不够火的又怕销量不好，白白投入。

因此，我的建议是，从你能够掌握的供应链出发来选品，然后对产品、客户群体进行严格的分析，以确定下一步的计划。

案例分享　客户群体分析

因为我们辅导的很多案子都是B2B转B2C的企业，产品大多是现成的，所以我们进行的第一步工作就是产品的客户群体分析。

（1）产品的直接使用者是男性还是女性？

亚马逊的统计数据表明，在亚马逊购物的70%以上是女性，所以如果我们分析我们产品的直接使用者是男性的时候，就要想明白了，除了要通过营销抓住男性之外，如何转化更多比重的女性呢？难不成你要放弃这绝大多数的群体吗？

（2）产品的直接使用者的年龄结构如何？

亚马逊的购物群体的年龄绝大部分在40岁以下，那如果有些产品是针对老年人呢？

利贸曾经辅导过一个企业，他们的产品的几个listing已经获得了best seller（最畅销的产品）标志，但是销量依旧少得可怜，他们无计可施。当我们分析产品群体和营销方案的时候发现，他们的主要客户是50岁以上的老人，而营销方案也是针对这个群体，看起来没错，但是实际上大错特错，因为这个群体上网时间太少。所以很明显，想要转化亚马逊绝大多数的群体，营销方案应该针对这个产品的礼品属性。

（3）直接使用者跟购买者重合度有多高？

就如同上面讲的，有的产品的购买者很多时候并不是使用者，使用者很少去购买。某些礼品，例如曾经在中国盛极一时的高档酒、高档烟，就是如此。

几年前有个朋友在朋友圈卖阿胶，比较重视养生的女性一定知道阿胶的作用，他的方案一直强调女性要如何保养，如何保护自己，等等，但是销量不是很高。女性是真的不知道它很好吗？恐怕是知道的，但是为什么不买呢？嫌贵，不舍得。我建议他不如转换一个角度，号召男同志把它当成礼物送给自己的爱人。此文案一出，销量猛增。

（4）直接使用者主要集中于线上还是线下？

针对很多产品，如果泛泛地分析，会让我们非常欣喜，因为很容易发现，亚马逊所面对的美国市场，需求巨大。但是真正做起来才发现销量一般，于是分析原因，发现美国人并没有形成从亚马逊购买某些产品的习惯，注意，这里是习惯，未必是喜欢。线上购买的优势原本是选择多、价格便宜，但是当经营者很少、款式很少的时候，购买者会发现从线下买选择更多。

但是，很多美国人都用Facebook（美国的社交网络服务网站），于是在Facebook上不断做营销，把客户进行线上转化，就会非常重要。

如果产品并没有很明显的特征，例如充电宝，看起来谁都可以用，要怎么进行目标客户群体分析呢？很简单，一定有某些人群的手机耗电最快，最怕手机没电，可以针对这一点进行分析。

当产品的目标客户分析完毕之后，你会发现营销方案也就基本上出来了。

四、B2C运营者必须注意的细节

运营是B2C的核心部分，有许多应注意的细节。

（一）退换货问题的处理

如果货物质量有问题，应从供应链、质量控制方面着手，但是客户退换货很多时候并不是因为货物质量有问题，怎么办呢？例如某些商品需要客户自己安装或者组装，但是商家引导、说明不够，或者就只有一个非常简单的说明书，每一个部件上也没有任何标识，不足以指导客户，于是客户自行研究的时候搞坏了商品，然后要求退货或者换货。这种退换货情况不可能完全避免，但是可以最大限度降低其数量。可以在包装上刷上商家网站等的二维码，客户扫描后可以看到产品安装或者组装的视频，或者引导客户发生问题不要直接退换货，可以与店铺先进行沟通等。

但是如果真的有了退换货怎么办？不管你使用的是什么海外仓，一旦出现这种状况，问题就来了，退回来或者换回来的货物就没法再出售，时间一长，可能会越来越多。以亚马逊为例，退到 FBA 仓的货物就两种处理方式，第一种是销毁（收费服务，忙碌的季节甚至直接拒绝此服务，不知道是否恢复了），但是有些货货值很高，销毁会造成很大损失。第二种是 FBA 仓将货物退给商家，商家再进行处理。因为 FBA 仓退货只接受美国地址，所以我们一直在考察第三方海外仓。我们已经找到一家海外仓公司可以代为处理退换的货物，如果货物表面完好，可以再为我们贴标签，重新入 FBA 仓，如果货物真的有损坏的地方，再与我们协商处理。

（二）客户留存

你成交的客户去哪了？有统计过吗？留存客户方便我们进行二次营销，也有利于我们最大限度地降低因为沟通不畅而造成的店铺 ODR（Order Defect Rate，订单缺陷率），而且我们还可以从购买过我们产品的客户中选择高质量客户，让他们体验新产品，写评价，以此达到营销的目的。

（三）官方网站

在一开始规划转做 B2C 的时候，我就将设立官方网站作为最重要的一项工作，因为第三方平台总是有各种限制和规矩，连客户信息都是保密的，但是就是因为聚集了大量的买家，所以多数卖家会选择在第三方平台开店。当然，独立站的运营需要大量的精力和资金投入，转化率低也是问题，因为在亚马逊搜索的人，是有购买需求的人，而看到广告进入独立站的人很多时候只是随便看看。因此，可以将运营独立站与社交媒体账号的粉丝转化结合起来。

（四）滞销货物的处理

滞销也是 B2C 的一个致命问题，所以运营者要有处理滞销货物的思维和能力。

当然，什么是滞销货物没有一个统一的标准，销售业绩再好的店铺总会出现一个或者若干个 listing 就是很难有比较好的表现。一旦你确认这是滞销货物，就要拿出合适的方法来处理了：

（1）利用 deal（折扣）网站处理，虽然亚马逊禁止用折扣换评价，但是并没有禁止提供 deal 促销；

（2）搭配销售，半卖半送；

（3）送给社交媒体账号上的粉丝，搞活动。

第三章

做好外贸,两条腿走路

第一节 挖墙脚和守江山

外贸业务体系复杂,但是说白了就是分为两种职能:挖墙脚和守江山。挖墙脚就是开发新客户,但是这些新客户对于别人来说是老客户,所以叫作挖墙脚。守江山是维护自己的老客户,我们在挖别人的墙脚,别人也在挖我们的墙脚,所以要管好自己的一亩三分地。

但是为什么要挖墙脚呢?寻找没有主的客户不行吗?我们来分析一下,哪些客户是没有主的:

(1)新进入行业的客户;

(2)跟原有供应商产生了不可调和的矛盾,需要更换供应商,却又暂时没有找到合适对象的客户;

(3)三心二意的、谁给我价格低我找谁合作的客户;

(4)大型机械类等买一次若干年不需要买的客户,可能已经忘记原有的供应商或者原有供应商已经不复存在。

这些客户构成了我们收到的询盘的主要来源,也是我们发开发信碰到的寥寥的回复者,但是更大的一部分客户是有固定的供应商的。

但是当你一心一意开疆拓土的时候,家里那一亩三分地却被人家给占了,因此还要会守江山。

如何守江山?

(1)与客户常联系、多走动。

不要相信外国人做生意不讲感情之类的论调,人都是感情动物,只要你别指望着客户会为了感情放弃原则就好。

逢年过节,寄贺卡和礼物是必需的,婚丧嫁娶,只要你知道了,问候一句也是必需的,天灾人祸,关心一下还是必需的。如果是大客户,最好能够去他的国家和他见一面,实地考察一下他的公司状况,顺便约一下他行业的其他用户,有这个大客户作为标杆,没有进展是不可能的。

（2）产品要靠谱。

这个是根本。如果是贸易公司，尽量不要给客户随便更换工厂，不要为了多出来的那一点点利润砸了一个客户；如果是工厂，品质一定要监控好，哪怕是想了办法提高了工艺和质量，也要提前三个月告诉客户，把小样寄给客户，让客户检测，看是否会出现状况。其他的细节一定要到位，例如包装干净完整，托盘美观牢固，这也是产品品质的一部分。

（3）危机公关要做好。

没有一个公司可以保证自己永远不出问题，出了问题并不可怕，关键是你的危机公关要做好。

我们的产品曾因出现问题而导致客户的工厂车间失火，只是因为危机公关做得好，态度诚恳，才挽回了客户；包装破损，客户说不愿意用，我们会直接要求退回，费用我们承担，处理好再发回去。

出现问题之后，供应商的态度决定了双方是否可以继续合作，往往一次危机处理好了，能够促进双方的关系。

（4）持续提供你的价值。

这个价值包括的方面多种多样，要看你面对什么样的人。如果面对的是老板，可以给他推荐一些比较好的管理方面的书籍、团队方面的资料；如果是采购和销售人员，可以多探讨一下销售的方法和技巧、职业规划等。可以多提供一些行业里面的新鲜信息给客户。我经常跑到客户那里，所以我看得到客户的很多细节，能提出我自己的一些建议，例如仓库整理、销售定位、效率提升等。

（5）多问需求。

我经常会问客户最近是否有比较棘手的事情或需要帮忙出力的事情，甚至有些时候真的会帮客户去考察一个新的供应商，不要嫌麻烦，这是客户信任你的表现，而且有可能会为自己增加一个经营品类。

第二节 专业成交

Part 1 最大化成交战略

做生意的最终目的是成交，重复成交。

我是第一个提出做外贸要"专业+职业+商业"这个概念的人，这些层面都是针对业务员个体，但真的是业务员做到这些就能最大化成交了吗？非也！所以，如同标题中写的，最大化成交是一个战略，而不是简单的战术。既然是战略，就不是业务员单方面能够搞定的，而是切切实实的企业层面的大事。

很多人说战略这个词太虚了，但是对于一个企业而言，战略能指出正确的方向。如果你的方向都错了，或者根本不知道方向，你何时才能到达终点呢？

最大化成交战略，应该包括以下五个部分。

一、专业、职业、商业且有温度的业务人员

这方面也就是要求有一支能够打硬仗的业务团队。切记，是团队，而不是有这么一两个人，两者是完全不同的概念。铁打的营盘才是我们想要的，如果铁打的营盘里面有几个兵王，那就完美了。

专业、职业、商业的业务员在谈判场上绝对是"大杀四方"的，但是我今天要加一项要求，就是有温度。客户是人，我们也是人，我们不能给客户一种硬邦邦、冷冰冰的感觉，除非你垄断了这个产业，客户没有其他选择，或者你真的比同行优秀太多，客户非选你不可，不然没有人喜欢没有温度的人。

有温度表现为用心、热心、耐心、将心比心。

用心就是你要把每一个客户都当VIP，真正用心去帮客户解决问题。例

如我们通过网站看到了客户需要的是高端的产品，所以我们在推荐产品、发样品的时候，一定要选择真正适合他的产品。这个说起来很简单，但是做起来往往容易出错，因为如果我们的审美没有达到那个层次，或者对产品的认知达不到那个高度，就会出现问题，只能凭感觉做事。因此要寻求专业的帮助，如果是 C 端产品，去跨境 B2C 平台、SNS 上看一下，如果是工业品，找专业人士聊一下。

热心就是多为客户想一层。实际上采购经理也是有了业绩才有提成的，如果这个产品拿不下，项目被毙，他的收入可能会受影响，所以我们要帮采购经理准备材料，进一步强化决策者对产品的认同，协助采购经理拿下订单。

案例分享：做决策要多分析一步

利贸咨询给公司做服务的时候遇过这样一个案例：A 公司合作了五年的客户突然遇到了经济困难，有一笔七万美金的货款在付了四万美金之后一直没付尾款。A 公司很难联系上客户，联系上了，客户也会说在想办法。客户面对 A 公司的催款，一开始是气愤，可能是觉得合作了那么久，A 公司还不信任他，后来开始无奈，因为可能他发现自己真的付不了了。

做这个案例分析的时候，我们把客户以往的所有记录全部拿出来审核了一遍。A 公司与这位客户合作了 61 次，付款方式是见提单复印件付款，客户往往都是看到提单复印件当天就会汇款过来，只拖延了四次。从这来判断，这位客户信用记录良好，应该不是故意不给钱，而且前前后后凑齐了四万美金这个举动也让我们看到了他的决心，所以我们建议供货方，也就是利贸咨询的客户，果断地做一个决定——放货。

客户接到 A 公司告知决定放货的电话时，激动得 20 多秒没说话，后来说："我一定会把钱还给你们。"客户遭遇经济危机的原因虽然未知，但是这一次放货让客户有了翻身的机会，东山再起。这位客户现在是 A 公司最大的客户。

很多人讲，这是因为运气，非也，这是因为多从客户的角度想了一步。

耐心也很重要。很多客户，尤其是现在很多小B端客户，他们以前几乎没有从中国采购过，有着太多的困惑和疑虑，可能会不断地问各种问题，我们要做的是耐心答复，而且最好把专业知识讲解得通俗易懂。

将心比心就是换位思考，尽量考虑客户某一个问题背后的问题。例如客户问："你们的次品率有多少呢？"针对这个问题，不能仅仅回答"1%左右"，而应看到这个问题隐含的其实是客户对我们质量控制体系的询问，对这方面也应做出回答。

二、标准化+量化的运营机制

我们在招聘的时候，就算是招聘标准化文件和员工画像做得再好，也很难找到专业、职业、商业、有温度的人，这种人都是宝贝，没有几个企业会放走，所以大多是看应聘者未来的潜力。挖掘一个人的潜力最快也是最有效的方法就是制订标准化的制度和流程，而有了标准化的制度和流程之后，加入量化管理，反复地模拟训练、实战，就可以迅速见效。

这个运营机制是外贸企业想要做大做强必须走的路，也是利贸咨询服务的核心内容。

三、提炼核心优势

以前的外贸是真的好做啊！2003年，我一个大二的学生，就能每个月给公司创造30万元左右的利润；2007年创业，靠免费B2B平台起步，一个人三年创造了1.7亿元销售额。但是现在是买方市场，客户的选择多了，要有利的价格和付款方式，这是基本。稍微大点规模的买家，要验厂，审查项目繁多，有没有童工，女职工宿舍有没有单独的区域等都在审查之列。

很多外国客户在我们的协助下成长为当地有影响力、有话语权的企业，回头看看我们，变化不大啊，至少表面上看起来没有多少变化啊！

这就是中国外贸企业的一个死穴：不会包装自己。

不会包装自己的潜台词是，根本提炼不出自己的核心优势。

国外小而美的企业有很多。我去美国做地推的时候搜到了一家小工厂，他们介绍自己的员工不超过20个人，做了30年，只做一种产品，并且展示了30年的创业历程，深刻而有温度。我去拜访了，和他们聊了很多，感触很深。他们懂自己在做什么，更懂自己最擅长什么。

核心优势不仅仅包括产品、公司，还有人。每个人都应该有强项，每个企业都应该有优势，要学会包装。

四、高效对路的市场推进策略

这里说的市场推进策略重点指的是公司所提供的具有针对性的市场开发条件，例如价格、付款方式。每个国家的竞争状况和消费层次都不一样，不能拿着一种价格策略和付款方式策略去开发，例如同一种产品，欧洲市场和印度市场定价可能就会出现很大差别。

市场推进策略还包括针对产品的开发策略。例如某种高档产品，卖给美国人，终端可以卖到299美金，成本80美金，卖给采购商100美金左右还是可以的，但是印度呢，299美金对于印度人是什么概念？所以要清楚自己的战略方向，考虑是否要开发这些低端的市场，开发这些市场要如何布局产品，如何设置价格和付款方式。

就现在的市场状况而言，绝大部分企业不具备改变一个市场现状的能力，这是由目的国家（地区）的社会环境决定的。利贸咨询接触过一家企业，产品畅销欧美，但是欧美市场已经是红海，再往前走有很多困难。在他们2018年的规划中，强化欧美市场的优势是一项工作，另一项就是寻求新兴市场。分析来分析去，发现相关产品在非洲卖得极其火爆，济南一家公司居然一年卖到非洲大陆的货值到了三亿多元。但是这家企业也有非洲市场开拓部，却无论如何也推不动。根据我们的分析和调研，有两个原因：营销方案不对；产品不对，定位太高端，非洲市场消费不起。所以，得出的结论是公司做决策，到底要不要在供应链方面向非洲市场发力，问题变得清晰，解决起来也就容易许多。

五、匹配公司发展的资源支持

虽然我把这一项放在了最后，但是不代表这项工作不重要，恰恰相反，这项工作可能会决定成败。

下面主要从营销资源的角度来看资源支持。

营销分为线上和线下两种。线上营销包括B2B平台（阿里巴巴和中国制造网等）营销、Google 的 SEO 和 SEM 营销、EDM 营销、SNS 推广（包括视频营销）。线下就是展会和地推。

没有营销资源支持的业务团队如同无源之水。虽然有很多公司不需要任何营销投入，让业务员自己搜客户，发开发信，也会慢慢有成交，但是这样的团队流动性大，极不稳定。

营销的投放绝对不是一件简单的事情，绝对不是看到别人做什么自己就做什么，而是根据企业的战略部署、产品特点、团队规模、资金实力来进行权衡选择。

首先考虑如下条件：你选择的投放市场，网络是否发达，谷歌在这个区域的占有率有多少，线下是否有比较集中的展会或市场（这些从谷歌上都可以搜到）；你的产品是传统产品还是新兴产品，购买群体按照你的经验大部分在哪个年龄阶段，他们喜欢哪种谈判方式，哪种方式效率更高；销售团队有几个人，处理一条询盘需要多久，成交率如何。再依据这些因素选择营销途径。

相关链接　资源过载的影响

有两个现象可以分享给大家。第一个现象是有老板找利贸咨询更多更好的营销途径，觉得自己资源不够多。但是我们真正深入了解这些企业之后发现，他们的资源很多。其中有个公司只有五个业务员，每个业务员每天都有询盘，产品略微有些复杂，一个询盘可以忙活一天，老员工本身就有客户，有的居然询盘都不用心处理。类似的情况很多，实际上是员工转化能力不够或者不用心，而不是资源不够。但是老板产生了错觉，所以想尽办法找新的营销渠道。

还有另外一个现象，利贸咨询服务的客户中有 70 家存在资源过载的情况，也就是业务员每天有一条甚至若干条询盘。利贸咨询介入之后进行了资源稀释，也就是加入了新的业务工作，稀释掉了他们的询盘，根据他们的工作量、用心程度、处理速度、产出率（权重比较小）重新分配，一天一条询盘，甚至两天一条询盘，有的公司产品略微复杂，三天分配一条询盘，结果产出大幅提升。

物以稀为贵，如果业务员手中没有新询盘就会对正在跟进的客户更加用心。利贸咨询输入了更加有效的方法，提升了产出。

因此企业没必要过度追求资源充沛，没有几家企业完全没有老资源，充分利用好老资源，也可以有大规模产出。我们在利贸咨询服务的一家企业做了试点，成立了老资源挖掘小组，不给业务员分配任何询盘，只让他们挖掘老资源，也可以完成设定的目标。

资源过载，团队无法承受，实际上就是浪费，而且会让团队的绝大部分成员变得挑剔，不再认真地对待每一个客户。流量和询盘很重要，但最重要的是后期成交，也就是团队对流量和询盘的处理能力。当你的团队能力不够的时候，过载的资源并不利于他们的成长。

以上就是最大化成交战略的内容，不管你是业务员还是老板，都能从其中找到自己需要改进或者提升的点。外贸难做已是不争的事实，拼的越来越多的是综合实力，上述的所有环节都是必须补强的环节，但又根本没法假手于人。不要浮躁，找到自己的强项，同样找到自己的弱点，补强、学习、改进，然后才能提升。

Part 2

SNS 的所有打法

营销里，只要能有效果，没有什么是错的。没有错，不代表没有高低之分，更不代表没有效果差别。SNS 并不是什么新鲜东西，市面上高手也有很多，玩法各异。我从 2008 年开始利用 SNS 做外贸，几乎所有的方法都用过，我把我用过的方法总结出来，做出评判，给大家一些参考。

一、广告狂人

这种玩法最为简单，最容易上手，基本不需要思考，就一个做法，不断 update（更新）自己的产品，就好比不停告诉别人我们是生产毛绒玩具的，我们的玩具物美价廉，千万不要错过啊。总是会有人好奇地走上来，正好看到自己需要的产品，然后付钱买走。

因此这种方法绝对是有效果的，而且一般见效还会很快，所以大部分做 SNS 营销的人都采用这种方法。但是问题来了，你的朋友圈里有微商吗？面对不停发广告的微商你会怎么做？

当账号被删除、拉黑甚至举报之后，发的广告还有用吗？还是有用的，在谷歌搜索页面中还是会有好的排名的，但是从 2014 年开始，谷歌给 SNS 中的硬广告的权重越来越低，各 SNS 平台自身也在调整策略，不再提倡大家一直发广告，而是支持内容营销。当然，企业版还是可以发一些广告的，但是广告产生不了黏性，当这个客户暂时不需要的时候会果断跳出，但是内容营销会产生黏性，虽然客户暂时不需要，但是可能会继续关注，万一有需求了，就能达成交易。

二、骚扰狂人

还有一类人玩 SNS 几乎不更新，也不发广告，而是不停地搜索目标客户，想尽办法取得联系。

如果把发开发信、打电话、利用 SNS 开发客户、上门拜访、展会拦截作为新客户开发的五种渠道的话，SNS 的效果甚至会好于开发信，位居第四位。就如同一个酒会，当所有人都在谈论着什么、获取各种知识、建立人脉的时候，有一个人拿着名片不停地推销东西，当然，这些东西可能是这帮人正好需要的，碰上少数客户还是很正常的。

其实这种方法还是在碰客户，在不同的渠道碰客户，如果坚持做下去，还是能有点成绩的，但是绝大部分人做过一遍之后，再也不会做第二遍。还有一个最关键的问题是，虽然也能发私信给 Facebook 非好友，但是次数多了，容易被投诉、封号；领英现在有商业搜索限制，用户搜索超过一定次数要付费。

三、专家专业

这一直是我最推崇的模式。当客户的采购需求被满足，而且跟原有的供应商关系还不错的情况下，我们需要花很长的时间切入，可能发了很多封邮件，客户连看都不会看，因为对他没有意义。但是如果他是一个专业买手，尤其如果是老板直接采购，他们往往会关注行业信息及新闻、对行业的专业分析、关键的数据，甚至对产品的某些深度剖析。但是现在几乎没有人会做细分产品的媒体，做媒体的主要诉求是更广的读者，细分产品不符合诉求，所以绝大多数客户都缺有价值的信息。

但是采用这种模式需要极大的耐心，的确不如直接找客户去联系效果快，但是这是在种出一片草地，吸引大批马自己跑过来，后期的效果会越来越好。

四、企业名片

做 B2C 很容易沉淀数据和积累，因为所有的评论都体现在了页面上，这就给了消费者非常强的信心，敢于出手购买。而做 B2B，产品的相关信息沉淀于业务员身上，靠业务员的行为体现出来。但是行为往往可能存在欺骗性、夸大性等让客户防不胜防的因素，所以客户很容易被伪装得很好的骗子骗。

因此我们一定要让我们的 SNS 变成我们的名片、背书、佐证。

SNS 上的内容来自以下几方面。

（1）七大体系的日常体现。

七大体系包括供应体系、生产管理体系、质量控制体系、包装体系、仓储体系、出厂前检验体系、售后服务体系。

什么叫作日常体现呢？比如说，今天有一批原材料到了，原材料供应商是某名牌公司，我们的质量控制人员抽检了这批原材料，抽检比例是多少，检验了某些参数，结果合格，入库（或者不合格，如何处理），将这些以图片、视频等形式展现。再比如说，我们发了一批货到了客户那里，包装破了很多，我们立刻展开调查，同时告知客户，如果从当地找包装公司处理，费用我们来出，调查结果显示是这批包装出了问题，我们跟工厂反复沟通，对方愿意承担损失，并且承诺下次对材质严格把控。这些小故事就是日常体现。

（2）团队活动。

例如培训、素质拓展、集会等各种团队活动都是一个公司有活力的佐证。

（3）公司重大消息。

例如换办公地点、工厂买了新机器、公司引进了专业人才等公司重大消息都可以更新在 SNS 上。

（4）服务精神。

这里的服务精神应更多地通过一些 solution（解决方案）体现出来，例如某些产品需要设计，我们是如何操作的，可以在不涉及机密的情况下拿出来宣传。

（5）客户反馈。

这就如同 C 端的评价，需要积少成多。

关于 SNS 的运营，大体就是这四种思路。我比较推崇专家专业与企业名片结合的思路，这是长久之法，当然偶尔发一次广告还是可以的，发现目标客户加了自己，偶尔骚扰一下也是可以的。

Part 3

让你的内容更专业

谷歌的语义搜索让专业的内容变得比以前更加重要，而要让 SNS 发挥最大作用，也不能忽视专业内容的作用。

怎么获得专业内容呢？效果最好的是原创，可是限于英语水平和对产品的理解程度，有时候原创也不能发挥很好的效果。

提供我常用的几个途径，大家可以视自己的情况采用。

一、用谷歌搜新闻

用英文关键词在谷歌的英文版搜索，会出现很多新闻，新闻里面会有一些与你输入的关键词相关的行业资讯和文章。当然如果你不嫌麻烦，可以在谷歌的搜索结果里逐条查找。

二、谷歌学术

谷歌学术的网址是：https：//scholar.google.com，里面有很多高质量的内容。当然，谷歌学术不仅可以用于搜索文章，还可以从中学习大量有用的知识，大家可以试试看。

三、Bing News

这是 Bing（必应）下的一个项目，要切换到英文版才能看到 Bing 的 News（新闻）板块，如图 3-1 所示。如果你在中文版下，可以在学术板块下进行搜索，如图 3-2 所示。

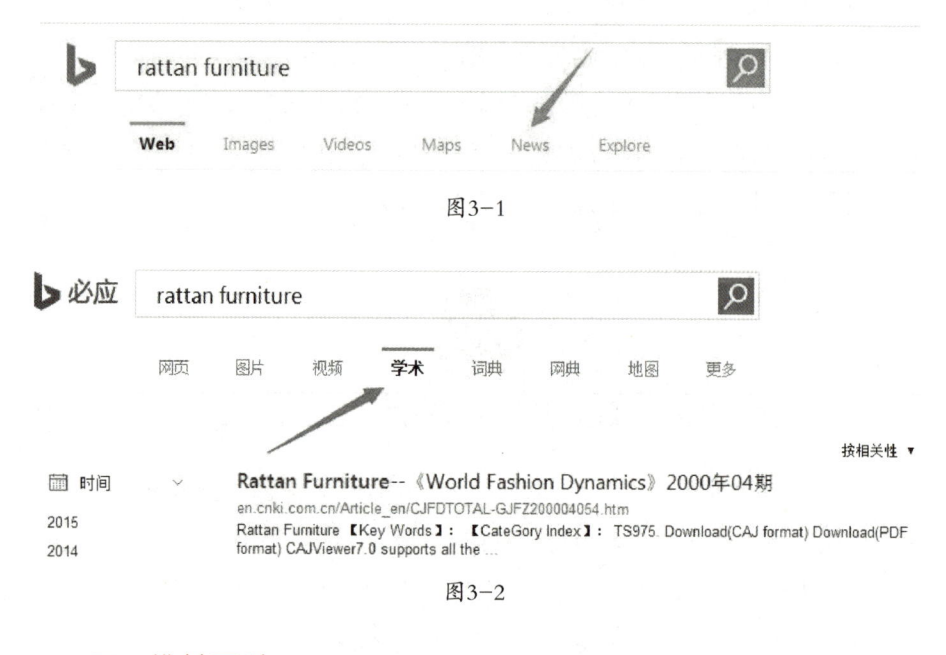

图 3-1

图 3-2

四、维基百科

维基百科的网址是：https://www.wikipedia.org/，在这里也能搜到很多有价值的内容。

五、英文行业报告

英文行业报告是收费内容，而且费用可能很高，但是一般有极高的价值。

获取报告的步骤如图 3-3 至图 3-5 所示。

图3-3

图3-4

图3-5

这份报告，不仅仅是对你的内容有用，而且能让你了解更多关于你行业的数据，对于拓展市场帮助很大。

六、中文内容翻译

对百度新闻、百度百科、百度文库、百度学术中的内容及中文的行业年度报告（收费）进行翻译，就成了原创。

七、在威客平台上找人代笔

在 Fiverr、Upwork（两者都是信息平台，让自由工作者向全球顾客提供服务）等平台，能付费找人代写文章。

Part 4
你关注过客户的市场环境吗

我发现优秀的业务员有一项工作做得特别好：帮客户卖东西。

这句话我听到过很多人讲，但是很明显，绝大多数人只是停留在讲的层面上，因为绝大多数人只关注自己，几乎不关注客户的市场竞争状况。都不关注客户的市场竞争状况，谈何帮客户卖东西呢？

我们一直在说我们的市场竞争已经白热化，实际上绝大部分客户的日子也不好过。

我 2007 年创业那会儿，印度尼西亚市场仅有两家批发商在从中国进口产品，其他的要么是这两家的下游客户，要么是从欧洲进口产品的批发商。其实对于这两家批发商来讲，印度尼西亚市场绝对是增量市场，两家虽然名义上是竞争对手，但是实际上的正面交锋并不多，因为下游客户足够多，市场足够大，每家都有自己的势力范围，双方互不侵犯。

可惜好景不长，开疆拓土后便进入相对稳定的时期。如果大家都很知足，似乎也是不错的局面，可惜理想场景不会出现，每个公司都会追求上升。再加上竞争少的时候，利润较高，这个是致命吸引力，会有新的竞争对手不断地加入进来。这些竞争对手可能是原来那拨从欧洲进口的批发商，可能是两家公司中掌握了一定资源跳出来单干的某些人。总之，市场开始混战。

最早的这两家批发商有一定的市场份额，跟客户建立了一定的感情基础，优势很明显，但是他们真的是因为能力强，才做到这个程度的吗？其实这种情况非常像是中国的前几批外贸企业，凭借红利期、信息差、成本低、供应短缺，快速完成资本积累、市场抢占，感觉自己已经很牛了，什么都干得了，结果红利期结束，立马束手无策。

所以，其实我们的客户也开始面临着跟我们一样的困局，他要是失败了，我们也会失败了。当然，不可能没有新客户进来，但是，是开发新客户更容易，还是维护老客户更容易呢？相信你心里有答案。所以，已经到了我们关注客户生存环境，跟客户并肩作战，帮客户开发市场的时候了。

一、更多地关注客户的诉求

客户之所以能够把产品卖给他的客户，是因为他的产品满足了他的客户的要求。

客户的客户，有些需求已经被满足了，但是实际上还有更多的潜在需求没被发现或者未被激发，我们要去发掘这些点，这样我们可以变得更加主动。

方法有很多：如果经营的是 C 端快消品，可以去 eBay、亚马逊、Wish 等平台浏览产品描述、评价等；Facebook、YouTube（视频网站）等平台会有一些广告，这些广告往往深知消费者的痛点；还可以真正地走近客户，调研客户需求，虽然成本较高，但是对于某些产品是必需之举；当地一定有一些很牛的渠道商，他们在这个行业中具有领先地位，要关注他们的经营方向和宣传方向。

这些事情原本是我们的客户应该做的事，但是一来很多小客户不具备这种实力，二来以现在中国的外贸企业和客户的关系，即便是客户知道了，也未必会告诉我们。

二、不要再张嘴等饭吃，要学会主动

现在的外贸企业都是被喂养的，没有自己的创新理念和设计理念。当

然，很多企业也根本不会想着研发，因为他们觉得有人喂养，吃的虽然并不是非常有营养，但是好歹能够吃饱。但是，被喂养的是猪，猪早晚会被宰的。

以上述第一点为基础，外贸企业一定要主动去研发、创新，要知道，经营传统产品绝对是要打价格战的。例如我们经营的户外家具，几乎每一款都有优势极其明显的工厂，因为他们常年就做这几款，采购成本、管理成本、人力成本都已经压到最低，我们根本没有办法跟他们竞争。我们公司从2015年开始转型，放弃了传统款，不断从市场端拿最新款过来研发，一开始失败多，成功少，因为整个行业居然找不到几家可以配合的工厂，大家都在被喂养。我们公司用了两年多的时间才找到了一家合适的工厂，局面一下子打开。

三、材料、资料要更加贴近客户的客户

依靠红利期的快速发展，我们在销售的基本素材的准备上实际是不充分的，大部分公司顶多就有一个catalog（目录），还是若干年没有更新过的，内容基本上是废话连篇。

因此我在日常的外贸工作中总结出了七大体系、三品策略等来增强卖点提炼的能力，让我们的营销也有更多的素材。不仅如此，我们的材料要更加贴近终端消费者，也就是客户不仅仅是买了我们的产品，还购买了我们的解决方案。

最简单的例子，我们卖某种速溶茶给美国人，美国的功能性饮料、咖啡、可乐市场占有率极高，只要是饮品就难免产生对比，所以我们做了速溶茶、功能性饮料、咖啡、可乐的营养成分、对身体的副作用、添加元素的对比，其实这个对比就是给终端消费者看的。

再例如，我们辅导过PVC地板企业，当时的市场对PVC地板并不是那么热衷，更热衷传统的复合地板。于是我们一方面要说服地板的经营者经营我们的产品，还要将对比素材做好，提供对比视频，甚至是实物对比试验的方法和步骤给客户。

四、有选择的全面的战略合作

这个就是更高层次的合作了，要有所取舍。

我们跟韩国、孟加拉国、英国、美国的客户就建立了全面的战略合作，他们负责在当地搜寻客户，进行初步的接洽，或者拿回需要开发的新品交给我们开发。等开发完毕后，我们会派出商务人员跟客户一起去跟终端客户谈判。在这种合作中，我们获取利益的模式有很多种，有的是分取一半利润，有的是拿提成或者佣金，有的是赚取差价。

第三节　老客户管理

Part 1 老客户评估

中国外贸已经完成了从增量到存量的变化。增量时代最明显的特点就是新客户谈判成本较低，成单容易，所以大部分的外贸企业都经历了只要有一定的营销投入就会有高速发展的时期。但是存量时代下，这种特点已经不复存在，新客户获取成本变得很高，大部分的企业开始不断地增加营销投入，以期获得更多的新客户资源。

但是，就如同我们以前一直在说的，我们要获取的新客户，对于别人来说是老客户，我们实际上是在挖墙脚。换一个角度，我们的老客户对于别的供应商实际上也是新客户，我们也有一批长期合作的老客户，在不断地进攻别人老客户的同时，更应该重视自己的老客户。要知道，拿下一个新客户所付出的代价，远远超过深挖老客户。

有一个问题，值得诸位思考：你们每年在开发新市场上的投入以及维护和开发老客户的投入各是多少？

利贸咨询服务了许多企业，得出了一个很有意思的结论，企业在老客户身上，投入更多的是时间成本，几乎没有几家公司会为老客户的维护和开发制定预算。这与开发新客户的年年攀升的营销投入、人员投入相比，反差太大。

因此利贸咨询在服务中研发了维护和开发老客户的标准化文件，但是问题来了，我们突然发现我们忽略了一个极其简单的问题，绝大部分企业对于老客户根本没有任何评估。

没有评估，就没有分类，没有分类，就只能统一对待，耗费了太多精力。我们的最有能力的老员工天天围着老客户转，但是似乎并没有给公司带来很多利润，很大的原因在于他们花了大量的时间和精力在一些并没有多少价值的老客户身上。老员工积累的经验和能力没有得到时间和机会施展。

管理老客户的第一步就是分类，分类的第一步是评估，评估老客户主要包括以下几方面内容。

一、利润评估

这个维度的评估意图很明确，如果一个客户贡献的利润很低，那么我们花在他们身上的成本就不应该很高；如果一个客户贡献的利润很高，那么我们可以从利润中拿出一部分对他进行回馈。当然回馈的形式多种多样，在大规模涨价的情况下，我们可以适当为他提供折扣，或拿出一部分利润进行拜访等。

当然，利润评估有两个子维度，第一个是利润率，第二个是利润总额。到底设定一个什么样的数字作为评估标准，每家公司应依据自己的情况做出决策。

二、忠诚度评估

贡献利润很高的客户忠诚度低也是一个大问题，忠诚度有问题的客户会有各种要求，会耗费我们大部分的精力。

对这类客户，公司再结合其他的条件就能做出处置方案。如果付款方式很好，就值得我们多花点精力去研究其购买特点、决策特点等；如果利润很低，付款方式也不好，我们就要减少对其的精力和其他成本投入。

我们通常会在合作的初期对客户进行 AB 试验，很简单，对客户提出的苛刻条件我们尽量坚持不答应，看客户是否会改换供应商，隔一段时间做一次测试，得出一个结论。

当然，绝对不是要放弃忠诚度不高的客户。对客户提出的在公司政策允许范围内的条件，我们还是要尽最大努力接受，不然他们真的会一走了之。

三、发展前景预测

发展前景预测很重要。有些客户一开始的订单就是试订单，数量不会很多，甚至利润也未必很高，但是他们有长期需求。我们要了解其长期需求，这点通过简单的交谈基本上能够得知。

我们要有意识地调查他们的经营策略，对于新品、新款式、新技术是否有硬需求，如果有，这种客户的潜力就会很大，公司可以将其作为长期开发对象，相应地进行前期的投入，例如获取相应证书，进行新品研发，配备相关的设备，等等。

很多人没有投资思维，总是担心万一拿不下订单怎么办。要想清楚，这样的客户不会只有一个，具备了这些条件，以后与同类客户谈判都会占据优势。

四、销售额统计

销售额是最直观的评估维度了，也可能是大家最了解的维度，也是大家常说的大客户的评判标准。但是如果不结合其他维度，仅依据客户的销售额做决策一定会出现问题。沃尔玛的采购订单足够大吧？可是只有给他们供货的供应商才知道其中的困难。

小企业人手有限，实力有限，依托的工厂规模有限，真的要去抓那些销售额很大，其他的方面却并不突出的客户吗？

五、私人关系评估

私人关系指的是与客户在商业关系之外的关系。因为一般来说，当两家公司合作时间较长的时候，双方就不是单纯的商业关系了，私人感情已经成为重要的维系纽带。因此我们要学会评估我们跟客户的私人关系处于什么段位。

对老客户的评估除了上面五个方面外还包括付款方式风险度评估、客户市场趋势评估（需要购买分析数据）、客户的寿命风险评估、政策风险评估、汇兑风险评估等。如果所有的方面都是优，肯定是优质客户，但是这样的客户少之又少，因为几乎没有完美的客户。如果我们在评估客户时发现其中有问题，就要采取一些风险控制措施。

Part 2
你知道是哪些客户在重复购买你的产品吗

复购率是衡量一个业务员能力的重要标准，每一个业务员都对复购梦寐以求。绝对不会有人喜欢做一锤子买卖，因为那意味着没有积累，每天都要寻找新的机会。但是，并不是所有客户都会复购。

按性质来分，买家可以分为中间商买家和终端用户买家。面对不同的买家，谈判的思路和角度就要不一样。中间商跟我们一样都是被选择者，也就是他们也是拿着我们的信息去参与竞争，成功与否他们根本难以掌握，所以才会出现拖拖拉拉的情况。这种情况下，谈判角度就与面对终端用户买家时不一样。我都会先表明和他们站在一起的立场，常说的话是"我们一起拿下这个单子，有什么需要您尽管说，我来配合，我做不了主就向老板申请""这个单子进度这么慢，是不是我的工作不到位？您觉得我应该做点什么就直接告诉我"等。

因为中间商会长期经营某个产品，是值得我们花时间研究，花精力跟进，甚至投入一些费用争取的。例如我经营的化工品和劳保用品，我能找到终端用户，但是这些终端用户中的一部分自己进口，另外一部分因为数量、经验或者资质的问题，只从当地购买，而且这一部分人并不少，只能通过中间商与他们交易。

一般来说，不管是什么产品，中间商大多数是重复购买者，不管频率如何，他们会始终关注这个产品的动向、趋势，除非他下定决心转行。终端用户大多数不是重复购买者，但是采购工业消耗品（例如化工品、五金件、轴承等）的终端用户，包括某些品牌商，也是重复购买者。

针对某些机械和固定资产，在很久一段时间内，客户不可能重复购买，因为机械不需要经常更换，企业也没有那么快的扩张速度。服务好他们是理所当然的，如果再有长远追求，就是提升他们的体验度，在当地市场树立良好口碑，甚至可以请老客户为我们背书。

因此跟进客户要有针对性，哪些客户值得投入更多，你要清楚。重复购买的客户，按照我们的客户分类方法，是五星级的客户，付出一些代价还是有必要的，毕竟现在是存量市场阶段。

Part 3 新产品推荐的方法

我经常在网上看到一些外贸业务员抱怨他们公司研发的新品不好，他们的依据是卖不出去。他们往往会讲："我已经把这些新品推荐给了我手头上的每一个客户，但是他们就是不感兴趣，不只是一个产品，几乎每一个产品都如此。"

有一点必须承认，以我们中国人的思维给外国人开发产品，肯定是失败多成功少。但是，还有另外一点，任何人都不能否认，市场是需要引导的。

绝大部分的消费者需求都是被商家引导出来的。我始终不同意按照消费者的需求开发产品这种观点，因为一方面消费者层次复杂，每个人心目中都有一套标准，如何满足？另一方面，消费者只知道需求，却不知道成本，研发出来的产品的成本可能会远远超过消费者的承受能力，他们根本不会买单。

当然，我认为引导者一般不是工厂，而可能是某些连工厂都没有，但善于营销、包装的品牌商或者批发商。但是品牌商或者批发商的实力也是参差不齐的，真正有实力的品牌商或者批发商会自主研发、设计一些产品，更多的则是抄袭、参考别人的产品，或者从工厂的新品里挑选。

因此开发新品、推广新品，是大部分供应商抢占市场的一种非常有效的方法。

每逢展会，很多公司都会适时地推出一些新品，这是一种辅助展会营销的非常好的方法。利贸在辅导企业的过程中也会大力地推动企业在展会上推新。当然推新是讲究方法的。

第一步，研发或者推荐新品的部门要针对新品值得推荐的点对所有的业务人员进行培训，要制作好PPT，讲解要有逻辑。新品设计理念、新工艺、新技术、新科技、新外观、新功能、新元素等方面，应全部阐述明白，最好能够运用图片、视频等不同的展示方法。

这一步可能很多公司都做到了，但是只做到这一步差得还远。业务人员不可能把这些东西照搬给客户，客户听不懂，也不关心，客户更关心的是新产品能给他带来什么。例如我们告诉客户，新的产品里面加了一个配件，当然加配件就要加钱，客户不关心这个配件采用了什么样的高科技，而只关心这个配件会给这个产品带来什么样的新卖点，是质量更好了，还是运行更加稳定了，能减少退货率，或者其他。

所以很明显，第二步便是客户利益相关化。

第三步，整理成体系，最好是做成PPT，加入相关的图片、视频等资料，包括准备好针对预计客户可能会问到的问题的回答。

当然，这里可能还要再做深一步，我们要尽可能预估客户的客户会关心什么，会问什么，并且准备好相关材料。

客户收到了我们的推荐新品的通知，如果没有实际内容，他们会告诉业务员，推一下看看；如果通知里有客户关心的利益问题，有客户的客户关注的问题，甚至有对市场前景的有理有据的预判，这个时候他们会告诉业务员，这个产品很不错，要重点推一下，文件照做就可以了。

针对推荐新品，还应该设立相关的公司机制。业务员生存靠的是提成，提成靠的是业绩，所以哪里最容易出业绩，他们就会在哪里出力。很明显，自己熟悉、客户也熟悉的产品最容易卖。除非推荐新品有额外的激励，不然他们干吗自找麻烦呢？

Part 4

分析你手里客户的存活能力

我有一位客户是英国人，原来一年能给我带来4 000万元产值，我们合作了六年，关系好得不得了。但是从2014年开始，这位客户的订单额逐年下降，最终变得只有770万元。我曾经以为客户把订单给了别人，和他见面畅聊了一次，才知道他的忠诚度完全没问题，只是他的客户都直接到中国进行采购了。

利贸咨询在客户服务的过程中也亲眼看到了大量的这样的客户案例。

每一类客户群体从事经济活动的目的都是利润最大化。要将利润最大化就要提升价格，降低成本，而降低成本最好的方法就是摆脱渠道商，尽力找到供应链的最顶端。信息的发达让这一切变得非常简单，而第三方平台提供的针对小B端客户的种种服务增加了直接从供应链顶端采购的便利性。竞争的加剧，让原本根本看不上小订单的中国供应商开始主动"下沉"，对供应链进行柔性调整。

因此现在我们不仅要关注跟我们有直接合作关系的客户，同时，我们还要关注我们客户的存活能力，也就是他们对他们客户的掌握能力。因为就如同前面的案例，虽然我们跟客户之间关系密切、合作无间，似乎不存在什么风险，但是客户的下游客户却会随时叛逃。

我们分别来看四种类型的客户。

一、第一种类型

在我刚刚创业那会儿，有一些香港的贸易公司非常活跃。这些公司的业务员会说中文，所以和内地的工厂沟通很容易，会说英文，所以跟外国客户沟通也没有障碍。这种天然的优势，让他们充当了采购者的角色。

他们在这个过程中只做一件事：换单。

我们从青岛港发货，shipper（发货人）写我们自己的名字，consignee（收货人）写香港客户的名字。香港客户拿到提单之后，甚至不需要拿到提单，凭借我们出具的异地换单保函，就可以进行如下操作：发货人换成他们自己的名字，收货人换成终端客户的名字。

可是，现在我的客户里，只有一个这样的客户了，因为终端客户是她的姐姐。

这类客户对于下游客户的价值太低了，现在网络发达，众多的中国工厂都已经可以直接与客户用英语沟通。如果你还有这样的客户，只有一个结果，订单丢失。

二、第二种类型

我在英国有这样一位客户，他的客户群体是英国国内的一些小客户，他们不能整柜进口，不懂进口手续，不想做任何的进口单据，所以他们需要一个代理。于是我的英国客户帮他的客户在中国集货，货物到达港口之后办理各种清关手续，然后在港口把货物分拣好，租好卡车，送给每一位客户。

这样的客户比第一种有价值了很多，所以存活能力就比第一种强很多。但是，其实这种客户也很容易被淘汰掉，因为现在中国的工厂都接小订单，而且做DDP（Delivered Duty Paid，税后交货）的供应商越来越多，他们可以直接送货至买方仓库，还需要这种客户在中间服务吗？

三、第三种类型

还有一种客户，他们并不是直接买卖倒手，而是将货物放进自己的仓库，后期再批发或者零售。

很明显，这种客户的存活能力更强了，因为他们对购买量的要求低，极大地为下游客户降低资本占用，而且他们可以保证货物尽快抵达客户手里，只需要不断优化物流环节就可以了。当然，这种客户绝大多数都有自己的货车，能保证及时送货。

成为这类供应商的门槛是资金实力、库存管理能力、与上游供应商的议价能力及对付款方式的谈判能力，当然还包括销售能力。

但是，这种公司必须要以高利润为支撑，也正是因为高利润造成了下游客户的不满，下游客户才会想尽办法从中国直接采购。

四、第四种类型

生存能力更强的客户除具备上面的价值外，还具备以下特点。

（1）能对下游客户放账。

（2）能为下游客户提供售后服务。

（3）能为下游客户提供一站式采购服务。绝大部分客户不会仅仅需要一种产品，如果每种产品都自己寻找供应商，尤其是那些虽然每个月都需要，但是量不大的产品，单独采购的时间成本或者人力成本会太高，不如由一家可靠的采购商集中提供；

（4）能为下游客户提供工程。这个很好理解，包工包料，就如同装修，如果什么都要自己买，浪费时间，买来的可能不合适，更重要的是可能不便宜。

（5）能为下游客户提供某些证书。这些证书国内的供应商提供不了，客户自己做的话，费用太高或者太麻烦。

（6）能为下游客户管控工厂，建立完善的质量保障体系、质量控制体系等。

案例分享　如何调整客户关系

我们从2014年开始对低价值客户进行梳理，也指导利贸服务的企业重新调整了和客户的关系。

利贸服务的公司A在澳大利亚有一个合作了九年的客户，该客户的订单额从2015年开始逐年下降，从最初的1 900万元降到了2017年的460万元，原因很简单，供应链下游的渠道商叛逃。2017年12月，A公司的老板去澳大利亚与客户进行了谈判，我们为其制订的大体谈判框架如下：

（1）向客户展示本书第7页的供应链图（图1-3）；

（2）阐述B2C给次终端客户带来的压力；

（3）阐述信息透明后，寻找和考察供应商的成本低，导致供应链下游的渠道商可能也会直接从中国采购；

（4）阐述中国企业对于小额订单的态度变化；

（5）得出结论，下游渠道商会持续叛逃，不可逆转，尤其是澳大利亚国内一级渠道商的价格如此之高；

（6）建议双方转变合作模式，在市场开发方面更加紧密地合作，客户因为价格丢失的订单直接给A公司，如果成交了，双方按比例分配利润。

澳大利亚的客户愉快地接受了，而且对自己的中国合作伙伴的战略眼光和合作精神表示了钦佩。

Part 5

年底了，你可以把这些东西翻译给客户看

以下内容是我作为供应商去向客户进行年终述职的时候写的，原版是英文。我相信里面的很多理念都能够让大家受益，因此将原文翻译如下。

非常感谢您愿意花时间看我的这篇报告。这篇报告作为我们合作了这么长时间的一个备忘录，我相信对我们明年的合作会起到积极的指导作用。

我们在今年一整年的时间里面共合作了17次，总量为××吨（或者××个柜），客诉率为零，按时交货率为99%。我们的供应总量约占贵公司此类产品采购量的75%左右。这里显示出贵公司对我们的莫大信任，非常感谢！

当然，通过上面的数据，您也能看到我们公司在为贵公司服务时的用心。

同时，我要提供另外一项数据，就是我们这么久以来的合作价格。您会发现，从第一次合作到最后一次合作，我们的价格几乎是每次都会被降低，这让我们对您的订单变得又爱又恨。

我不知道您是否听说过中国的传统文化里有"鸡肋"这个词，它的准确含义为：没有什么营养价值，也不会让人有饱腹感，但是直接扔掉却非常可惜的鸡肋骨，比喻没有多大价值、多大意思的事物或事情。说句实话，我们现在就是本着有总比没有好的这个想法来接您的订单。每次您过来找我们下订单的时候，我们是又开心又忧虑，因为我们很明确地知道您肯定又要来砍价了，而您砍价的理由是因为您从我们同行那里拿到了更低的价格。

在任何时候我都不会怀疑您告诉我的事情的真实性，我也相信同行一定会给您较低的价格，因为他们希望获得您这个客户，而且在任何市场中，永远没有最低价，只有更低的价格。

但是在竞争如此激烈、信息如此透明的情况下，一个供应商的利润怎么可能有那么高，足以支撑每个月都降价呢？在如此低价、几乎没有利润的情况下，什么样的供应商还会接单呢？

（1）偷工减料的供应商。这种供应商为企业带来的伤害，相信您很清楚。我们很多客户被骗过，并不是菜鸟才会被骗，淹死的都是会游泳的，很多所谓专家都被骗，就是因为低价带来的诱惑让大家放松了警惕，侥幸心理毁了一切。

您今年有一个很大的订单我们没有接受，您埋怨了我们很多次，说因为我们的不配合造成您丢了订单，丢了客户。其实当时我就向您解释过，要做到那个价格除了偷工减料外，没有其他办法。我不想惹麻烦，也不想给您惹麻烦。我当时很肯定地说："您的客户会回来的，您会感谢我的。"后来的事实是不是证明了一切？

（2）极度缺乏订单的供应商。他们可能不会偷工减料，但是您想过为什么他们那么缺订单吗？这样的供应商真的有能力长期为您服务吗？您的订单对于他们实际上是毒药，他们在饮鸩止渴。当他们意识到的时候，老实人会退出供应商序列，不老实的人会冒险捞一把。您如何控制风险呢？

（3）并不缺订单，但是看重长远利益的供应商，例如我们就是这样。在市场竞争层面，以低价进入市场是一个很好的策略，但是低价进入之后，供应商希望通过长期的合作或者其他有利润的产品赚钱。如果当他们进入市场之后，却发现每个月还要继续降价，他们会继续做下去吗？

（4）希望打造样板的供应商。因为客户在当地实力强劲，可以为供应商背书，所以供应商就算不赚钱，甚至赔钱，就当是营销或者广告投入了。

（5）计划开拓市场的供应商。这个国家（地区）的市场他从来没有接触过，需要打开一个缺口，深入了解此市场。实际上他就是寻找一个跳板，了解了市场以后，寻找更优质的客户。

当然，您可能会觉得无所谓，因为供应商有很多，不行可以换。

我不知道您是否还记得，在去年我们开始合作的时候，我们之间因为熟悉程度、磨合程度、沟通程度而产生了很多的问题。这些问题给我们双方都带来了不小的麻烦甚至损失，我们花了很长的时间才度过了这个阶段。

不断地更换供应商，不断地考察、验厂，不停地磨合、试错、解决问题，这里面的成本您是否核算过呢？

严格来说，过去的一年是我们双方的蜜月期。但是，蜜月期里我们都已经战战兢兢，以后呢？

当然，对工厂来说，我们也是采购商，所以我非常了解您的心态，性价比不好衡量，而价格才是最直观的。价格可以量化、比较，是最高效的筛选工具。但是，这是您在对供应商不了解的情况下的筛选标准。经过这么久的合作，您对我们的质量、服务等已经非常了解，前面的数据也证明了我们的优质，这些可都是用一定的利润保障出来的。用衡量新供应商的如此粗暴的唯价格论来评价我们这种早已经证明了自己的供应商，是极度不公平的。

价格不断下降，我们也只能用控制成本这个方法来满足您的要求。我要承认，在一开始，控制成本对我们是优化，因为有了量，持续生产，无论是管理成本还是采购成本都会下降，但是超过一定的限度，没有可优化的空间的时候，就会出问题了。

在原材料上省钱，在包装上省钱，原来有瑕疵不过关的产品可能也能过关了，质量问题会慢慢出现，生产线上肯定是优质订单优先，货期就不再有保障。我们并不想这样，可是换了您，您会怎么选？

我更希望我们双方的关系越来越融洽，越来越密切，而不是慢慢疏远。

如果您是采购经理，我很理解您的压力，管理层对KPI（Key Performance Indicator，关键绩效指标）的考核，就如同要求销售员要有业绩增长一样，您也要定期获取新的折扣。可是就算拿到了折扣，质量出了问题，货期得不到保障，老板会看到您的付出吗？

如果您是老板，我也很理解您的压力，市场竞争激烈，最有效的竞争手段就是价格，可是您真的热衷于低价竞争吗？这个市场真的有最低价吗？中国有句古话，"杀敌一千，自损八百"，其实这种竞争不是自损八百了，杀敌一千，自损实际上也是一千。

很多时候我们拿不到订单会认为是价格原因，但是真正的原因却是一味的低价降低了品质，被市场慢慢淘汰。

低价款要做，因为这是流量入口，也是公司成立之初没有知名度时期的生存基础。但是如果一直做低价款就会被打上标签，优质客户是绝对不会考虑我们的。

我们也在给三星、LG、通用公司供货，他们对供应商有非常完善的评估系统。当然，我们不可能有他们那么强的数据收集和分析能力，很多参数我们根本无法评估，但是某些维度的数据统计起来并不会很难，就如同我在一开头提及的那几个参数，只要您想要，每个供应商都可以提供。

哈克特集团的供应链管理分为五个阶段，如下图所示，我觉得我们可以学习一下。

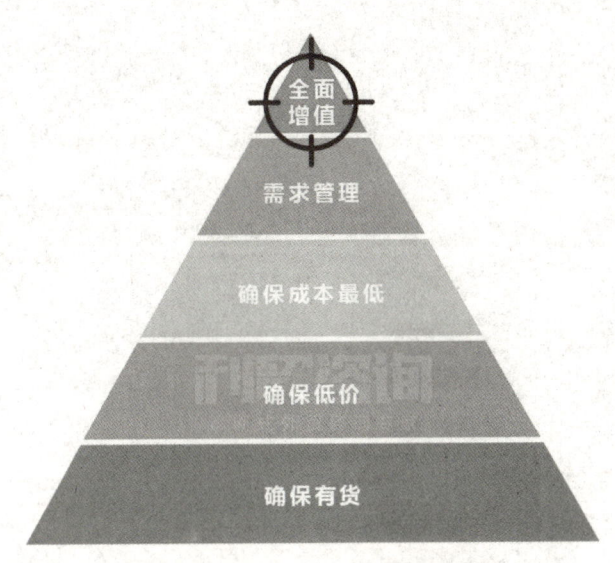

```
         全面增值
        需求管理
      确保成本最低
       确保低价
       确保有货
```

供应链管理金字塔模型

也就是说，现在绝大部分公司的供应链管理都处于确保低价阶段，而实际上，价格低，成本未必低，例如时间成本、试错成本、售后成本、客户维护成本可能都会因为价格低而大幅度上升。

这真的是企业经营追求的结果吗？

第四章

新形势下,老板要转变

第一节　企业老板存在哪些问题

我们要重点讨论一下某些老板的观点或者行为，这些观点或者行为直接制约了企业的发展，他们却不自知。说实话，当我发现老板有这种观点的时候，我会非常谨慎地考虑要不要接下这个咨询项目，因为利贸要做的工作是战略制订、流程梳理、团队能力提升等，而不是给老板"洗脑"。

一、员工是敌人

无论听到、学到什么新方法、新技巧，有些老板的第一反应不是如何能让这些方法和技巧真正地传承下去、执行下去，取得效果，而是先想到这些技巧或者方法有哪些漏洞会被自己的员工利用。例如我说要经常给客户打电话，SNS的运营要做好等，很多老板的第一反应就是，邮件可以监控，电话却没法监控，万一员工带着通过电话联系的客户飞单呢？SNS也不能监控，万一员工带走了这上面的客户呢？

很明显，这些老板把员工当敌人，从骨子里就不相信自己的同事。的确，每一个公司都要有制度，但是制订制度是为了公司的发展更加顺畅、快速，而不是为了像防贼一样防着自己的战友。

二、不舍得激励和不合适的激励

很多老板不舍得拿钱出来激励员工，只是不断给员工加压，甚至已经承诺过的事情都忘得一干二净。还有一些老板真的是好人，沟通的过程中显示出的爱心和"母性"让我非常感动。应该说这类老板在绝大多数员工心目中绝对是好人，没有什么激励、考核措施，也能让员工在一定程度上自觉工作。为什么是一定程度上呢？因为所有这个类型的公司中，都存在着类似的问题：组织松散，制度不够完善，大锅饭比较盛行，只有个别员工在扎实苦干，大部分员工的潜能都没有被激发出来，员工对很多事情都是浅尝辄止。因为钱分得很平均，其实钱分了不少，所以已经没有多余的钱用于激励优秀的团队和员工了。

三、完全没有精细化运营的概念

在这么多的企业当中，相当大一部分都是裂变创业企业，也就是老板从做业务到自己创业。在外贸红利的大局下，企业还是有了很快的发展，但是机制没有跟上企业的步伐，进入僵局后，所有矛盾都开始爆发。例如老客户管理不完善，对老客户知之甚少，没有调查出产品的增值流程，没法进行标准化复制。企业对老资料更是没有管理，有过多少询盘、成交率是多少一概不知，对业务员有没有跟进过老资料、频率如何也完全不知。

四、急于求成，忽略基础养成

利贸做诊断式服务的第一步就是对企业中的业务人员进行基础能力的评估，包括产品知识掌握、客户人群认知、产品增值环节认知等。到现在为止，还没有碰到任何一家企业能够在我们设定的对专业、职业、商业的评估中及格，甚至包括年销售额上亿元的外贸企业。

究其原因，大部分人把信息差带来的整体外贸红利当成了靠个人能力赢得的，老板也是如此。结果红利期结束后，企业迅速进入了泥潭，难以摆脱困境。

当利贸提出先打实基础的时候，老板往往没有什么耐心。利贸不会接短视老板的订单，因为他们不值得我们付出那么多心血。

五、重制度模式，轻能力养成

我有个理念，员工的成长绝对不仅仅是他们自己的事，也是企业大计。制度要规范，模式要正确，这是企业发展的一个保障，正规性、流程化、执行力、积极性都来自这个保障。员工的能力养成、细节引导也应该成为公司的战略，因为试错成本是应该尽量减少的，而内部磨合和默契养成则需要尽量加快。如果没有公司层面的主导，员工很难快速成长，很多无谓的消耗都源自内部标准缺失、引导失灵甚至缺失。

越成功的企业越重视员工培养，为什么？因为他们看得见危机，不允许自己停下来。

第二节 招聘时一定要知道的事儿

Part 1
企业在招聘中遇到的惯常误区

一、招聘都是形势所迫

不缺人就不需要招聘，小公司不需要人事部门，这两种思维几乎每一个中小外贸企业老板都有，所以各种问题便出现了。某个岗位的人突然辞职，老板惊慌失措，因为不管原来的员工干得好或者不好，至少事情有人做，但是他们走了，链条断了，必须马上补救。企业有多长时间呢？一个月还是一个星期？病急乱投医，各种试错成本就会在此时出现。

因此我的观点是，小企业更需要有一个承担招聘职能的人，哪怕是兼职（兼任）。

因为企业也要寻求主动换血，对于大部分无标准化、无培训体系、高度依赖于外贸业务员个人能力的外贸企业来讲，换人如换刀，或凭一个人的进入就能改变一个企业的命运，而这种人是需要时间来寻找的。

人才是一个企业的核心竞争力，可是有几家企业会在这方面真正投入精力、财力呢？

二、招聘全凭感觉

大企业都有一些标准化的招聘流程，如明确的衡量标准、面试话题，较为清晰的辨别机制，因为他们有人事部门，而人事部门的工作就是琢磨如何招聘到更多合适的人。

大部分中小外贸企业招聘全凭感觉，感觉对了，一切都没问题，感觉错了，就要承担各类损失，而且不同的人感觉还会不一样。所以我们要做的是将我们的感觉"具象化","具象"就是具体、形象,可评价,可衡量。具体的方法是,把你期望新员工具备的素质写出来,然后再为要考查的每一个素质设定问题。其实这些工作就是利贸为企业做的工作,只要你花点心思和时间,自己也可以做。我们称之为招聘的标准化。

三、同行有个业务员很牛,我打算挖他过来

挖人才是捷径,但是也可能是个陷阱。问题就在于如何判断一个牛人是否真的很牛,且是否适合自己公司。

我赞成企业通过各种方式引进高级人才,例如利贸的项目主管就是挖来的,我们外贸公司的产品经理也是挖来的,极大地提升了我们的战斗力。但是挖人要看准,因为判断一个人的能力不仅仅要看他的表现。我们见过太多声称自己在某些大企业工作时成绩还不错的人,实际上并没有真才实学。他们之所以取得了成绩,更多的是因为平台提供了能量,一旦脱离这些平台,他们可能会无所适从,就会天天抱怨,为团队带来不可估量的负面影响。

当然,如果他在入职之初就可以清清楚楚地说出自己的职业规划,希望能够为新雇主带来改变,并且愿意耐心地推动改变,这个人就是可用之人。

挖人时,沟通极其重要,主要应围绕如下两方面。

(1)他的成绩更多来自哪?他如何自评?他打算如何把好的体系带进来?他有多少耐心与决心?如果新企业无法提供与大企业同等的条件,他会如何应对?

(2)他要如何融入新的企业氛围?推陈出新很重要,但是维持稳定,避免大的动荡也很重要。

当然,这些高级人才入职之后,另外一个问题就浮现了——沟通成本。高级人才带来的理念、方法和技巧未必能迅速被新企业的管理人员甚至老板理解,这意味着他们入职之后要首先做思想启蒙或者叫作扫盲工作。这个工作,谁都不愿意做,效率低,收效慢,要让一个小学生达到大学生的思想认识水平,那得付出什么样的努力呢?

四、招聘简章随便写写，等着求职者主动找来

我观察了一下，绝大部分公司的招聘简章写得非常随意，要么就是套用一下别人的，根本没用心，求职者根本看不到自己想看的东西。招聘简章不是毫无意义的流程文件，求职者会不会对这个职位和你的公司感兴趣，就取决于招聘简章，所以写好招聘简章是做好招聘工作的第一步。

每一位求职者关注的点并不一样，但是大体的诉求也不外乎以下几点：薪资待遇、假期福利、发展前景等。很难保证公司什么方面都是好的，但是我们至少要提炼几点能吸引人才的因素。这跟我们做销售一样，总要给客户展示不一样的东西。如果收到的简历不多，招聘者就应该主动出去找简历，主动联系潜在应聘者。

五、招聘标准一成不变

我被我的第一任老板看中就是因为一条，英语好。

我在 2007 年创业那会儿的招聘要求是，英语好，写邮件的能力强；2010 年招聘的时候，我的要求是英语好，写邮件的能力强，有电子商务平台操作经验；2015 年的时候，我的要求是英语好，口语流利，能适应国外出差、拜访客户，有内销经验者优先考虑。

同样是外贸业务员招聘，怎么会有如此大的差别呢？因为外贸形势在变，做外贸的途径在变，所以要求肯定会不一样。可是绝大部分企业的招聘简章、面试方法很多年都没变过，真的能够招聘到合适的人吗？

六、招聘流程粗陋

"我们是小公司，哪有那么多流程啊？""小公司，不要有大公司的毛病，简简单单的就好了。"很多公司的老板抱着这样的想法。2007 年，我们公司就两个人，只有十平方米的办公室、两张桌子、两台电脑，够小了吧？但是如果我们当时就是这个心态，可能就不会有今天的我们了。

公司越小，越承担不了试错成本，挑人应该更严格。

我记得我当时招聘最常说的话就是："虽然我们公司现在很小，但是我们不可能永远这么小，这只是起步，我们的要求还是很严格的……"而且当

时我还设置了第一轮面试、第二轮面试。当时的整个流程也较为完善，就算是两个人，也有总结、会议，连合伙人都会开玩笑说，两个人的公司还搞得像模像样的。

记住，你身上散发的那种自信是会感染应聘者的。

七、不做招聘管理

中小企业财力有限，不可能有很大的招聘投入，尤其是大部分招聘平台都是按照简历数来收费，那么做好招聘资料管理就非常有必要了。

假如说，我们看了100份简历，并且面试过80个人，但是只招聘5个人，就意味着要淘汰掉75个。这75个人可能都是花了很多时间去面试的，所以我们要准确地记录是因为什么原因没有录用，是因为哪个条件不合格，还是因为对方看不上我们，或者是其他的原因。然后公司要建立简历档案库，其实不是特别复杂，用一个Excel表格，把问题列清楚就行了。公司的情形会变，面试者的情况也会有变化，今天不能合作，或许明天就能走到一起。

建立招聘资料档案能为公司节省大量的成本。

Part 2
流程不健全的招聘注定会失败

年终盘点到了，我们对服务的每一位客户都做了详细的分析，其中有些信息让我格外惊奇：有位客户的公司依旧没招聘到合适的人。

之所以惊奇，是因为该公司的位置虽然不在市中心，但是绝对不算差，虽然不是大公司，但是规模也算是中上水平，而且有专职的人事部门。利贸咨询辅导的位置差、规模小的企业，按照我们的指导，也顺利招到了合适的人，稳定而有产出。

每次听到客户说没招到合适的人时，我都会与他探讨一番，最后得出的结论让我们诧异万分：我们安排下去的任务，在执行的时候被打了太多的折扣，十个月下来，这家公司踩了几乎所有招聘里的"坑"。

一、要什么样的人概念模糊

招聘的第一步是战略定位、市场定位，然后根据这些定位设置招聘标准。

根据该客户的定位，我们认为其标准并不需要定得很高，毕竟有利贸咨询的介入，可以对招聘进来的人进行能力培养。结果某天我们项目经理检查进度的时候惊奇地发现，该公司的招聘要求如下：具有三到五年外贸经验、会外语、电子商务平台操作，等等，几乎要求被面试者具备所有能力，这明显是在招聘老板。

我打电话过去询问，老板很惊讶，认为定的要求没那么高，和人事部门确认后结论出来了，用人部门没有清晰地告诉人事部门者自己的要求，至少没有任何交接的文字材料。人事部门按照自己的理解书写招聘简章，结果几乎没收到几份简历。

第一"坑"！

二、人事部门不了解外贸工作流程，几轮面试未做到协调一致

修改要求后，开始有应聘者通过面试并入职，但是短时间内有三名员在工入职两天内离职。

根据利贸咨询的统计分析，这种离职行为的产生往往有以下原因：

（1）住处与公司距离较远，两天后难以忍受长时间的通勤；

（2）入职匆促，陆续收到其他单位的录用电话，其他单位更吸引此员工；

（3）进入公司后，发现情况与预期不符，如听到大量的负面言论，了解到一些自己没有意料到且认为自己没法胜任的工作。

利贸和人事部门沟通后，发现上述（2）（3）点原因都有。因为着急招聘，人事部门没有关注面试者的真正想法，也没询问参与面试的次数，更不知道面试者是否收到其他的入职通知。而绝大部分面试者都不坚定，架不住盛情邀请，尤其是复试是当场邀请合格者留下来。

另外，人事部门并没有真正了解业务模式，复试的部门经理因不清楚人事部门是否向应聘者介绍了业务模式，也没有详细介绍。例如有些公司从寻找供应商到客户谈判都是业务员负责，而且某些产品的供应商不是那

么容易找，员工进来后，发现这些工作超出自己的认知或能力，于是离职。

如果面试有多轮，应该提前设定每轮谈什么，不然要么重复，要么缺失，都会出现问题。一般来说，人事部门面试更多的是针对个人素质、团队意识、抗压能力、职业经历之类的通用问题，而用人部门则考核业务能力。

上文提到的个人素质、团队意识等软条件，传统招聘往往靠感觉，而利贸则是进行软条件的具象化，为企业降低试错成本。

第二"坑"！

三、人事人员打电话干巴巴，难以让对方充分地认识公司

我们每天都会收取被服务公司的报表，查看邀约面试的电话数量、邀约成功数量、爽约率，发现一个问题，电话数量不少（一开始的时候也很少，只会坐等求职者投简历，不主动搜索），但是成功率还是很低。于是询问人事人员在电话里是否介绍了企业的优势，人事人员回答介绍了，例如规模中等、待遇很好、有各种资源、有完善的培训体系等方面。这样的套话，大多数招聘者都会说。

我们也看到过做得很出色的人事人员，他们对公司的优势如数家珍，阐述时有案例，有故事，有理有据，有血有肉，我听了都想去面试一下。

招聘素材的整理是一项极其重要的工作，尤其是企业优势的提炼。

第三"坑"！

四、干多干少，干好干坏，与我无关

一项措施没有验收，就基本等同于没有实施，人事工作也是如此。

利贸咨询做了这么久，有一种感觉越来越强烈：不要依赖人，要更多地相信流程和机制。量化管理是必需的，结果考核也是必要的，有奖有罚，才能让措施执行得更加到位。

有时候我和被服务企业的老板开玩笑说，在招聘服务环节里，利贸实现了对人事工作的全面接管：战略分析——标准化——量化监控——结果考核——复盘。

利贸服务过几家这样的公司，招聘要求、需求传达给人事部门后，几个月间几乎无进展，询问起来，理由太多了。但是利贸的流程一出，要求

进行量化监控和结果考核，快则一周，慢则一个月，公司的人事部门就能搞定。

专职人事人员尚且如此，兼职的呢？人家每天工作一大堆，没有一定激励，凭什么好好干？

第四"坑"！

五、马儿快跑，但是最好少吃草

有的老板完全不知道当地某职位的薪资水平，要求一大堆，给的报酬却让人难以满意，或者对应聘者的要求过多，对自己能提供什么则含含糊糊、模棱两可。

第五"坑"！

真的不要以为做人事工作很简单，不然为什么会有人力资源专业，怎么会有猎头呢？

第三节　老板，你真的会管理吗

Part 1

谈谈中国式管理

一、请注意这些隐形成本

一家企业要运转有太多成本，比如房租、水电费、员工工资、通信费、营销费用等，这些费用都是看得见、算得出的，所以都是可控的。只要是可控的就不可怕，怕的是那些不可量化、不可控，却影响巨大的隐形成本。

隐形成本控制不好，除了可能会直接带来经济损失之外，更严重的是会造成员工执行力差，团队凝聚力差，公司发展迟缓，这种损失不是用钱和数字可以衡量的。

（一）试错成本

例如招聘，面试的时候看着不错的应聘者到了岗位上无论如何都发挥不出应有的作用，但是如果要辞退这名员工，就会让我们在这名员工身上投入的精力、物力、财力、时间付诸东流；如果不辞退，会出现更高的试错成本。而且如果人选不好，频繁流动，也会影响团队的氛围，这些都是试错成本。

当然，这种试错成本不可能彻底割除，只能通过一定的方案尽量降低。

（二）解释成本

解释成本过高会直接导致执行力降低。

由上到下，令不行禁不止，把开公司搞成办辩论赛，关键时刻的变革不干脆，不果断，只会错失良机；由下到上，中层管理者需要把过多的时间花在向听不懂、看不明白的高层管理者的反复解释上，好方案不能实施，或者获准实施的时候，执行者的锐气已经被完全磨尽。

（三）时间成本

时间成本跟上面的两个成本有所交叉，试错会带来时间成本，解释过多也会带来时间成本，还有一些企业的内部不高效行为也会带来巨额时间成本。

（1）沟通效率低。同事之间、上下级之间、部门之间没有合理的沟通模式，问题总是得不到有效的沟通和解决。这是因为缺乏规范化的流程和机制。

（2）执行效率低。一件事形成了结论，制订了方案，却迟迟难以实施，可能是方案不够明确，更有可能是缺乏后期监督。

（3）无谓的会议过多。很多小公司有大企业的病，动不动就开各种会议，关键是根本就没有一个完整的会议流程，每次会议都是某位领导的独角戏，员工已经完全把会议当成了形式，甚至负担。

利贸在进入企业进行辅导的时候，发现这种现象很普遍，晨会、周会、月总结、季度总结，弄得大家不胜其烦，真的是会议本身有问题吗？完全不是，当利贸把流程梳理清晰之后，会议就会变成利器：

（1）确认会议目的；

（2）确认会议流程；

（3）做好会议记录；

（4）形成会议决议，既然有目的，就要实现目的，为实现目的就要形成决议；

（5）实施落地，确定由谁主导实施、谁来监督。

试错成本、解释成本、时间成本可以估算出来吗？很难，但是我们很容易想到它们会给企业带来什么，所以建立一定的机制来控制这些成本就变得很重要。上文提出的一些机制，都是被实践证明切实有效的，就看大家的执行能力了。

二、中国式管理

世界贸易组织前任总干事帕斯卡尔·拉米（Pascal Lamy），2014年在清华大学公共管理学院演讲的时候曾经对中国的管理有如下论断："中国目前的管理跟西方有很大的差距。据定量分析，中国的平均组织管理水平相当于日本1930年的水平，英国1900年的水平，美国1890年的水平。这个结论是我在观察了60多个国家的上百万家企业的组织管理模式得出的。"

看到这个说法，估计很多人就会说：能比吗？中国人有自己的特点。

日本人没特点吗？为什么可以学习美国人的标准化和量化的管理模式，并且将其发展到了极致？德国人没有特点吗？为什么可以学习美国人发明的科学管理思想，并且量化、标准化，例如规定拧一个螺丝需要8.5圈，一圈都不能少，催生了世界闻名的德国制造？韩国人没有特点吗？为什么他们能够糅合日本和美国的管理文化，创造出一个个世界级品牌？

而且，特点、特色一定就是好的吗？

清华大学管理学院曾经做过一个调查，中国的五百强企业都具备一个共性：他们的快速发展始于贯彻科学管理，尤其是基于标准化的量化做得特别彻底。

中国人有个性，美国人没有吗？基于标准化的量化是科学管理之父佛里德里克·泰勒提出的，给世界的管理带来了革命性变革。所有人都知道，美国人最崇尚自由，泰勒的管理理念曾经引发了工人大罢工，矛盾无法调节时，众议院甚至举办了听证会。当然也是这次听证会让泰勒的管理理念得到更大规模的传播，里面有组数据很引人瞩目：他的举措让工人工资提高了61%，工作效率却提升了362%。

创立于20世纪30年代的丰田汽车公司，在20世纪70年代进入发展的快车道，而引发变革的就是丰田汽车公司的销售部门引入了基于标准化的量化考核方案，代替了原来依靠经验和直觉来提升销售业绩的旧习，直接带来了销售量质的飞跃。当然，产品质量绝对是第一位的，但是对于质量的好评是伴随着销量的提升而加速传播的，所以丰田公司50周年年志特意提到了这次销售体系的变革。

用标准化管理代替经验和直觉管理，是提升业绩的绝好方法。例如我们公司有标准化文件，内容包括如何向客户介绍公司，核心内容有哪些，话术有哪些，哪些用来打破僵局，哪些用来活跃气氛，哪些用来推进订单进程，产品的FAQ（Frequently Asked Questions，常见问题解答），客户常问问题大汇总，产品最容易出现的问题大汇总等。这些文件让我们的业务员慢慢地形成了条件反射，面对司空见惯的问题甚至刁难，都能轻松应对，从容解决，而不是抓耳挠腮，闷头苦想。

诸位有经验的管理者或者老板，你们有没有发现，业务员们现在面临的问题都是你们之前在业务中遇到过并且现在能顺畅解决的问题。为什么非要让他们再次跌倒在你曾经跌倒而现在却已经完美解决的问题前呢？

这可能也是中国式的管理模式，怕教会徒弟，饿死师傅，凡事留两手。

要永远记住两句话：我们招聘员工是为了创造效益的，而不是拿来考验和磨炼的，这不是企业应该做的事。我们招聘员工不是让他们来发挥个性的，除非他们能够证明他们的个性可以极大地提升工作效益，否则就要用机制搞定他们的个性，或者让其退出。

中国式管理中有一个极其重要的概念，就是人性化。但是，什么是人性化？难道允许员工发挥个性就是人性化？我认为人性化是指充分帮助员工，让其有所成就，这也是企业对员工最大的尊重。

传统外贸企业不是互联网企业，不是软件开发公司，这些外贸企业做的业务工作已经存在几百年，其规律、技巧、方法无非就是那么多，用标准化让员工得到快速提升，用标准化来替代直觉和经验，会让一个团队更加有活力。

当员工的成长达到一定程度，他们自然会让标准化更加完善，因为变化还是有的，一成不变是不存在的。但是完善之后的标准化还是标准化。

不知道多少人思考过，为什么很多人是足球运动员、篮球运动员，或者是万里挑一的行家，却当不了教练呢？为什么我们都会游泳，而且游得还不错，还要把孩子交给游泳教练来教，而不是自己亲自教呢？不知道有没有人观察过教游泳的方法，教练把动作拆解开来，分为收翻蹬夹，然后要求学习者反复练习。这就是一种简单的标准化，标准化后的技巧、流程容易复制和传承。

三、不要把管理的终点当起点

你有没有这样的员工，在你这表现差，不听话，业绩惨不忍睹，结果跑到了其他公司就成了香饽饽，这是为什么？

大部分时候，员工的表现是管理的终点，即结果，而不是起点。

招聘的时候我们想尽办法找到了我们认为合适的人，最大限度挡住了我们认为不合适的人，但是真相呢？

面试的时候合适，到了公司还真的合适吗？环境对于一个人的影响有的时候远远超过我们的想象。这个环境包含的因素很多，例如制度、人际关系、公司文化。最可怕的是这种变化会在潜移默化中悄悄展开。

很多人这个时候会搬出一个哲学道理来反驳我：内因才是根本，起决定性作用。但是外因在某些阶段对大部分人的表现也会起很重要的作用。

机制或者制度的最根本作用就是把不愿意改变的人淘汰，让愿意改变的人享受到因为改变带来的福利。因此我们是在用机制和制度把我们原本看好的人变成我们最想要的人。

当我们看到某公司有一群做事尽心尽力的员工的时候，或者看到某公司有一群做事踏实、任劳任怨的员工的时候，再或者看到某公司有一群虽沉默寡言但是眼底透露着对成功的渴望的员工的时候，我们的第一反应不应该是羡慕这些公司有这样的好员工，而是研究他们到底用了什么制度和机制让他们的员工变成了现在的这个样子，且可以长久保持。

反之，当我们看到某公司有一群或者精神萎靡、毫无战斗力，或者无所事事、满嘴借口的员工的时候，也不需要过于苛责这些员工，因为根本原因可能是这些公司的机制有问题，否则怎么可能整个团队或者团队的大部分人都是如此呢？

管理学里有一句话：不能让个人承担因为机制缺失所带来的后果。

强大的执行力也是制度保证出来的，没有制度保障的执行力不可能一直保持高水平。

科学管理这个概念120年之前在美国就已经提出了，可惜，2014年的时候，中国还被评价为停留在科学化管理之前的年代。要想在新的外贸竞争形势下活得更好，跑得更快，团队作战已经是大势所趋，没有机制和制度的团队只是乌合之众而已。

四、两类可笑而恐怖的量化管理

量化管理是企业管理中必不可少的管理环节，用量进行考核，直观明了，导向性强，公平合理。最关键的好处是，不需要了解任何管理模型、管理理论，甚至不需要进行任何学习，管理者就能实施量化管理。

最常见的量化管理是车间里按件计工资，连小作坊都会操作。可是量化管理果真如此简单吗？为什么那么多公司的量化管理都失效了呢？因为绝大部分公司执行的量化管理可笑而恐怖，更多是为了量化而量化。正是这些类型的量化管理模式的存在让量化管理名存实亡。

今天剖析一下两类可笑而恐怖的量化管理模式。

（一）无标准的量化

有的公司要求员工每天必须打10通电话，一个月结束后，我们拿到这样一组数据：A员工平均每天打11通电话，但是业务情况毫无进展；B员工平均每天打8通电话，出现了接近10个寄样客户。A员工的记录显示，他的工作明显是低标准运作，凡是打通的就算一个电话记录。而B员工标准较高，他为每通电话设定了一个目标，达成目标的才算是一个电话记录。

A员工未必不努力，未必是滥竽充数，可能只是不知道做到什么样子才算是好，而B员工其实也未完成任务。

这种量化管理只是给管理者惹麻烦，因为得到的结果根本无从评判，无从评判就没法拿出奖罚措施，没有奖罚，没有验收，制度就会慢慢成为摆设。

因此量化的前提是标准化，似乎大部分的企业都没有这个常识。很多公司找到利贸咨询要求做管理机制、方案的时候，我会把标准化作为重要部分放进去，他们看到后往往都会问："这个模块是必需的吗？"

注意，我说的标准化绝对不仅仅是制订一个衡量标准，而是制订标准化的工作模式。以上面的电话管理举例，我们的电话标准化管理方案把一个电话流程分为五步，每一步都要做出分析记录，然后评判目标是否达成，达成目标的才算是一个合格的电话记录，否则就是不合格。

（二）只看结果，不做过程量化

估计很多老板都会听一些管理学的课程，这是好事，但是一定要分辨课程里的理论是否符合自己的企业现状。

这些理论里面，最有名的当属老板就是要看结果，太关注过程说明不敢放权，不会放权，不会管理。

所有的公司的老板都有资格只看结果吗？答案当然是否定的。

那么什么样的公司的老板可以只看结果呢？

例如某人是一家公司的老板，他给了总经理一个任务，2018年要净赚两千万元。总经理找来了销售、营销、行政、人事、后勤、操作、财务等部门的主管，布置任务如下：老板要求2018年要净赚两千万元，财务总监已经核算过，要取得此利润，销售额保守估计要达到两亿元；销售总监一周内做一份详细的计划，说明要完成此销售额是否需要增加营销投入，是否需要增加人手；如果到时候销售部的计划通过审批，其他部门也要相应做出计划。一周之后开会，销售总监提出方案，详细地阐述了自己要如何完成任务，询盘资源需要增加多少，展会、地推需要开展多少次，因为人手不够可能要增加多少业务人员或者跟单人员，老客户流失要控制在多少，新客户要有多少增长等。因为整个报告涉及了公司内部的几乎所有部门，每个部门从销售总监的报告中提取自己的任务部分，进行评估核算，能否完成，需要什么样的配合，然后各自立下军令状，各自去工作。

这样的公司，老板可以只看结果，因为有人将结果拆分成具体的工作，然后监控具体的工作落地，不断地调整、改进方案，确保结果能达成。

结果是由过程保证出来的。如果没有过程保证，结果就是虚的，完全凭运气。在过去几年的外贸高速发展期，只看结果似乎也不存在太多问题，而且新人进取欲望强烈，根本无须管控。但是，外贸进入存量时代，企业内部员工也过了不需要动员就精力满满的阶段，没有过程管控，绝对不会有想要的结果。

外贸企业多数采取扁平化管理，老板需要直接监控所有部门或者业务员的具体工作，每天累得半死，员工还有各种抱怨。于是很多事务开始慢慢失控，到处"失火"，老板开始到处"救火"，更没法主动做过程监控。结果就是整个公司开始失控。

其实，这就是中层管理产生的原因。可是，没有几个老板重视中层的培养，总是到了火烧眉毛，只能抓业绩最好的员工做中层，可是顶级销售员未必能做好管理，反而可能进一步让局面混乱，直到不可收拾。

其实，小公司也要谈管理，当然"管"的成分不需要很重，"理"可能更重要，过程监控便是"理"的重要组成部分。

需要再强调的是，重过程不代表不要结果，结果是一个点，是过程的最后一环。

Part 2

老板，你大可不必这样

这个世界上最累的老板可能就是中国的老板了吧，操心的事很多，干的活也不少，天天"救火"。没人用时，什么都要老板自己做；有人可用时，老板更忙了，因为员工每做一件事都要问一下，明明这件事已经讲过很多次，花了很多时间解释，结果发现还不如老板自己做效率高；碰到不靠谱的员工，就要不停地收尾，处理麻烦。

当然，如果只是这些方面也就罢了，中国老板还有一些不切实际的幻想和诉求，而这些幻想和诉求才是让他们最痛苦的，因为极度渴求而不得。

没有能力的人不想用，怕他们不能创造效益，有能力的不敢用，怕他们会跳槽；不培训怕员工成长太慢，培训了怕员工翅膀硬了离开。

用人与留人是一个大课题，哪能用如此简单的模式来揣摩？更何况铁打的营盘流水的兵，既然要做企业，就要学会接受人才流失。

我的观点很明确，让新入职的员工迅速掌握技能，迅速养活自己，然后尽快创造利润。以此为指导，员工成长越快，我越受益，这就是为什么我一定要在公司内部严格地推行标准化，花大量时间进行模拟训练的根本原因。

那得有什么样的缘分，两个人能共事10年、20年甚至更久的时间？

利贸咨询服务了那么多家企业，调查了这些企业内部的老员工留下来的原因，以下因素被提及的次数最多：

（1）有成就感（赚到钱，学到东西，被同事或者领导认可）；

（2）老板人不错；

（3）公司发展前景好。

但是我们发现第二条往往是言不由衷的，因为从员工日后的语言和行为等判断，他们并没有觉得他们老板真的好。

利贸得出了一个结论，如果满足第一条和第三条，只要不是很讨厌老板，员工还是会留下来。

我曾经很介意我的员工私底下说我不好，自以为我对他们真的很好，真心换真心，他们也应该认可我才对，我甚至认为，拿着我的工资，就应该连人带心都是我的。可惜，后来我发现，我错了。

我把员工分为三种：20%的人应该被淘汰，因为这类人不会有任何适应公司情况的改变；1%的人会跟公司完全一条心，主动性极强；还有79%的人属于"墙头草"，当然这个墙头草绝对不是贬义，意思是这部分人如果管理严格就会爆发战斗力，管理松散便会松懈。

因此妄图收心的老板都会很累，因为他们拿着只有1%的人能够做到的事情去要求另外99%的人，求而不得，痛苦。

解决痛苦有两个方法：第一，选择最合适的人，这就意味着我们要制订招聘的标准化文件，做出想要招聘的人的画像，照着画像准确地找到想要的人；第二，求同存异，我认为这个方法才是解决问题的根本方法。心，是最难琢磨的，就算是标准化文件的作用再强大也很难完全准确，甚至可以说大部分都不准确，顶多就是让偏差比没有标准化文件时小一些罢了。

最好的办法就是放弃对改变员工内心的执着，转而去改变其行为，具体的做法是：把外贸的所有流程标准化，加上量化，再进行模拟训练，改变外贸人员的日常行为，通过长期的管理机制让这些改变逐渐变成习惯，习惯是强大的约束力。而企业习惯，慢慢会积淀成企业文化。至于员工在想什么，身心是否一致，根本无关紧要，只看行动，只考核行动，行动优秀者奖励，行动拖沓者处罚，不行动者淘汰。

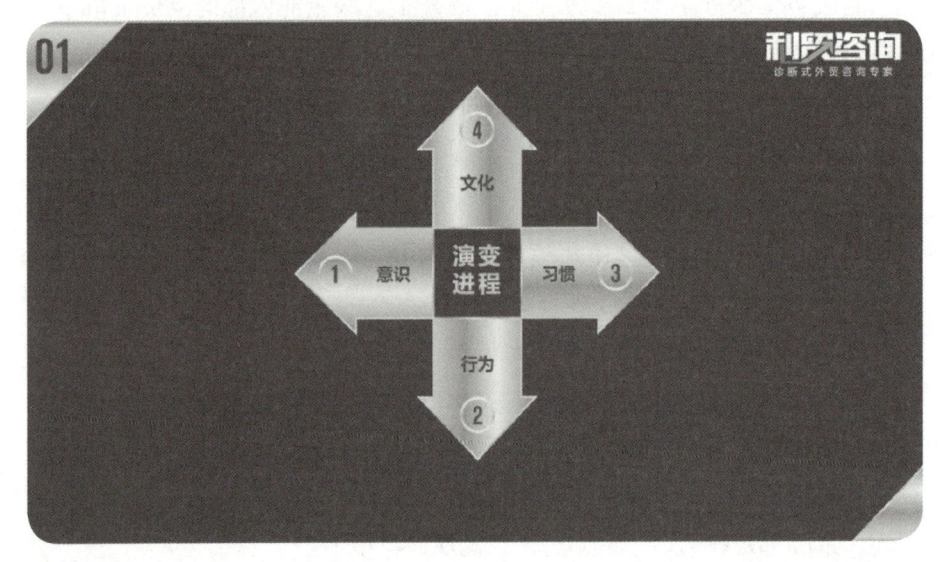

图4-1

如图4-1所示，企业文化演变进程分为：第一步，让大家意识到，要改变，不改变便会被淘汰；第二步，建立机制，约束并且改变大家的行为；第三步，长期管理，使大家形成习惯；第四步，习惯最终会演变为文化。

Part 3
老板不能总是当"救火"队员

利贸从2014年开始以各种形式辅导过400多家企业，这些企业情况各异，大小不同，但是总的来说可以分为如下四大类。

（1）第一类企业做了很久内销业务，想转外贸，把整个项目直接扔给我们来做。这样的企业占了21%，这里面还包括一些SOHO运作转企业运作的部分；

（2）第二类企业做了很多年外贸业务，老板非常有前瞻性，公司并没有发生任何明显问题，但是他想要未雨绸缪，早作布局。这种企业只占12%。

（3）第三类企业做了五年左右外贸业务，公司已经开始有了各种问题，例如营销失灵，老员工成长停滞、积极性下降，新员工成长慢、不稳定，等等，老板也积极学习，想解决出现的问题，但是还是无法扭转局面。这种企业最多，占了64%。

（4）第四类企业跑得比较快，实在是做够了OEM，被客户压榨得太惨，太被动，所以想做自己的品牌。这种企业占3%。

进入了2017年，出现了一个很奇怪的变化，第二类客户的比重越来越大，占2017年利贸的所有客户的比重超过了50%。所以我们公司内部人员经常开玩笑说，真的是经营得越好的越想尽办法变得更好，而遇到严重问题的却有各种顾虑，这可能就是差距越来越大的主要原因吧。

当然绝对不是说，不找利贸做服务就说明他没有好的发展。其实当我们看到2017年这组数据的时候还是很开心的。这是一个非常积极的变化，大家不再是等出现问题时解决问题，当"救火"队员了，而是已经在"防患于未然"了。

经常在各种场合与老板们交流，话题有很多，例如外贸行业的形势变化以及应对，团队的管理，团队的考核激励，精细化管理，等等，这些都是很高端的话题。但是每次当我讲完，让大家提问的时候，尴尬的情况就出现了，因为老板们提的问题，百分之八十与话题无关，要么是业务细节，要么就是抱怨某项工作很困难，要么就是担心员工离职带走客户怎么办。

这些都是"救火"心态，我们辅导的企业的老板，很多一开始就是这种心态。我们的做法是先扎实打基础，然后有步骤地去做工作，但是有些企业的老板往往非常心急，总是认为我们的进度慢。

利贸前段时间接的一个项目差点被企业带得跑偏。项目组四个人，三个会参与服务，两个已经跟着客户的节奏跑了，对客户有求必应。一开始我是不知道的，后来终于有一项工作他们做不了了，过来找我。我非常纳闷，按照规划，这个不应该是七大体系基础打好，模拟训练做上几次，客户分析指导做好之后的工作吗，怎么现在做？

我知道原因后，赶紧叫停项目，召开会议，重申服务原则，我们不应该对客户有求必应，我们有完善的服务规划，要做的是让企业紧密配合我们。如果企业能够自己规划得很好，很有条理，很有效果，干吗还要付费找我们呢？

该企业的研发能力、技术能力还不错，团队中几个老员工的能力、忠诚度都不错，为什么会运转无序呢？就是因为他们两个老板天天在"救火"，天天在解决一些琐事、杂事、紧急事，没有任何的布局、规划和前瞻性措施，才造成了今天的局面。所以，就算是客户很不满意，要终止合作，我们也要把这个局面扭转过来。

于是，我们始终坚持立场，后来他们让步，愿意按照我们的步骤去做，局面改变很快，也就是一个月而已，员工执行力增强，做事更加有规划、有秩序，更加沉得住气，两个老板之间的配合也比以前更好。

这绝对不是个别案例，因为很多老板把自己当"救火"队员，当他发现自己没有足够的能力救下这场"火"的时候，正好看到了利贸，就想让我们和他一起"救火"。但是"救火"真的是主要目的吗？利贸帮忙救了"火"，然后也教了最快把"火"扑灭的方法，以后就不会再"着火"了吗？当然会，因为"着火"的源头还在，治标不治本，而诸位老板只是从一个不专业的"救火"队员变成了专业的"消防员"，仅此而已。

企业会发展，人越来越多，事情越来越多，"着火"点也会越来越多，蔓延得也会越来越快，你再专业又如何呢？

若干年以前，做外贸不需要什么制度、机制、团队，照样可以做得很好，因为那个时候外贸是真的好做，我的起步就是在那个阶段。但是就算起步时只有两个人，我们也做了一些机制、制度、策略布局，例如大客户策略、地推策略、重点市场策略，所以在一头扎进工厂之前，我们的销售额是飙升的。因为事先做了很多准备，我们的企业三四年间几乎没有出现任何需要"救火"的状况，一切顺风顺水。

因此不要总是拿着自己的公司还小当借口，当你的公司不存在生存压力，不会因为一年的收入减少而倒闭的时候，就要转型，改变原来创业时期的策略，转为守业策略。

Part 4
现实给了我一个响亮的耳光

某年我们公司的外贸产值不错，但是实际上并没有产生利润，因为一批货物出了问题，不但有超过100万美金的货款没有收回，而且还产生了十几万美金的港口管理费和仓库费，以及我们不断往返美国处理问题的费用和其他不能用金钱衡量的损失。

造成问题的原因很低级，是质量问题，而且是很低级的质量问题。这些质量问题，并不需要经过一段时间才会显现出来，而是百分之百的表面问题，不需要借助仪器，靠肉眼或者几个扳手就能发现。可是问题产品居然就这样堂而皇之地出厂了，到了客户的仓库。客户满心欢喜地收到了产品，问题被发现了。

很多人认为这是质量控制人员的问题，应该追究他的责任。就连律师也说，造成了这么大的损失，可以诉诸法律，向工厂和相关人员追讨损失。可是，我认为这是企业管理的问题，仅仅追究一个人的责任并不合理。当然工厂的责任一定是要追究的。我们委托美国第三方检测机构做了检验，把结果交给合同指定的仲裁机构，客户的一切损失由工厂承担。当然，追讨损失没有想象得那么简单，后续事宜就交给律师、仲裁机构处理了。

这些都是"救火"行为，即便是再得当，也是失败者的行为。

其实，在我的整个外贸生涯中，这不是第一次。第一次是2010年，给客户带来了上百万元的损失。从那之后，我们的产品就再也没有出现过质量问题，因为整个公司把质检放在了最重要的位置，有专职人员，有质量管控流程，有相关人员管理系统。利贸也把这个体系移植到了大量的客户工作实践中，效果显著。

可是，我们自己内部却出了大问题。

整个春节我都在思考，问题到底出在哪，结论就是懒政。

杭州团队初建时，为了促使团队快速成长，我们把对产品经理的要求定为：有经验，在工厂待过；有责任心，能够撑起一个部门；最好有管理经验，可以为整个部门建立成熟的运行机制。满足这个条件很难。但是一个极好的朋友推荐了一个人，居然完全符合我们的要求，于是我们把整个产品部托付给他。

错误开始！这个错误开始并不是因为他，而是因为我！

首先，他的经验来自工厂，这家工厂的水平基本上是他的水平，可以提升，但是已经难以改变。这家工厂其实我们是了解的，曾经尝试过合作，但是因为经营理念差别太大而作罢。

虽然在产品经理进入我们公司时，我们明确地说明了我们的经营理念，但是明显的，他把以前的思维模式带了进来。这根本不是他的问题，如果我们能够在一开始通过具体的管控措施把标准定好，我相信他也能做得到。但是，毕竟我们承诺了他是规则的制订者，于是没有及时止损。虽然其他管理人员也感觉到了问题，但是也只是停留在说一下的层面，并没有采取措施。还有碍于情面的原因。这已经不是经营公司，而像是靠义气行走江湖。

一开始，公司对于新产品研发是有着严格的制度和流程的。但是产品经理入职后，我们数次去美国带回来的众多新品开发项目，成功率低得吓人。这又是公司的管控出了问题，碍于情面而没有实施既有的规则。

产品经理答应客户周五看样品，客户风尘仆仆来了，才突然发现没完成，于是只能把客户留在酒店；客户来进行出货前检验，产品经理说产品符合条件，不会有问题，结果客户验完，大量产品需要返工。碍于情面，我们又没有采取任何处理措施。

至于那批出了问题的货，工厂老板是产品经理的熟人，按照工厂老板的说法，两人相交多年，所以从货期到付款方式都给了极大的支持。或许也是因为如此，所以产品经理放松了对产品质量的监控。这个时候公司的管控措施又形同虚设了，抽检率是多少，合格率是多少，问题点在哪里，检验了哪些项目，照片、视频等资料，后来复盘的时候居然统统没有！

客户提起投诉的时候，我们一开始是怀疑的，毕竟那么低级的问题不可能会出现。可是等我到了美国，看到了货物，我又完全不能否认了，的确，我们的产品出现了低级问题。

于是我从美国传回了大量的证据，要求产品经理对工厂提起正式投诉。可是到了仲裁阶段提取证据的时候，这些证据没有了，产品经理的理由是电脑和手机坏了。

产品经理在年底报告时，只字未提及这件给公司带来了接近200万美金损失的重大事件，只是指出了业务部的问题、公司的问题。

我们对于推荐他的朋友深信不疑，所以我相信他之前绝对是一个靠谱的人，现在变成了这样子，一定是我们管理和决策的问题。

企业在招聘的时候就不应该允许一个思维模式差别太大的人进入公司，就算招聘进来了，也不应该放在核心管理岗位，如果能力超强，非用不可，也要加强管控，设定标准，奖罚分明。

估计很多人会说："你们为企业做咨询管理，自己居然会犯如此低级的错误，何以服众呢？"其实，我也纠结了很久。如果粉饰太平，我可以写出数不尽的成功案例，但是很多时候，成功一百次，不如失败一次的教训更深刻。

其实，我有更稳妥的方案：找一个毫无经验的人，慢慢用公司的标准化流程去教他，用奖罚去激励他，让他慢慢上道。但是，公司早晚要引入大量有经验的人才，这条路早晚要走，没有现成的理论可学，就是要不断试错。每一个岗位都有大量学问在里面，每一个岗位的人其实都在试错。我之前的路也是这样走出来的。

Part 5

频频惹祸的年终奖

年底冰火两重天，员工们兴高采烈，热切盼望，老板们却要收账、还账、盘点、总结，忙得焦头烂额。可是这些事再忙也不是问题，因为只要做了，效果还是正面的，但是发奖金所引发的后果就不好说了。

到了春节，企业基本上会发以下几大类奖金：优秀员工奖、进步最快员工奖、销售冠军奖、过节费、年终奖。前四类一般不会出现大问题，因为标准较为容易制订，但是年终奖就麻烦了，因为涉及的部门可能都是平常工作成绩难以量化的部门。没法量化就会出现人为评定的情况，人为评定就会出现标准不统一的情况，例如被评定者认为自己很辛苦，而相对客观的评定者则会综合考量，得出的结论就会有出入，甚至会有很大差别。年终奖多了算是意外之喜，少了则可能引发雷霆之怒。

其实，要让年终奖的评定做到有据可依也是可以的。年终奖肯定是和公司的效益挂钩的，公司效益好，可以从公司总的收益中多拿一点出来进行分配；公司效益不好，甚至是赔钱，就要量力而为。如果公司效益不好，也就有了不看功劳看苦劳的因素了，虽然今年没赚到钱，但是大家都很尽职，很努力，为了激励大家，老板自掏腰包给大家发年终奖。

请注意，前提条件是大家都很尽职，很努力，也就是说，保质保量地完成了本职工作，是得到年终奖的前提。如果连本职工作都没完成，在其位而不谋其职，工资的绩效部分估计都要被扣掉了，怎么可能有年终奖呢？

如何衡量是否保质保量？标准化 + 量化。

我们可以从以下几个维度来进行年终奖的评定：

（1）共享公司发展红利；

（2）奖励突出贡献；

（3）补偿隐藏贡献；

（4）激励士气，增强企业黏性；

（5）显示公平，刺激先进。

公司赚钱了，身在其中的人当然要享受公司发展带来的利益，否则员工必然因为利益分配问题而不满或者离开。

但是如同前面所讲，前提是员工真的付出了努力和心血，虽然这些努力和心血带来的价值是隐藏的、不可量化的，但是为了彰显公平，还是按照一定的标准给予年终奖。

这里还隐藏了一个前提，就是员工不能严重失职，不能给公司带来经济损失。失职，便是不能胜任，满足辞退条件，但是鉴于大部分时候员工表现努力，给予留用察看的处理，在管理学中，其实也叫冷处理。员工如果心态好，意识到自己的问题，会加倍努力，改正提升；如果心态失衡，不认为自己有问题，自然会主动选择退出。这个时候，基本上是倾向于不发年终奖的，但是发年终奖会不会让他更加感激，痛改前非？这还是要看人。犯错并不是最可怕的，最可怕的是犯了错没有任何止损的行为，甚至根本没有意识到自己犯了错。在这种情况下，发年终奖不就是鼓励他现在的行为吗？更何况，公司的其他人会怎么看？不患寡而患不均。其实，我倒是觉得，也根本无须患不均，如果不均彰显了公平原则，有何可怕呢？

年终奖要兼顾过程，也就是苦劳，但是绝对是以功劳为导向。

举一个容易理解的例子，某个采购员一年出差150天，周末有时候也在加班。有苦劳吗？当然有。需要奖励吗？未必，还是要看结果。如果结果是要么找不到合适的工厂，要么找到的工厂交易条件不合适，这种苦劳不值得鼓励，尤其是当公司认为他的能力足以应对这些工作的时候。

当然，还有一些苦劳未必能直接产生功劳，例如业务员，每天发邮件、打电话，虽然没有订单，但是慢慢地积累了一些客户，只需要假以时日，就可能拿下订单。这种苦劳值得鼓励，尤其是在如此浮躁的时代氛围中，踏实工作的人最值得奖励。

一些规模比较大、机制比较健全的公司对于年终奖有着明确的规定，例如工资总额与工作表现有关，工作表现可以通过过程和结果衡量。

因此对于每一个岗位定岗、定责、定量是奖金公平、透明化的前提，否则就只能由老板或者直属上司进行评估，就会频频惹祸。

Part 6

职责管理，每个企业转型的第一步

一、职责管理——定岗定责

在讲到企业转型的时候，管理模式的转变不能不提，也就是绝大部分企业要从关系化管理模式转变为机制化管理模式，这里面有一个非常重要的概念便是职责管理。顾名思义，职责管理也就是把整个企业内部活动进行标准化和拆分，为每一个人设定岗位职责。

> **案例分享** 企业存在的职责管理问题

利贸咨询在服务过程中发现一个非常有意思的现象，绝大部分企业的职责管理都存在问题。

我们进入某家企业服务时，发现这家企业的架构相对完整，有专业的前台、礼宾，并且为这两个岗位制订了明确的运行规范。之所以特意说明这点，是因为绝大部分公司都不会有这两个职位，即便是有，也不会有明确的运行规范。

可是，进行员工约谈的时候，绝大部分人都不约而同地提到了两个问题（我们进行约谈前是不会知会任何人的，所以可以排除串通的问题）：第一，下单流程极其复杂，需要经过七八个人签字；第二，质量控制部门总是让业务员去确认某些产品与样品是否一致，然后要业务员签字以确认。

很明显，这家公司的职责管理出了问题。

第一个问题的出现是因为业务员承担了生产跟单员的职能，而且企业为了防止纰漏采用了极低效的集体负责制。解决方案：简化流程，只需要部门经理签字便可下单，其他的所有职能部门不需要签字，生产跟单员拿到签字的下单表后，分别递送相关部门，相关部门留底就可以。后期这些工作可以用ERP（Enterprise Resource Planning，企业资源计划）系统完成。第二个问题是因为质量控制部门的职责不明确，业务员承担了部分职能。当然，根据调研，质量控制部门之所以让业务员来确认，是因为业务员很多时候给出的并不是明确的概念，例如客户要求产品颜色是紫色，业务员并没有深究紫色到底是哪个色，没有提供色卡或者实物，质量控制人员不敢单独做决定。解决方案：业务员承担自己的职责，下单时必须提供色卡或者实物样品等资料，否则不予下单；质量控制人员承担自己的职责，根据色卡或者实物样品等资料来判断产品是否符合标准。

有些企业实现了部分或者全部的部门分工，对于职责管理有着清晰的规定，但是还有一些企业，一个萝卜多个坑，三个人干六个人甚至更多人干的事，也需要职责管理。对于这些公司，我给出如下忠告：可以不加人，但是一定要定岗定责，把职责管理做好。

要把定岗定责的工作做好，需要从以下方面着手。

（一）制订完善而清晰的说明文件

绝大部分公司的职位说明文件是模糊的、笼统的，例如外贸业务员，似乎就是谈客户、拿订单一个职能，再详细的就没有了。在这种情况下，业务员不知道每天该干点什么，所谓有经验的业务员就继续按照自己以前并不高明的工作方法做下去。这个岗位因为可以实行结果考核，可能问题不会很大，其他职位麻烦就大了。例如，操作员从哪开始和业务员对接，从哪开始和生产跟单员对接，即便是这个岗位上的人很专业，也很敬业，但是总是会出现他们做的跟老板想要的不完全一致的情况。老板不会很满意，操作员会觉得很委屈，长此以往，矛盾产生，人才流失。

以下是清晰的职位说明书的例子。

（1）产品知识学习，以七大体系文件为基础。要求入职第一个月进行四次模拟练习，第二个月进行三次模拟练习，第三个月进行两次模拟练习，从第四个月开始每月进行一次模拟练习，并且由相关人员进行评价打分。相关奖励、处罚措施详见业务部管理规定。

（2）客户背景调查。公司提供背景调查表，业务人员在收到询盘后，必须按照客户背景调查表对客户进行背景调查。具体标准详见背景调查标准化文件。

（3）询盘回复。分析客户邮件本身透露出的重要信息点，例如是否要强调某些参数，然后根据客户背景调查和邮件分析书写邮件，必须调用七大体系相关内容。具体标准详见询盘回复标准化文件。

…………

（二）定下修订期，不断完善

很多企业的规章制度，包括各类文件，制订之后就没修订过，用了很多年。要知道，形势在变化，人员增加了不少，在制订初期没有考虑周全的各种漏洞成为了"管理蜜罐"，这些规章制度要么形同虚设，要么严重滞后，成为制约员工能动性的最大障碍。

我们一般建议一年修订一次，太频繁也不是好事，会陷入朝令夕改的管理窘况。

（三）分清主次，遵循二八法则

很多岗位的职能实际上有很多，如果均衡用力，就变成眉毛胡子一把抓，弄不好会抓了芝麻丢了西瓜，所以在设定岗位职责的时候，一定要分清主次，把80%的精力放在最有产出的20%的事情上。

这种反例最经常出现在那些一个萝卜多个坑的公司身中。老板天天抱怨业务人员业绩不高，却没有看到他们每天都在做什么，而这些事情可能就是公司规定的。很多公司的过程量化和积分制如果设置不合理，都会带来这种反作用。

试想，一个业务员的主要职能是什么？当然是带来客户和业绩。那么对于他们的职能管理应该更多地侧重于客户和业绩方面，平时的所谓量化考核，都应该以此为导向，给予过程和结果两个权重，保障过程和结果双丰收。

过程是积累，而结果是收获，没有积累不会有收获，而只有积累不能收获，企业也很难承受得了。

二、职责管理——职责划分

职责管理的第一步职责划分该怎么做？

按照经典管理理论，职责管理大体有两个方向：业务方向、管理方向，一个对外，一个对内。对于绝大部分的外贸企业来讲，我建议采用业务方向来划分职责，因为中小企业更重要的是生存，所谓的管理，要服从于业务。

我们大体可以把业务流程分为图4-2所示的环节。

（一）询盘获取

询盘获取很明显是营销部的职能。很多公司没有营销部，由业务员兼任，不要紧，至少有这个职能人员在。那么他们的职责很清晰：营销资源管理。

可以将营销资源管理的任务细分，如图4-3所示。

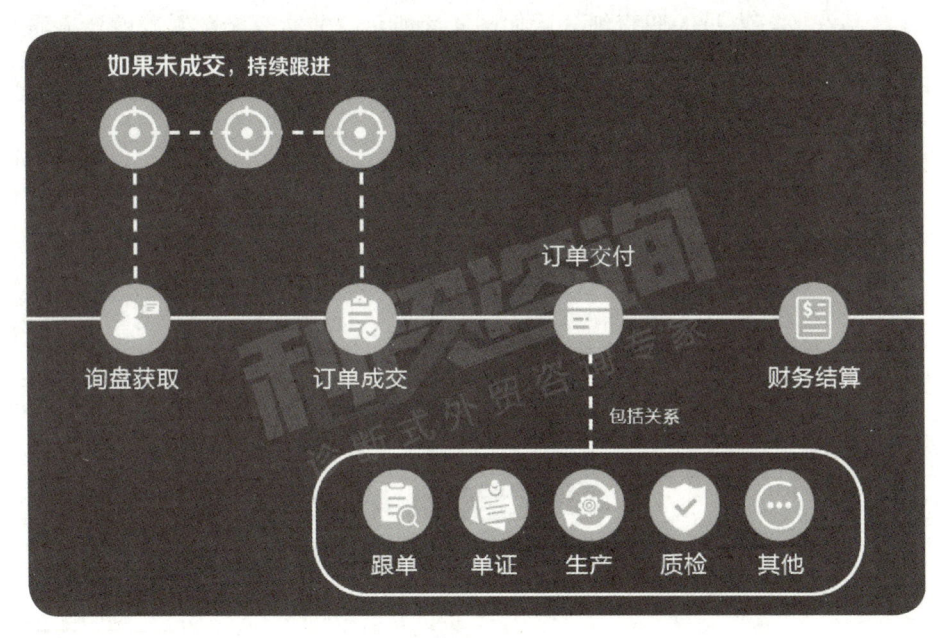

图4-2

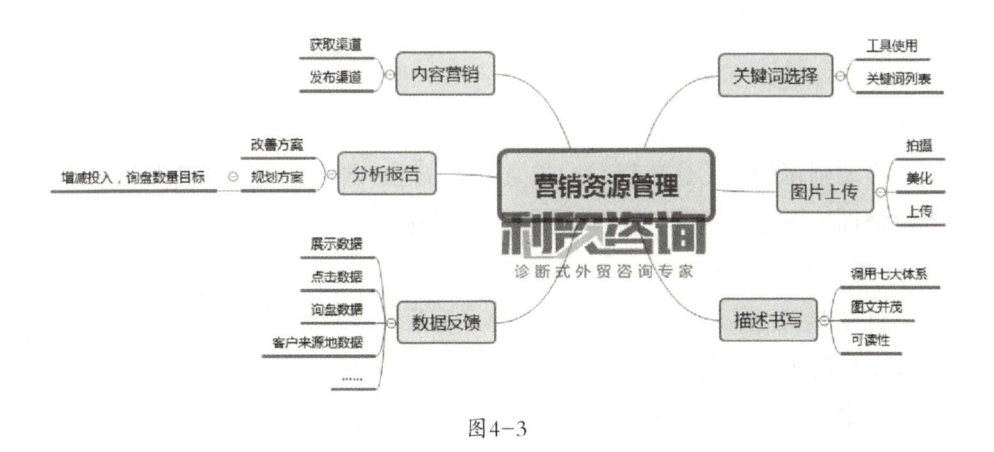

图4-3

实际上还有很多分支，还可以继续细化，剩下的工作大家去做吧。

营销部的量化考核方案可以从这个图里得出，不论是过程量化，还是结果量化。

（二）成交或者跟进

做外贸的最终目的肯定是成交，但是大部分订单不能一次就谈下，尤其是现在的客户都有稳定的供应商，挖墙脚何其之难。

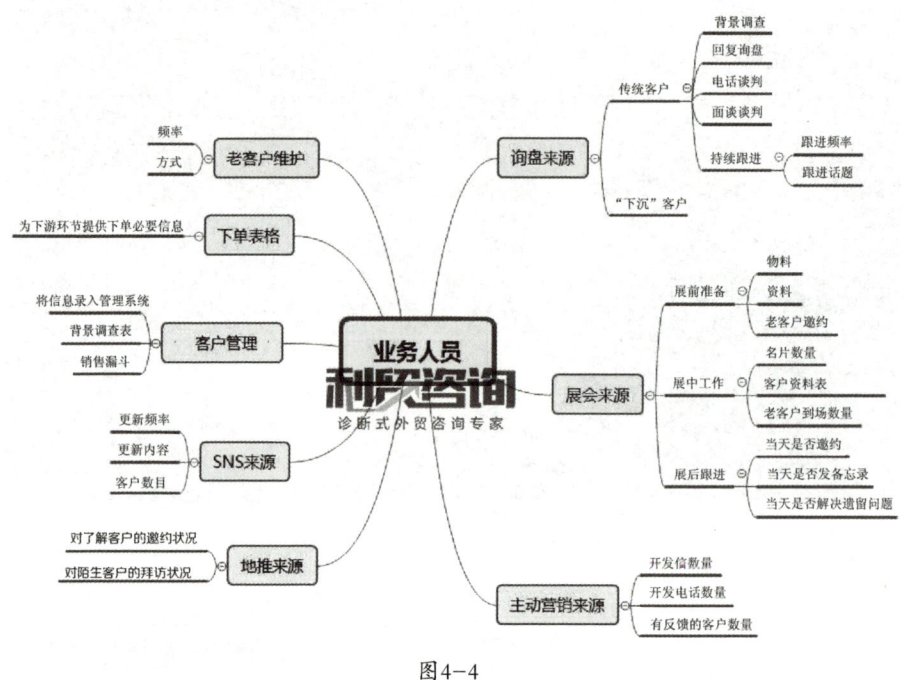

一线业务人员的职责细分后如图4-4所示，非常复杂，看着就让人眼花缭乱了。

图4-4

需要强调的是，这些都是一些简单的描述，要有标准化文件作为支撑，有模拟训练作为巩固，不然空有职能，效果未必好。

（三）订单交付

订单签订了，交付环节就很关键，关系到客户的满意度。很多时候，业务员做得很好（当然过程很痛苦），但是因为交付工作没有做好，客户满意度降低，就会抱怨、索赔，甚至撤单。订单交付的职责细分后如图4-5所示。

其实这些示意图都很简单，只是为了让大家学会思维模式，如果要做全，涉及的细节就会更多。

按照这三个业务环节来分，各个阶段的职能分工就有了（还可以继续细化），提炼出最重要的职能，给予必要的考核激励就可以了。

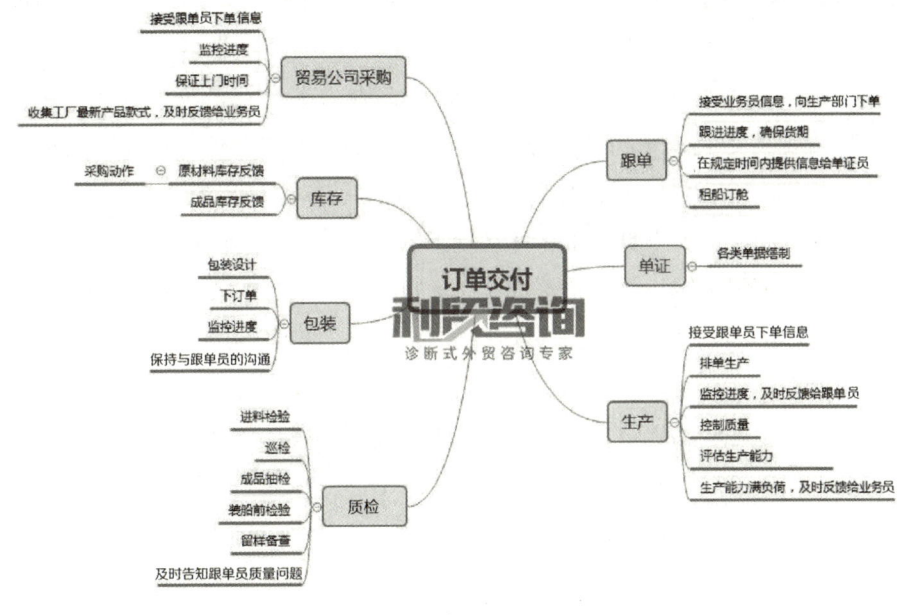

图4-5

三、职责管理——落地小细节

（一）为职责管理设定考核

实际上我们的一线业务人员并不是不想成长、改变，只是思维模式的固化让他们很难主动改变，这就如同生活习惯，没有很大的变故，可能一辈子都不会变。

利贸咨询在服务中极其强调模拟训练，模拟训练是为了巩固培训效果，当然，我们也可以把实战中的一段时间当作模拟训练时间，但是不能采用放羊式管理，而是要不断地监控、评估、评分、及时修正。

很多企业强调企业文化，设定了几个口号标语就以为文化落地了，完全不是，文化的落地，实际上就是习惯的养成，而养成习惯的前提是有机制约束大家的行为。

（二）部门协同作战

执行职责管理的过程中会遇到一定的问题，因为第一次设定的时候未必能考虑周全，而其引导性又是非常明显的，分内事做好就好了，其他的未规定的可能就成为了"死角"，你不做，我也不做，万一部门之间有这样的环节，那就坏了。这个时候，往往是势弱者或者有能力者承担工作，但是，这实际上是对积极者的惩罚。

遇到这样的情况，公司要承担起责任，因为本身就是决策层的问题。对于未规定但是有人承担的工作，公司要给予承担者奖励，并且不能形成一个潜规则：你做了，就是你的事了。未规定的如果属于重大事项，要及时修订规章制度，如果是琐事，可在规章制度修订期再进行修订。

沟通机制很关键，在职责管理这个项目创建初期，就应该约法三章：

（1）如果因为未明确规定事项造成某些事情拖延，所有涉及的部门都要接受惩罚；

（2）发现未明确规定事项要及时上报，以尽快制订解决方案；

（3）如果是能力范围内的事情未完成，不能相互推诿责任，否则同罚。

部门内部也会出现责任交叉现象，原则同上。

（三）岗位培训

大部分企业都存在"能者多劳"的怪象，不会做的事情就推给别人。有时候是因为态度问题，更多时候是因为能力问题，因怕出错而不做。

因此内部培训极其关键，对某个岗位的员工进行必要而充分的岗位培训应该是每一个外贸企业应该有的机制，保证职责能够真正被承担。

当然，如果你有足够强的实力，可以为每一个岗位设立高素质人才，就不必进行岗位培训，但是这对于大部分中小外贸企业来说都不怎么现实。

（四）减少临时调配

大部分中小外贸企业都没有那么多人，事情又多，原本很多职能都被老板承担，但是老板也有忙得焦头烂额的时候，于是经常会想："要不这个事我交给某人去做，他应该能做好吧？"但是他能做好就一定要做吗？仅仅因为你是老板，你有话语权吗？

我们公司也会有临时调配的情况，例如要参加展会，我会要求我的产品人员尽量放下手头的事情来配合我的展会报价、选品。如果以前没有把参与展会工作写进他的职责说明书，一次两次还好，展会多了就麻烦了，毕竟本职工作会被考核，临时工作似乎又没有什么奖励，员工心里难免会抱怨。因此要尽量减少临时调配的情况，而且临时调配要配合临时激励，明确告知员工，本职工作的考核这几天暂停，全身心投入到临时调配的工作中来。

第四节　怎样为员工定制培训方案最有效

Part 1
名师未必出高徒

很多企业都有一个甚至几个很牛的业务员，当企业想要扩建团队的时候，这些人自然而然会成为新团队带头人的首选。但是，很多老板反映这些老员工并不愿意，至少不会尽心地带新同事，所以新团队的成长往往非常慢，更有甚者，除了几个老业务员之外，其他的员工流动性非常大，极不稳定。

因此搞清楚老员工为什么不愿意分享这个问题就变得非常重要，毕竟老板不可能所有的事情都亲力亲为。什么事情都要靠老板自己去做，把整个团队的发展建立在一个人的经验基础之上，这样的团队做不大，也做不长久。

我们分析出的第一条原因便是企业的机制问题。

我们做企业辅导的时候，发现很多企业存在机制问题。某名老员工是老板的心腹，跟着老板摸爬滚打，一起白手起家，用心努力，为公司做出了卓越的贡献。后来企业有钱了，想扩大团队，于是老板放心地把这个责任交给了这名老员工。这个时候问题出现了，他发现这名老员工并没有像以前那样努力用心，绝大部分时间还是在做自己的事情。新员工只能眼巴巴地看着，没事做，或者有事却不知道怎么做，于是要求进步的都离职了，留下了一部分混日子的。

老板想不明白，我们却很清楚，因为公司的机制出现了问题，公司还是在奖励老员工的个人业绩，对于他在团队方面的贡献却毫无表示。这种情况下，大公无私的人才会花时间在团队上，可惜的是，大部分人都是自私的，这是人性。

想要真的发挥出老员工的积极性，让他们尽全力培养新员工，一定要在团队激励方面做文章，让师傅们充分享受徒弟们成长带来的红利。

第二条原因就稍微有点复杂了，与老板有关，也与老员工有关。新人，尤其是不怎么聪明、学习能力不怎么强的新人经常会给师傅们制造难题，师傅们发现，一遍遍地教不会，纯属浪费时间，还不如自己做更快。

解决这个问题的唯一路径就是招聘的时候要找到合适的人。首先要搞清楚，为哪位师傅找徒弟，这位师傅更喜欢什么样的徒弟，其次要看应聘者的反应速度、学习能力和沟通能力。

还有一种情况，在某些后端服务占比较重的企业中最容易出现，例如服装行业。稍微专业一点的服装公司都是由业务经理负责开发市场，客户开发完成后，交给跟单员去处理，由跟单员负责寻找供应商，跟供应商商定合作细节、确定样品等。但是要么是业务经理不放心，要么是跟单员不努力，找不到合适的供应商，让业务经理的前期努力付诸东流。业务经理逐渐不再找跟单员去处理重要的事情，而是自己一把抓，于是事情越来越多，开发市场的精力越来越少，更没有时间带徒弟。

针对这个问题，我们采取的方法是，用流程化的文件解决对接问题。例如选择工厂的问题，把所有的工厂分为几类，按照关键词进行评分。业务经理下单的时候，就要明确告知跟单员要选择哪一类工厂，其他的所有细节问题，要在交接文件中全部描述清楚。

所有的操作都有流程，所有的选择都有标准。只不过我们要把流程标准化、明确化，标准量化，这样才能确保不同的人谈论的是同一件事。

当然，还有一部分老员工不愿意分权，因为分权给他们带来了不安全感。这是他们的饭碗，是安身立命之本，教会了徒弟难保不会饿死师傅。他们错误地认为，做的事情越多，会的环节越多，就越不容易被替代。这种错误的意识使他们绝对不会把他们认为重要的环节交给徒弟来做，不会把技巧教给徒弟，让徒弟成长。

我们进入企业进行内部调查的时候，发现有这种错误意识的老员工不在少数，对于这个问题，我们能做的就是寻找其核心价值点。每一个人，每一个环节都有自己的核心价值，为了让流程顺畅，不至于使各个职位之间有太多交叉，就要尽量保留单一的核心价值点，剥离非核心价值点，团队互为补充，前后衔接，这样最为稳定。

最大程度地提升一个老员工的核心价值，更能够加强其不可替代性。例如一名员工的市场开发能力极强，虽然他也会跟单操作，还会制作单据，但是为了让其最大限度地发挥市场开发能力，必须剥离其他职能。这应该成为每一个外贸从业人员的思维模式，人无完人，而且精力有限，不可能每方面都是行家，找到自己的核心价值，找出自己的最强项，发挥其功效，并且不断地想办法继续增强，才是职业生涯规划的正确模式。

因此应该把老员工放在最核心的地方，而且要通过激励让他把做业务的秘密分享出来，使一个团队的水平整体得到提升，这才是一个企业长久发展的动力。

Part 2

你曾经派你的员工参加过培训吗

前段时间我在南京开课，来听课的很多人都是由公司出钱，估计很多人都会羡慕不已。可是，因为课程安排在周末，被派来听课的某位学员跟老板讨价还价，认为占用了周末时间应该算加班。这不应该算是企业给员工的一种福利吗？

很多业务员自己出钱购买很多视频课程，或者自己出钱去外地听课学习，怎么老板出了不菲的培训费，还要和老板算是不是加班呢？人与人真的不一样！

我在某地讲课的时候，组织方说有些业务员会直接告诉组织者："不要再向我老板推荐培训课程了，我不想听。"然后这些业务员签了名，在培训室自拍几张，十分钟之后就走了，关键是他们都是什么都不懂的新人。他们后来居然在微信上加了我为好友，问我要PPT，说是要做汇报。

培训课间，会有人过来问问题，有的人准备了满满几张纸的问题，说："JAC老师，这里有很多问题，有些是同事的，他们没有机会来，我替他们问一下。我们竞选了，得分高的人才会有机会过来听课，我回去还要给所有同事做汇报。"

估计那位被问周末培训是否算加班的老板会羡慕了：看看别人家的员工！别羡慕，因为员工的表现是管理的结果，就如同种什么树，结什么果。

其实，上面关于培训的表现只是管理结果的一个缩影罢了。

企业措施无仪式感、无验收、不复盘是大部分外贸企业存在的问题。培训完了，并不是学习的结束，恰恰相反，"习"才刚刚开始，如何落地、谁来验收落地，才最重要。

因此既然花时间、花钱参与一次培训，就要有所得，那么下面这个流程就很重要：

（1）根据培训主题确定适合的人选；

（2）如果符合条件的人有若干位，根据名额进一步筛选；

（3）参与培训的员工怀着空杯心态出发；

（4）培训结束后，确定如何进行培训汇报，不是复述一下PPT就行了，更重要的是，如何结合企业的现状进行落地；

（5）确定验收人和验收标准。

利贸咨询在服务中发现一个很有意思的现象，大部分人做笔记的习惯往往如下：记录自己正在用的、自己认知范围内的或者一下子让自己深受启发的，其他的却很少记录。但是正是因为缺少知识才来学习，理解不了、暂时接受不了的，也要做笔记并验证，不然你永远不会进步。

上面列举了大部分人会记录的三类知识，其实还有一类，参与培训的人会做笔记：工具类、模板类资料，将原本需要做半个小时的工作两分钟就做完的方法。举例来讲，最好有一种询盘回复的方法或者模板，可以迅速回复客户的询盘，不需要思考，还能有成效。而我的培训，却是要进行询盘客户的背景调查，也就是在原有工作的基础上加了一个流程，或者说优化了这个流程，这个时候实际上需要多花时间。

使培训发挥效果的关键在于落地，可惜培训者却极少关注结果，被培训者重学不重习，思维模式没有一定的压迫力根本难以改变。

Part 3

对不起老板，你想多了

铁打的营盘流水的兵，经常会听到老板说这句话，似乎是告诉那些要走的人，你们随便走，我的公司不缺人。可是，你真的想多了，你的营盘真的是铁打的吗？大多数老板的营盘真的不是铁打的，而是一堆积木，风稍微大点可能就垮了。

到底什么样的营盘才是铁打的？

大家来关注一下这句俗语所描述的对象——军队，就会很清楚了。想到军队你会想到什么呢？严明的纪律，优秀的执行力，严格的管理，完善的层级，一套完善而苛刻的标准化训练模式。

我听过不少老板说打算挖人才，但是没有钱，所以想用股份吸引人才。股份改革的确是一种吸引有能力的人加入或者留下有能力人的重要方法，尤其是当拿不出很多钱或者钱已经没有多大作用的时候。可是，如果你的公司没有多少销售额，没有多少利润，你的股份就不值钱。所以，你想多了。

在创业起步阶段，踏实最重要，不要整天想着走捷径，弄个能人进来。想起来似乎很容易，其实难如登天。

看到别人的员工加班加点，忘我工作，以公司为家，老板们捶胸顿足："这样的员工有多少给我来多少！"你真的想多了！

人家的员工为什么那么敬业？这是管理的结果，是因为培训全面，方向明确，分成合理，有奖有罚，付出有回报。这样的员工到了你手里——当然你一开始未必看得上他——或许早就走了，或许被变成了另外一种人。

少谈全心全意为公司这样的话，多想想员工想要什么，如何把他们想要的与公司的发展结合起来，就够了。

Part 4
专业已经不是高级技巧，而是标配

每隔一段时间，我都会带着同事往工厂跑一趟，做的产品多，接触的供应商自然也多。供应商特点各异，性格不同，总是能使我学到很多不同的经验或者教训。

作为贸易公司，尤其是像我们这种员工多、产品多、业绩还算可以的贸易公司，我们追求的是更快、更多、更全；而作为工厂，他们的追求是更专、更深。从任何一个角度来讲，更专、更深都是销售的正确道路。

我在公司内部培训的时候，经常一遍遍地告诉同事要变得更专业。其实我不清楚同事是否能够领会我的意思，所以也是想借这些供应商老板的口来对同事进行一番教育。

我和很多位供应商都是第一次见面，但是沟通却丝毫没有障碍，毕竟我经营过几年的工厂，了解现在工厂的现状。沟通的第一要诀是知道对方在想什么，需要什么。

沟通过程中，大部分的工厂老板都表达了类似的意思："你们公司的员工给我打电话的时候，我一开始是根本不愿意理你们的。因为你们说两句话，我就基本上能判断你们对这个产品完全不懂，那么我就知道你们根本不是长期经营这个产品的公司，只是偶尔收到这样一个询盘，随便处理一下而已。说实话，我不愿意给这样的公司报价。你们不专业，很难拿下客户，给你们报价纯属浪费时间。当然，后来我也报价了，但只是随口一报而已，可能不高不低，也可能偏高。"

其实我也经历过很多这样的情况。当我自己还在经营化工厂的时候，也经常遇到这样的业务员，打电话过来急匆匆地问价格。于是我问："你要的含量是多少啊？要不要加防结块剂呀？发气量是多少啊？"对方一概不知。我算是有耐心，我会给他讲我的产品分为哪几类，有什么特点，是什么价格，甚至教他如何报价。我基本上判断他并不是做这个产品的专业人员，所以他这个订单基本上谈不下来，最后证明我是对的。

当然也有一些非常勤快、非常爱学习的业务员，会不断地打电话给我询问一些产品细节，告诉我一些客户的疑问。我还是很愿意和这种业务员沟通的，认真、有冲劲、有希望，我愿意帮助他们。

所以对产品的不专业是一个大忌，不仅难以搞定客户（因为专业的采购商都非常挑剔，除了挑价格、付款方式，还要挑企业的专业度），甚至难以搞定工厂。工厂每天都会接到很多贸易公司的业务员的询价，甚至很多业务员都在为同一个询盘询价。如果你不专业，就无法和工厂顺畅地沟通，也就无法获得好的条件。

有一位同事，和某国家的客户拉锯了好长时间，仅仅是因为某一个点的疑问。工厂老板非常热心，于是打电话过来询问订单进度，同事把客户的疑问点告诉了老板。意外的是，工厂老板仅仅用两句话就把问题解决了，同事转达给客户，订单顺利拿下。所以我在给同事讲课的时候讲再多都没有用，他们可能真的很难体会到专业的作用，但是一次实战就能说明所有问题，他们再也不会怀疑。

和工厂相比，贸易公司有很明显的短板，即对产品不了解，但是绝对不是说贸易公司无法做到专业。

做贸易要具备两种能力，第一要能锁定工厂，第二要能搞定客户。

当然这与策略有关系，有些公司是先谈订单，跟工厂根本没有深入沟通，有了订单之后再找工厂，他们认为这样做会比较简单。但这样做忽略了一件非常重要的事情，能否拿到订单，很大程度上取决于工厂是否支持你。如同前面的例子，当某一位客户发了很多询盘，分别到达了不同的贸易公司，于是一天之内工厂收到了很多贸易公司的询价，工厂为什么会支持你呢？你是比较专业呢，还是给他的印象比较深刻呢，还是私交相对较好呢？

而我的做法是当确定了要做这个产品的时候就把所有生产这个产品的工厂全部跑一遍，然后根据老板的性格来确定谁可以成为我的同盟。同盟是什么意思？就是在我没有订单的时候，他也会大力地支持我。

说句实话，当经营贸易公司的时间长了，你就会发现，当你的订单充足的时候，几乎所有的工厂都会是你的好哥们儿、好伙伴，当你的订单减少，甚至没有订单的时候，大部分的哥们儿都会不再重视你，无可厚非，这是商业规律。我深知此点，所以我绝对不会在有了订单之后才去跑工厂，因为那个时候，你很难看清对方会不会成为你的同盟。

很多人会问："你都没有订单，他为什么会支持你呢？"我来告诉你。

（1）我选择的工厂的规模都不是很大，所以我会直接跟老板沟通，因为一方面老板有决策权，另一方面大部分老板都是白手起家，喜欢勤奋的人。而我正是一个勤奋的人，无论严寒酷暑、刮风下雨，我都会跑到工厂去学习，然后不断地向老板请教，告诉他每一个订单中的疑问，寻求解决方案。那家工厂在海边，冬天风很大，甚至工厂老板都告诉我，不要来工厂了。但是我还是会按照我的既定计划——每个月在工厂学习至少三天——去工厂，吃住在工厂。我记得特别清楚，有一年风特别大，一天早上，我发现宿舍门口的成品仓库不见了，居然是被风吹倒了（豆腐渣工程）！于是我和工人一起收拾，工厂老板也参与进来了。你觉得这样的状态，老板会不喜欢？经营机械产品那会儿，不论什么天气，我都会带着同事去工厂学习，比工厂内部的销售人员都勤奋，工厂老板会不喜欢？

不要总是打电话，提各种要求，要和工厂老板多见见面，多交交心，工厂老板自然会支持你。

（2）让自己变得专业起来。如果你连产品学习都不舍得花时间，工厂老板怎么能够相信你在以后会给他送来订单呢？这种心态决定了工厂不愿意配合你。

如何变得专业呢？建议多用谷歌搜索中英文资料，增加知识积累。产品学习还有很多渠道，例如QQ群、Facebook的小组、领英的群组，从中可以找到许多专业人士写的文章等资料。如果你的产品可以直接面对终端销售，还可以去看看淘宝、亚马逊、eBay等销售端的产品介绍。如果你的产品有规模化市场，例如服装市场、钢材市场等，可以去市场看看别人是怎么样销售的。

方法还有很多，只要你愿意下功夫。

（3）不能只问而不反馈。工厂老板比较讨厌有头无尾的人，打电话的时候很着急，要最低价，问了价格就没消息了，结果若干时间之后，突然又打电话来问价格。做好反馈，会给工厂留下可靠的印象，并且反馈问题时可能会获得工厂的帮助，例如前面的例子，工厂老板两句话就能解答客户疑惑。

Part 5

传承、发展非常关键

传承是社会进步的根本原因，伟人们把纷繁复杂的现象抽丝剥茧，变成了知识，然后后世不断验证，去伪存真，所以一代更比一代强，一代更比一代眼界广。

因此传承、发展非常关键。

企业是不是也应该这样？

企业初创时，缺资金，缺经验，缺体系，甚至对自己选择的产品都未必了解得很深入，更不要说客户的需求和市场的特性了，这个时候可谓举步维艰。这是绝大部分人创业阶段所面临的问题，需要付出的太多，却未必有收获。

但是，很多公司还是存活下来了。原因很多，运气可能是很重要的方面，但是完全靠运气而成功的人是绝对不可能存在的，看起来一无是处的成功创业者也一定在某些方面有突出的特点，例如真诚、胆大或执着。

创业阶段过了，就要进入守业阶段。这个时候，很多公司都会选择扩大规模。理论上来讲，既然这个公司有了一群成功的人，有了成功的经验和模式，甚至可能有了成功的体系，新人进来之后起点应该比之前的人高才对，毕竟是站在了巨人的肩膀上——就算不是巨人，也不是零起点啊——可是事实呢？

新人进来之后依旧太多问题不会回答，虽然这些问题老员工已经在邮件中、电话中、展会上回答过无数次；新人不知道怎么样了解产品，跑到车间，不知道如何下手学习，虽然老人们已经对产品介绍倒背如流；新人发邮件要自己研究，回邮件要自己琢磨，对某些国家的客户完全不了解，虽然老员工已经对这个国家的客户极其了解。

没有传承，哪来提升？

对整个社会的发展，我们似乎很难做些什么。可是作为普通员工，我们可以利用总结、标准化、模拟训练、实战、革新、完善这个流程，把以前的经验变成进步的台阶，支撑我们更快地发展；而作为公司，更应该利用总结、标准化、模拟训练、革新、完善这个流程，将经验积累转化为公司发展的内部动力，让新员工能够站在前人的肩膀上，迅速提升，创造价值。这样的公司才能做大，做强，做长久。也只有这样，你才会发现，你在制订招聘标准时，对能力和技巧的要求可以慢慢降低，因为你可以凭借公司传承的经验让新人迅速上手，只要他们肯干，态度端正，就足够。

第五节　如何提升业务员的业务水平

Part 1　不要再"喂养"业务员

"喂养"这个词很不好听，当然，如果是我们被客户"喂养"，那是皆大欢喜，可是一个"被"字，却道出了现状。

JAC/外贸故事

从 2015 年开始，我们公司开始转型，放弃了那些带给我们一亿多元产值的传统产品，转而主攻那些款式新、质量要求高，但是量小的产品。谁都想要好看的销售额，可是表面风光的背后是无尽的痛苦，这些痛苦只有身在其中才能体会。

款式的雷同带来的是无底线的价格战。有个产品刚刚上市的时候可以卖到 179 美金一套。因为市场火爆，整个行业都在做这一款，于是价格开始接近成本，市面上甚至突然出现了 69 美金的价格，就算是把所有的成本压到最低也做不到，一定是偷工减料。客户其实也深知这一点，专程过来，教我们如何降低成本。他摊着手，一脸无奈地说："怎么办呢？这是最火的一款产品，大家都在卖，这就是流量入口，怎么能轻易放弃？"工厂只做这一款产品，每年就有干不完的活，大量的工厂也只做这一款。最关键的问题是虽然在合同里写了"按照客户的要求进行调整，出现问题，供方概不负责"，可惜没用，难不成这个客户你真不要了？既然想要客户，只能退货、赔钱。

但是我一咬牙，不做这款产品了，从零开始我都不怕。真不怕？怎么可能。落差太大，团队习惯了等着就能来的订单，订单突然没了，同事有点慌了，可是又能怎样？自己选择的路，咬着牙也要走下去。

朋友说："不要放弃得那么彻底嘛，可以边做老订单，边改革啊。"

我说："你还是不明白什么叫作焦头烂额，业绩越高，越恐怖！"

其实，好客户不是没有，因为原来没有那么多时间去谈，去研究，选择的工厂常年做那一两种产品，新品也很难做到合格。

这种情况又持续了很久，也花了两年时间为转型买单。好在舍弃了雷同产品之后，我就慢慢有充足的时间寻找更好的工厂，局面也就渐渐打开了。

JAC/外贸故事

利贸咨询还辅导了一家贸易公司，他们有一家几乎包下来的工厂在广东。工厂是老爷子创立的，给什么做什么，没设计能力，也没研发能力。老爷子年龄大了，这样也难免。2015 年，老爷子退休，26 岁的儿子接班。儿子接班的时候来了一个电话说："您让我做什么，我就做什么，放心，我全力配合。"这是表忠心。

"你得自己开发一些产品啊，我这边的开发能力有限，新品推出太慢，老客户有减少的趋势。"

"那多麻烦，新品您找别人做吧，我就做那些我做习惯的，这样挺好。"

曾有一位老板说过这样一句话："我只是接不到高质量的订单，接得到的话，我也做得了啊。"这是一句笑话。照葫芦画瓢谁都能画出来，但是你考虑过质量、次品率和消耗吗？

这还只是接高质量订单，主动地推新产品呢？没有设计、研发能力，拿什么推呢？只能跟随别人，跟随别人就没有主动权，就只能等着被"喂养"，就容易被替代。

这样的公司环境，会培养出一批什么样的外贸业务员呢？就像是动物园中的老虎，如果不给它吃任何的活物，它的野性会慢慢退化，大部分时候会温顺得像一只大猫。所以20世纪80年代，世界动物保护协会呼吁各国动物园饲养老虎的时候，一定要模仿野生环境，以保护它们的天性。

如果你公司中的业务员变得温顺，没有斗志，甘于现状，不要去责怪他们，因为大部分情况下，你在被客户"喂养"，而业务员是在被客户和你"喂养"：客户的定期订单又来了，款式没怎么变，价格变化不大，付款方式还是约好的，我只想做这样的轻松业务；客户来个新品，打个样，搞得乱七八糟，反正工厂也做不了什么好东西，我就不费劲了；每天处理询盘时，都怀着"当一天和尚撞一天钟"的心态。

企业与企业间的差距就是这样产生的：有的老板已经意识到了问题，并且不断地试验，找到了解决方法；有的老板刚刚觉醒，正在寻找方案，寻找出路；而更多的老板还在被"喂养"，虽然不好受，但是毕竟还有饭吃，不至于穷途末路。

在中小企业中，老板的思维就是企业发展的天花板。老板不变，谁都没办法。要变，就要从两个方面着手：对内，完善管理，完善机制，激发活力；对外，关注客户，关注市场，求变创新。

Part 2

告诉你的业务员，不要这样参展

我去过很多次广交会，几乎每次都是从B区进，穿过长长的走廊，进入C区，一天下来体力消耗极大，一步都不想挪。

2017年我又参加了广交会，但这次和以前有一个不同。以前纯粹是为了自己公司的外国客户而来，而这一次，同事去见采购商，打"游击战"，拉客户，我则要去辅导的企业的展位那里指导他们谈客户，这是利贸的服务内容之一。

每次参加展会我都会在展馆里不停地转，看客户表现，看参展商表现，看有哪些有意思的现象。广交会就是一台大戏，大家都是演员，每天上演着喜剧、悲剧、闹剧。

晚上我回到酒店，和同事讨论一天的所见所闻，都很感叹，是不是大家都对展会失望了？大多数参展业务员依旧在等，估计绝大多数人都认为，有需求的客户一定会主动来找我们的，如果客户没有需求，我们主动出击也没用。

第一个场景：某馆，一个很大规模的展位内有三名女士。有两名客户，在她们的展位内停留了超过五分钟，客户从进去到离开，一直在看各种产品，拍照，记录，三名女士则一直在低头吃盒饭，完全当那两位客户不存在。的确，当时是午餐时间，填饱肚子很重要，但是必须要三个人一起吃吗？不能有人值班吗？我真的有冲过去帮她们接待客户的冲动。

第二个场景：同事打"游击战"的时候，来到一个同行的展位，发现了一个很奇怪的场景，一位客户坐在其中一张桌子上，参展商的两个业务员在另外一张桌子上看画册、聊天。同事也真的是大胆，走进了他们的展位，和客户聊了几句，确认对方是有确切需求的，就带他出了展位，找了一个咖啡厅坐下，深入地探讨了一下合作。听到这段话，我简直不敢相信，怎么可能会有这种事情发生呢？可是，却是现实。

第三个场景：发生在我们辅导的企业的展位内，他们的模式非常的简单直接，客户进来，选中一个产品，直接问："这个产品价格是多少？"业务员报价后象征性地问几个问题，然后客户说："好的，谢谢，我们考虑一下，回头跟你联系。"

我问业务员："为什么不多和客户聊一下，问一下他的需求，交流一下感情？"他们的回答是认为客户根本不愿意聊。

我示范给他们看，我自己来拉客户，问客户问题，如果客户问产品，就叫上业务员过来回答。跟以前一样，他们回答完客户的问题后，基本上就没有什么话可讲了，只有我在跟客户密切地互动。客户拿到了业务员的名片，但是很明显，客户并不想跟他联系，直接问我："你担任什么职位？你的名片在哪？以后我是跟你沟通，还是跟谁？"

差别立现，他们缺什么？缺勇气，缺思考。

要拿下一个客户需要获取哪些重要信息，他们其实都很清楚，但是客户不回答，他们就不再问下去。而我会一直问，换各种方式问，因为有些问题很重要，必须要知道。

第四个场景：我们辅导的企业对面的展位有三名业务员，大多数时间都是坐着聊天，甚至有一个人会背对着走道。那么多客户走来走去，在上一家聊了很长时间的客户，到了他们的门口，他们居然也毫无反应。客户在门口看了一下，发现这种情况，很快就离开了。

下一家的老板在，而且老板的英文应该不是很好，但是他一直站着招揽客户，常说的单词就是"hello"（你好），几个客户都微笑着走入了他的展位，再由业务员来接待。

第五个场景：某位客户在某个展位一直看，而业务员一直站在离他两米的地方微笑，客户看了多久，他就微笑着看客户看了多久。客户看完了，要离开了，点头向他示意，他居然用一句"Have a nice day"（祝你愉快）就把客户送走了。这个人我认识，他美其名曰：客户不喜欢被打扰，要让客户自己看，看到了感兴趣的，自然会找上来。但是万一看不到感兴趣的呢？万一客户有很多疑问，却感觉你并不想解答呢？你要改变，不要太黏着客户，但是也不能完全不管客户。看到客户在仔细地看，就要拿着样品册上去说："这个样品册上的产品可能会更全一些，要不您进来坐一下，喝一杯咖啡，我给您稍微地介绍一下。"

和我一起参加过展会的人都会说："JAC，你好牛！什么时候我们能达到你的水平？"

我会这样告诉他们："其实我根本不牛，只是因为我愿意去做，做就可能会出错，但是我会总结，尽量尝试不同的方法，所以我在进步。"

其实只要大家愿意去做，就会发现，我们要做的都是外贸的最基本的工作：向客户传达一定要进我们的展位的原因，要花时间跟我们谈的原因，要从我们这买的原因。

Part 3

诸位老板，你真的以为你的业务员是神仙吗

在很多公司里面，老板会说因为业务员能力不行所以订单少，业务员会说因为老板给的价格和条件不行所以没有订单。这个问题因为双方的立

场不同而无法取得共识，因为证据真的不好收集，谁也不能完全说服谁。

老板可以利用自己手里的权力压制这种争议，但是如果这种压制的结果是使业务员手里没有订单，没有业绩，没有收入，业务员也会毫不犹豫地离开。

利贸咨询在日常的服务中经常面临这种争端，不论是老板还是业务员，都希望我们能够比较公正地向大家阐述我们的观点。因为其实我们对客户的行业了解并不是那么深入，所以在一开始很难给出建设性建议，但是随着案例分析的逐步深入，我们能够分析出大部分订单丢失主要是因为业务员的能力不够，还是因为公司的条件不好。这个时候，我们就需要向相关人员提建议了。

在大部分的案例中，业务员能力不够绝对是丢失客户的重要原因，但是很多时候，公司的配套条件不够好，也让巧妇难为无米之炊。

没有老板不想拿下订单，所以他们定交易条件的时候还是有一定依据的，但是问题却往往出现在这个依据上。很多老板的依据居然是若干年以前的市场状况，完全忽视了这几年中国供应商市场的变化，更完全忽视了存量市场时代下，挖别人墙脚需要付出代价的现实。

实话实说，如果公司不提供好的条件作为辅助，业务员的工作也就是碰客户。

很多老板不断地向自己的业务员强调：我们做的是高端产品，所以定价高。但是高端要有一定的卖点作为支撑，要么是生产管理体系特别完善，要么是生产设备特别先进，要么是售后服务比别人更好。

这样的公司，利贸会建议他们按照我们的要求制作七大体系文件，把他们跟其他所谓的低端供应商的区别一条一条地列举出来，并且配上图片或者视频。

当然，这些工作绝对是以老板为主导的，因为一些业务员可能真的理解不了所谓高端产品有哪些卖点。

最可怕的是这样的公司，老板都找不出自己的产品、公司或者服务比其他的供应商优秀在什么地方，产品发出去还会有大量的客诉。这种公司中的业务员都是频繁流动的。

发邮件客户不回复，我们可以用即时沟通工具，如果客户还不回复，我们可以用电话，但是沟通来沟通去，没有致命诱惑，客户还是不会下订单。要知道，在存量市场状况下，客户有老供应商，没有一定的诱惑，谁会选择换供应商呢？

我一直在倡导业务员要专业＋职业＋商业，这能让我们跟同行比起来，更容易被客户认可；我倡导采用JAC议论文谈判法、三品策略等，这些方法可以一定程度上说服客户接受我们略高的价格；我还写了很多跟进客户、谈客户的策略，让我们不至于面对僵局时完全无能为力。但是有一点我必须承认，这些所谓的方法或者策略都是在价格、质量、付款条件差距不大的情况下才能产生效果。我没有任何方法可以把不合格的产品卖出去，或者把没有任何特色的产品卖出不合理的高价，那不属于销售的范畴，而是变戏法。

外贸供应链上前端的客户，他们对市场极其了解，从业时间甚至超过了很多外贸业务员的年龄，什么策略对他们都无效。如果公司的主营方向是拿下这种客户，就要拿出极具诱惑力的价格和极具竞争力的付款方式。如果不能拿出，就不如将主营方向转为拿下供应链后端的客户。

面对很有意向、很有实力的客户，谈判却进入了僵局，这个时候，话术已经不能解决问题了，要拿出更有诱惑力的条件才可以，例如免费样品。每个公司都应该有用于采购免费样品的预算，对于采购量比较大或者在行业里有影响力的客户，在对方还有一点了解我们的兴趣时，就毫不犹豫地使用免费样品策略。

当然，最好可以在客户所在的国家安排一场展会，做一些地推，真正面对面地跟客户进行谈判。

但是投入太大，没产出怎么办？世界上没有百分之百赚钱的生意，路都是摸着石头走出来的。要么进行销售渠道创新，要么改变客户定位，要么对产品实行革命性变革，要么给出有诱惑力的价格或付款方式，要么有极其强大的内部标准化文件，不然就只能等业务员慢慢碰客户了。

Part 4

SNS 很重要，但是千万不要外包

看得出来，现在的 SNS 营销是个热点。我在各地讲课，都会被问："老

师，您怎么看待SNS呢？"这是一个好事，说明大家开始关注"新兴"的营销途径了，但是请注意，我说的新兴是打着引号的，因为实际上这根本不是新兴的途径。十年前我就已经开始使用SNS进行营销，后来和很多朋友沟通，发现他们也已经涉足了。这怎么能算是新兴呢？

在大部分人眼里，新兴就意味着大家都在干，但是我的想法正好相反，大家都去做的时候，机会就少了。营销是有红利期的，大家一窝蜂地围上来的时候，也就是红利期消失的时候。

还有一种错误认识就是把SNS当成救世主，似乎SNS就是中国外贸的新希望，有的老板甚至说："我可不可以不做SEM、SEO之类的营销了？因为那些都过时了，我只做SNS营销如何？"

SNS的确是一种重要的营销方式，但是对于绝大部分的产品和公司来说，不可能独当一面，它与其他的营销方式之间明显是"叠加"而不是"排除"的关系。既要做SNS营销，也要坚持做其他方式的营销，不要因为没有人炒作了、不热闹了就放弃，营销绝对不是凑热闹。

在SNS上一直发广告，一定能带来询盘，尤其是Facebook的企业版和领英的企业版，发一些广告也很正常。但是细心的人会发现，企业账号的关注者大多来自个人账号导入，按照Facebook和领英的初衷来说，他们并不希望个人版也广告泛滥。所以我们在吸引关注的时候，就要注意方式方法，一方面要符合Facebook或者领英倡导的方向，另一方面也要让受众喜欢。

结论就很明显了，做SNS营销绝对不能让广告泛滥，而是要有内容，不管是文字、图片还是视频，都要有用，有趣味性、知识性、前瞻性或指导性。这样的内容才能显示出我们的专业和用心，也会让我们的潜在客户喜欢。

我们辅导的企业的数据说明了问题。一开始他们一直发广告，无策略地加好友，但几乎没有人愿意通过他们的好友申请。在利贸的建议下，他们改变了策略，开始发产品信息、行业资讯等文章，好友申请的通过率开始提升，坚持了一个多月，好友申请的通过率提升到了40%，而且客户会主动留言。

从这个思路延伸出去，要运营好SNS必须具备以下条件：

（1）了解产品关键词，不然都没法搜索资料；

（2）了解客户对产品的关注点，这样找到的文章才能让客户感兴趣；

（3）要保持对客户动态的敏锐度，因为客户的一条留言可能就是一个机会；

（4）看到客户留言，要立马去研究客户，用最快的时间掌握客户需求，并且寻求对话的机会；

（5）要懂沟通和谈判，因为不能让机会流失。

阿里巴巴和中国制造网上的店铺都是可以托管的，因为这两个平台的营销和销售是分开的，也就是托管方只需要负责优化企业提供的内容，获取好的排名，任务就完成，询盘进来，业务员自然会处理。托管方只是把内容的形式和排版改变，而不是内容的创造者。

而 SNS 营销，要求操作者对产品非常了解，每一个点都要很精通，能够根据对客户心理的揣摩，创造内容，而且要关注客户的留言，善于分析留言者的身份、地位，再进行及时的沟通。托管方是做不到这些点的。

当然，托管需求之所以出现，自然有其原因：有人在炒作，夸大 SNS 营销的作用。首先要说明，我是很推崇 SNS 营销的，我也写了很多关于 SNS 营销的文章，也从中受益良多。但是有人在夸大其作用的同时，再通过营销塑造其神秘性和复杂性，让企业有心而无力。这是营销一贯的套路：告诉你这个事情很重要，吊起你的胃口，然后再告诉你这件事情你自己做不了。

我做咨询管理，也做营销，但是我的套路如下：我会告诉你这件事情很重要，而且我还会告诉你应该怎么做，让你照着做。但是你会发现，方法虽然很好，要跟自己的企业、产品结合，却困难重重，需要耗费太多时间，于是很多企业就会想，不如花点钱节省时间。

但是，SNS 营销是一个长期的工作，就是要耗费时间，你找谁去培训、去学习，都要耗费时间，所以心理准备要做好。

Part 5

老板一定要让业务员弄明白这三点

什么人在买？为什么会买？为什么一定要找我们买？这三个问题极其

重要，是销售的基本问题，当然也可以说是销售要解决的核心问题。仔细分析之后你就会发现，销售无非就是解决这三个问题。

因此我们要把这三个问题拆分，让这种思路明确化、标准化，可以真正地在实际的外贸工作中运用。

一、什么人在买

经常有人问我："JAC 老师，我想发开发信，请问我应该在谷歌搜索什么词来找客户呢？"问这个问题的人，是典型的不知道什么人在买的人。

无论你销售什么产品，第一件事就是列出买家，注意，这个地方是穷举，而且要具体，具体到某一个产品。例如某种面料是什么人在买，只列出服装工厂远远不够。我们要细分出每一种衣服的类型，例如泳衣、内衣、衬衣、登山服、保暖衣等，每一种用途都要列出来，不可漏掉，再根据不同的类型列出所有买家。某种化工产品的用途很明白，可以使用在不饱和树脂的加工过程中，但是不饱和树脂不是具体的产品，我们的工作就是要找出这些不饱和树脂到底包括哪些，再依此确定会有哪些买家。

二、为什么会买

这个问题实际是在问客户买某种产品的目的。

同一个产品可能会有不同的用途，而不同的用途对于产品的要求可能就会有差异，这些也都是我们要了解清楚的。例如我们的某一种化工产品，可以用来做 H 发泡剂，也可以用来做兽药、炸药。用来做 H 发泡剂时，产品颗粒要均匀，纯度只要 93% 就可以；用来做兽药时，颗粒要细，纯度要高，尤其是重金属含量要少；而用来做炸药时，颗粒要更细，纯度要更高，最好是 95% 以上。

产品的这些性质在谈判中一定会涉及，如果不能够根据客户的用途提供具有相应特性的产品，客户就能判断出我们根本不专业。

我们根据第一个问题列出了产品所有的用途，第二个问题则是对应着上面的用途，把具体的要求、细节全部列出来。

三、为什么一定要找我们买

很多人根本没有想过这个问题，否则怎么会有下面这些幼稚的想法：

"展会上拉客户没有用，因为如果他们有需求，自然会进来，没有需求的话，拉了也没有用。"

"跟进客户有用吗？如果客户没有需求，跟进也是浪费时间，有需求的话，自然会找我的。"

网络空前发达的今天，信息泛滥，客户不费任何力气就能找到一大堆供应商，当然，其中还有一部分是搅局者。我们想获胜，一定要具备获胜之道。

下面的这个问题你一定想过：我们是靠什么征服了我们的新客户呢？

新客户，对我们的产品没有实际体验，跟我们的公司没有实质接触，对我们的服务更是一无所知，他是如何做出决定，购买我的产品呢？要知道，这个客户可能需要付 30% 的定金甚至 100% 的货款给一个远隔万水千山、从未谋面而只通过若干封邮件的陌生人，他如何敢做呢？

业务员的综合素质至关重要，产品不会说话，公司的服务不会说话，业务员才是它们的嘴巴。客户会通过对一个业务员的分析，结合网上的一些营销细节，来判断这家公司是否专业，服务是否可靠。所以太多的事实证明，一个专业、职业、商业、有服务精神的业务员会让一个小企业获取大量客户和订单，慢慢做大；而不专业、不职业、不商业、服务精神差的业务员待在再好的公司也获取不了订单。

个人能力、态度的差距，造成了业绩的巨大差距，哪怕在同一个公司，以同样的条件卖同样的产品，业绩还是会有显著差别，你真的以为这是因为运气吗？

你的目标客户为什么不换供应商？客户的老供应商比你好在哪？这估计是绝大多数外贸人都感兴趣的问题，因为存量市场条件下，挖墙脚是主要的贸易模式，我挖你的，你挖我的，挖来挖去，斗来斗去，最高兴的还是客户。当然，其实客户也并不是非常高兴，他们冒着极大的风险，选择了某一家供应商，或许他们幸运，选对了，这家供应商的产品不错，服务不错，要突然换掉？有点难啊，信任基础在这里呢。

因此针对上面的问题，我的答案如下。

（一）产品质量，服务水平

买家对一直在合作的老供应商的产品有着直观的了解，买家各个环节的人员都对老供应商的产品很满意，怎么会随便换供应商？除非老供应商自毁长城，或者说新供应商也能直观地向买家展示自己的产品质量和服务水平。这就要求业务员了解产品，了解客户的需求，了解客户的市场，你能做到吗？

（二）沟通成本

客户给老供应商的指令有时候简单得让人吃惊："JAC，请在下个月5号之前为我准备两个小柜的×××产品。"我已经心领神会，赶紧做一个形式发票，上面注明价格、付款方式、货期、包装细节等。客户看后，签字，付定金或者开信用证，几个小时就搞定了。而新供应商呢？对客户的需求不了解，对客户的市场不了解，心中太多疑问，给客户制造了很多麻烦。客户沟通过几次之后果断放弃继续接触。你遇到了多少次这种状况呢？

提升沟通效率是抓住新客户的必要条件。懂产品、懂规矩、懂市场、服务意识强、能够获取客户需求，是一个业务员的基本素质。降低企业内部的沟通成本，也有助于我们和客户谈判，不能等着别人为我们创造各种条件，是哪个环节制约了我们的沟通，就搞定哪个环节。

业务员还应采用快速的沟通途径，例如不要过度依赖邮件，多采用即时沟通软件、电话，甚至面谈；更要采用效率高的沟通模式，例如采用JAC议论文谈判法，为客户提供解决方案，知道如何向客户高效发问。

（三）资金支持

客户跟老供应商之间的信任基础良好，经常互相提供资金支持，例如我困难的时候你先给我钱，你困难的时候我先给你货，互相帮忙，一起赚钱。新供应商呢？却有诸多要求，要求先付定金，或者不接受信用证等。

现金流是现在企业运营中至关重要的因素，很多客户宁愿为了获取远期付款方式而接受较高价格。当然，付款方式不是不能谈，但是毕竟卖家处于劣势地位，因为你不做，有人做，你的过人之处在哪？

企业应该充分利用相关信用机构的服务，只要资金流不存在很大问题，可以改变付款方式的时候就要改变。因为市场竞争白热化的标志不是价格战，而是付款方式之战。

（四）感情因素

人是感情动物，客户与老供应商之前多多少少都有一些情分在，所以只要采购负责人不换，老供应商的地位很难被撼动。我们作为"小三"，只能软磨硬泡了。

综上所述，客户之所以要找我们买，是因为我们专业，懂产品，懂客户需求，懂市场；因为我们具有职业、专业、商业、服务精神强等特点，乐于为客户提供周到的解决方案；因为我们懂得各种提高沟通效率的方法。

总而言之，外贸三件大事，极其枯燥，却又极其重要：

（1）产品知识学习与梳理；

（2）客户背景调查与分析；

（3）模拟训练巩固与提升。

Part 6
你要教会业务员做案例分析

很多人说："我会做案例分析，因为我们经常做。"但是经常做就是真的会做吗？

说明这个问题之前，我们首先要搞清楚一个问题：我们为什么要做案例分析？有人说是为了给客户"把脉"，找到"病症"，对症下药。你们做了那么多案例分析，真正拿下了几个客户呢？而且分析来分析去，每个业务员遇到障碍的地方、出问题的地方、犯错的地方似乎一直在重复。

利贸会把案例分析作为提升业务员水平的重要武器，是因为通过分析案例可以发现业务员身上存在的大部分问题，例如思维漏洞、逻辑误区等，在解决表面问题的同时，也解决深层次的问题。这样才不至于一而再再而三地犯错。也就是说案例分析绝对不是"救火"，而是防患于未然。

很多时候我们面对的案例都是"死"了的案例，例如没有任何背景调查，客户失联了；没有任何其他的联系方式，客户不回复邮件了；谈判不讲究策略，把客户谈跑了。遇到这些情况，我是真的不知道怎么办，就算是我强行给一个方法，也是教你碰客户。

既然无法解决，就要避免出现这些尴尬的问题，要充分利用案例分析的作用：找到工作中的不足，想办法修正这些不足，制订管理机制让大家形成习惯。因为绝大部分人都是一样的，你犯的大部分错误，实际上我也在犯。案例分析就是把我的错误放在你面前，把造成的后果也放在你面前，让你吸取教训。

如何做好案例分析呢？

案例分析分为两种，一种是临时性案例分析，一种是常规性案例分析。

临时性案例分析比较简单，就是大家常做的那一种，以解决眼前问题为主，往往是团队成员某些订单因为某些问题进行不下去了，或者某些谈判拿不准该采取什么样的策略，大家集思广益。这种分析要做透彻，第一要义就是客户背景调查表要填好，告知同事客户是什么身份、什么职位等。知己知彼才能有应对方略，不然就是浪费大家时间。当然，案例分析完了一定要写总结，要找规律，找共性，看一下这次分析的东西是否可以应用到以后的工作中。

常规性案例分析是要定期做的。

第一步，建立销售漏斗模型。

第二步，找流失，按照流失找客户，把与客户的往来记录例如邮件、电话记录、即时沟通软件记录等都翻出来，先进行自我分析，也就是为什么当时会这样写邮件、这样打电话。这个分析会让我们思维里的漏洞清晰地展现出来。

第三步，汇总所有同事的这个阶段的案例，进行分析。

第四步，每位同事都必须写出总结，分析自己的思维漏洞，拿出针对同类客户的处理方案。

第五步，复盘。每位同事都要学会分析自己的案例，甚至是别人的案例，这样才会形成正确的思维模式，避免重复犯错。

第六步，把分析过程标准化。

这个六步法是利贸在服务客户的过程中独创的，分享给大家。这样做可以保证案例分析真正有效，不会沦为走过场。

你学会了吗？

| 案例分享 | 发在朋友圈的一则求购信息 |

我在朋友圈发了一则求购信息，是同事给我的，她的客户要求她帮忙设计、打样，并且采购。非常感谢愿意帮忙的人，但是不得不说，在这个过程中，我还是发现了很多问题。

图4-6就是当时发的图，我发现大部分人都会问我一个问题："请问数量是多少？"

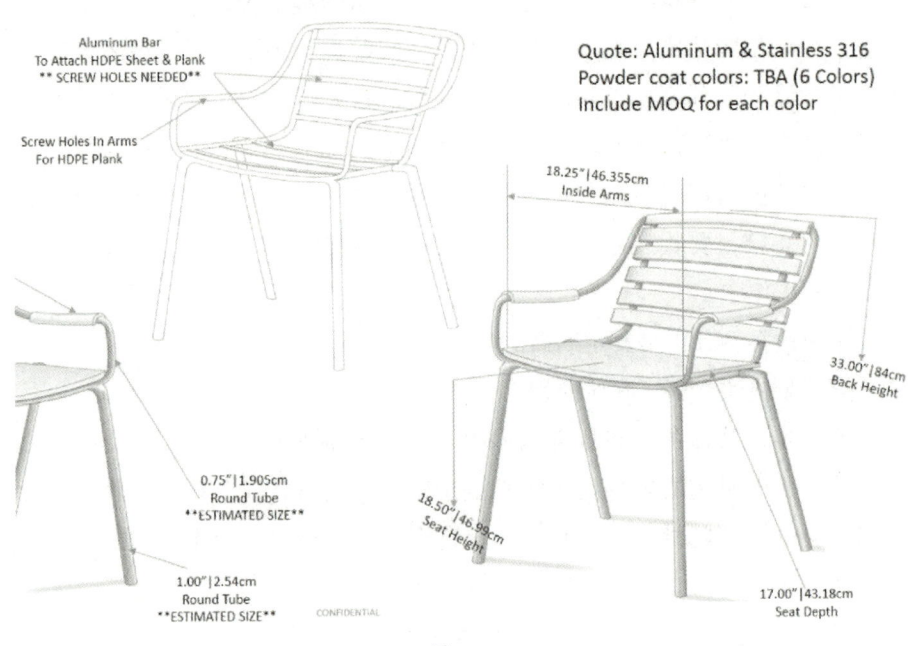

图4-6

但是大家都是做外贸的，英语应该不成问题，图中已经标明了"MOQ"（Minimum Order Quantity，最小订单量），那你来找我的时候不是应该直接告诉我你的MOQ是多少吗？这种沟通效率真的是低得可怕。

专业的卖家拿到这个则求购信息的时候会看清图片上的要求，所以绝对不会去问数量。

我们先来看一个专业的报价："我看到您朋友圈的那幅图了。这款产品我们做过，给您看看我们当时的照片（附上照片），模具都是有的，所以

MOQ 可以在 200 左右。如果按照 200 个的数量制作的话，价格是×××，如果要 500 个，价格是×××，含税，到上海港。当然，壁厚可选，细节我们可以再探讨。"

这个回复对于我这个被"数量是多少吗"的问题包围的人来说，简直是福音。你觉得，有他在，我还会找你吗？他给我提供了我想要的信息——针对 MOQ 的报价，还告诉我他们做过这个产品，提供了照片，有模具。这种优势几乎是压倒性的。

谈判的流程是：背景调查，传递价值，精准需求，匹配需求，交锋+成交。可惜，大部分人都搞反了，上来就想获取精准需求，凭什么呢？

如果只有你一个人供应，我可能还耐心地跟你聊一下，可惜供应商真的多得不得了，采购者哪有可能每个都进行回复呢？肯定是要进行选择的，如何选择？如果是你，你会怎么选择？这个似乎不需要用所谓的外贸经验来判断，生活经验就够用了吧。

当面对供应者提出的数量问题的时候，我会不自觉地怀疑以下几点。

（1）你并不想为我服务，不然我都写了根据"MOQ for each color"（每种颜色的最小订单量）报价，你怎么就是不报呢？（直接淘汰）

（2）有可能你做过类似产品，但是这个产品没做过，要根据我的订单量来确定值不值得做。（暂且留着，万一找不到更好的，再联系）

（3）做事无效率，沟通成本高。（直接淘汰）

（4）或者是新手，或者是不专业。（我的钱不是大风刮来的，我不会让你拿我当小白鼠，淘汰）

每一点都足以致命，如果不致命，也会让你变成劣等选择，也就是实在是没有选择了才会找你，你愿意这样吗？所以，那句话是对的："想到和得到之间还有一个做到。"可是你做到了吗？

这种现象绝对不是个例，利贸咨询在辅导的过程中深刻地体会到了这是通病、顽疾，在买方市场的现状下，拿着卖方市场的思维做事，病入膏肓啊！

针对这个案例，你会如何分析呢？

第五章
新形势下,业务员要改变

第一节　先从日常陋习改起

Part 1

做外贸，千万不能靠等和碰

不知道从什么时候开始，也不知道为什么，极其需要主动性和侵略性的外贸销售工作变成了现如今的样子。用两个字可以概括现在绝大多数外贸人的工作态度和工作状态：等、碰。等，等客户询盘，等客户回复，等客户提问，等客户主动提出成交；碰，用一份开发信模板碰正好有需求的客户，用一份回复模板碰正好急需的客户，用一份展会邀请模板碰"乱投医"的客户。

市场开发、客户开发，需要的基本素质就是主动性和沟通能力，而等和碰却正好是这些基本素质的反面。

等和碰都是恶疾，但是只等不碰，或者只碰不等都不是绝症。例如有些人从来不主动发开发信，只等着收询盘，但是他们对询盘非常重视，进行大量的分析后再有针对性地回复，展现自己的价值。这样的处理也能让客户青睐，获得回复，获得机会。看起来不错？不，有问题！

我们在辅导企业的过程中，见识过太多次业务谈判，"等"这个顽疾出现在几乎每一个环节中：大多数时候都是客户问，我们答，客户问完了，兴趣没了，就基本上聊不下去了。其实谈判除了客户问我们答，我们也要提问让客户答，但是大部分的销售员都是等着客户主动介绍一些情况，绝少数才会主动地问客户的需求细节。

每一个行业的外贸流程未必相同，例如有的行业的流程非常复杂，询盘、回复、探讨、设计、打样、讨价还价，每个流程都走完，才能最终成交。但是，绝大多数时候，客户主导着流程进度，这个看似没有什么问题，因为毕竟是买方市场，买方占据主导地位。我们在调研中发现，这个现象出现的最主要原因是我们的外贸业务员不敢主动推进流程。当我们教他们主动推进的时候，例如主动提出设计问题，如果已经过了设计阶段，主动提出给客户打样，如果火候够了主动提出签订单等，订单进度明显加快，而且成交量也明显上升。

当然还有些人并不会花时间在某一位客户身上，他们总是不停地寻找客户的联系方式，然后不断地去碰，以量取胜。这种模式已经被很多人甚至被某些公司证明是行得通的，很多SOHO不花一分钱做宣传，就是靠搜索客户、发送开发信起家。

存在即是合理，既然SOHO能靠这种模式做起来，公司能够存续，说明"碰"是可行的，难道这也是病？当然是，绝对是！

当大家都习惯了碰的时候，还会真心对待客户吗？要承认，靠碰也是会有成交的，因为有量在，总会碰到一两个"死老鼠"，就如同一个刚刚入职、不懂产品、不了解客户的新员工，莫名其妙地就签了一个某公司史上的最大订单。但是问题在于，习惯了大量发邮件，就算碰到了某些回应的客户，模板式回复又会造成大量的流失，遇到困难又会想着反正还有那么多的邮箱没去碰，丢了就丢了呗。

如果某一个人身上有这两种病，他基本上就被宣告无药可救了。想一下，只有等的想法，不会主动去拉客户，来了一个客户又不会重视，拿着模板去回复，没有量，又没有质，怎么能拿下订单呢？

Part 2

情理之中的拒绝或反感，不应成为你不作为的借口

善解人意，也就是非常懂得换位思考，应该是业务中的一项非常重要的技能，因为通过这项技能，我们可以获知客户的想法、疑虑，甚至需求。

熟练掌握这门技巧的表现为情商很高，说话好听，做事好看，让与之打交道的人感觉舒服。

可是我今天想说的是，并不是所有的"善解人意"都值得鼓励，因为很多看似善解人意的想法，实际上却是不作为的借口罢了。例如很多业务

员经常说："打电话不好吧，万一客户不方便呢？"

根据我们自己及利贸辅导的数十家企业统计的未成交客户画像来看，因为跟进不够紧密、不够坚持丢失的订单，远远多于因为跟进过于紧密而丢失的订单，比例大约是 9 比 1。

"我不能问这个问题，万一客户尴尬怎么办？"就是因为这个借口的存在，外贸里面才充斥了"我认为""我觉得""我感觉"。明明可以直接问客户的问题，非要自己猜，猜来猜去也猜不明白。"您能否告诉我，您还有哪些疑虑呢？""您能否告诉我，我们要如何做才能符合你们的合作伙伴的要求？""您能否告诉我，您为什么不选择我们而选择 A 呢？"开口问，哪怕只有 1% 的机会，也是希望，不问，主动讲的客户寥寥无几。况且，我的实践证明，大胆去问，获得的绝对不仅仅是 1% 的机会，我获得答案的概率在 50% 以上。

我们推崇的是那种明明已经看不到希望还要继续坚持一下的勇气和决心，很多时候，就是多坚持的这一下，让人生出现了极大的差别。

销售就是要面对拒绝，客户会因为不了解我们而拒绝，会因为受骚扰过多心情不好而拒绝，会因为怕麻烦不愿意更换供应商而拒绝，但是这种拒绝代表没有需求吗？这种拒绝意味着我们后续要做更多的说服工作。

我们推崇的是大胆向前，勇于承担责任，不断突破自己，不断挑战自己畏惧心的那种气概和豪情。

而更多的人，在做或者不做之间犹豫的时候，"善解人意"之情袭来，轻易退却，轻言放弃，当然，理由冠冕堂皇，美其名曰，为客户考虑。

这么善解人意，为客户考虑，为什么那么多人连稍微思考一下，分析一下，用心做一份可以打动客户的方案都不肯呢？网上的方法不够多吗？

这么善解人意，为客户考虑，为什么那么多人连客户那么关心的货期问题都搞不定呢？当我提倡要为客户明确货期的时候，绝大部分人都是用各种借口来声称自己无法做到。

这么善解人意，为客户考虑，为什么那么多人每天还要发一些毫无意义、毫无价值的邮件去骚扰客户呢？

每个人都有自己的心理舒适区。舒适区是由人们的心理状态和精神状态，人们固有的习惯、观念、行为方式、思维方式和心理定式共同作用形成。在这个区域里，人们常常感觉放松，不愿被打扰，有自己的节奏，有自己的做事方式，有自己的为人处世模式。但是，这种舒适大多数时候是短暂的。现实中有很多事会侵犯我们的心理舒适区，这个时候人的反应各不相同。绝大部分人受到侵犯会变得恐慌、焦虑，完全无所适从，这个时候找些借口来安慰自己是必需的，可以避免一直处于惶惶不可终日的状态。还有一些人受到侵犯会启动学习机制，分析为什么会出现这种状况，是因为我沉溺在舒适区太久而懒惰了，危机感降低了，保守了吗？我需要调整自己去适应变化吗？我调整之后的状态是自己想要的吗？两种情况均无对错，只是看你自己想要什么。

Part 3

别拿自己业务不精当借口

适当的阿Q精神可以让一个人的压力没有那么大，但是如果活在阿Q精神里面，最终结果也就会跟阿Q一样了。

外贸里面，有些东西是客观存在的，我们只能尽最大努力，却未必能有所收获；有些东西却是主观的，不管你是否愿意，也不管你是否有能力，如果你想在外贸行业里生存下去，就必须要做到。

我们可以把话说得重一些，外贸业务员之所以能被称为业务员是因为具有某些基本能力，没有这些基本能力，绝对不配做业务员！

我曾经写过跟进客户的一种方法，就是卖点的不断罗列和输出，然后就有人留言说："我连卖点都不知道，怎么跟进客户呢？"一个卖产品的业务员，怎么会不知道自己的产品有哪些卖点呢？一个卖产品的业务员，怎么还能理直气壮地说自己不了解产品，所以做不了这个做不了那个呢？

我还写过一篇文章，说做出某些决定需要基于对自己行业的了解，有人留言说："你的方法是有条件的——对行业了解，没有这个条件就没法实施这个方法，所以你说的方法是噱头！"我真的替他的老板着急，一个销售人员，对自己的行业不了解，不以为耻，不以为戒，反而把它当成了为自己的不作为开脱的借口。如果有不了解产品、不了解行业就能做好销售的方法和技巧，我也想学。

大家都喜欢速成的、现成的方法，最好不需要有任何的基础，就如同一个英语零基础的人，不想学任何一个英文字母和单词，却想把英文写好、说好一样。

虽然我在化工、机械、户外产品领域如鱼得水，但是你突然问我如何与电子行业的客户谈判，我也没有办法。我能做的是，针对这个客户的情况，给出几种方法，让你按照你自己对行业的了解、对客户的了解进行选择，进行博弈。没有人能够代替你来做决定。

当然很多时候问题会有共性，如果我能感觉到你的问题采用哪个方法成功率会更高，我就会强烈推荐你采用这种方法，当然，前提还是要把这些方法跟你的行业结合。我帮很多人解决了很多难题，都是靠这种敏锐度。

新员工有这些借口，可能是因为不了解，需要有人给他们点破；而老员工有这些借口往往是自尊心使然，你越点破，他们就越愤怒。想想吧，作为一名销售员，哪些事情是我们的分内事？想明白了这一点，我相信某些人会有极大的提升。

Part 4

在僵局中沉住气，不一定能取胜

在谈判里面有一种局面叫作僵局，这个僵局的存在是因为双方互不让步而造成的短暂对峙。听起来进入僵局似乎不是什么好事情，但是绝大部分的僵局却是人为制造的，因为僵局中心理素质差的一方更容易让步，甚至打破自己的底线。所以，我们经常会听到一句话："一定要沉得住气，坚持到底就是胜利！"针对这个观点，我就一句话："顽抗到底，死路一条！"

举个例子，我看上一套房子，非常喜欢，房主也想卖，但是要价800万元，我想砍价到770万元左右，房主不同意，我也不想加钱，于是双方进入僵持状态。在经典的谈判理论中，这个时候，双方谁沉得住气谁就占优势，所以双方开始僵持，谁着急谁就输了。但是实际上呢？随时会有一个新的买家加入进来，可能这个买家会更着急，直接接受了 800 万元的价格，双方成交，我输了；或者房产中介突然告诉我，同一个小区里面差不多的楼层有一套户型一模一样的房子，只要 750 万元，因为房价稍微低了一点，我可能会立马转向新选择，房东输了。

所以，谈判理论跟实际状况总会有差别，谈判理论为了让事情更纯粹，往往限定好买卖双方已经看对了眼，替代品或者替代方很难出现或者很晚出现。

所以说，敢于僵持的前提是对方看上了你，你暂时没有被替代的危险。

想想看，你有资格吗？

买方市场，这是现在绝大部分外贸行业面对的残酷现实。看看我们的平台上，供应商太多，产品严重同质化，而现在的大部分业务员又总是担心产品不比别人好，怎么能卖得掉这个问题。

现在大部分业务员的情况是，没询盘的时候等询盘，有了询盘草草处理，不愿意反复地学习产品知识、整理内容体系、积累素材，不做背景调查，不了解客户基本需求，不做模拟训练，技巧、表达生涩，不愿意多花时间为客户制订方案。

你没有价值，客户怎么会真正看上你，你又凭什么跟客户僵持呢？就如同感情里的冷战，之所以敢冷战是因为双方有感情基础，不会因为短暂的僵局而移情别恋，如果没有感情，你再试试呢？

有一个成语叫作夜长梦多，非常适合现在的外贸局面：客户看了我们的工厂，我们接待得不错，双方谈得似乎也很融洽，客户说很满意，回去商量好了给我们消息，结果一去无影踪；展会上，客户对我们很耐心，聊得很开心，客户说回去跟老板商量下单的事情，让我们放心，可是再无音讯；客户说："今天非常感谢你们的介绍，你们很专业，我明天会给你下订单。"为什么一定要明天，而不是今天呢？你不知道，一个晚上十几个小时，多少"第三者"乘虚而入了，或许生米已成炊，你再也没有机会也说不定。

面对僵局，我都是对症下药。如果是老客户，他对我很认可，我的货期从来不拖，质量从来不会不稳定，就算出现个别问题，一个电话立马解决,有我在,客户几乎没有做过任何单据,涨价提前通知,降价绝不含糊,招待绝不省钱,出现僵局,我有底气和他磨。

如果是特别关心质量的客户,而我通过七大体系、背景调查,提供了一个非常完美的方案(当然是自我感觉加上对客户的几分判断),出现僵局要适当地磨,去个电话哭哭穷,说说我们的难处,说说这个市场行情的混乱,再适当地"恐吓"一下客户。感受一下客户的态度,如果对方犹豫了,再磨,如果对方很坚决,赶紧收网。关心质量的客户就可以磨吗?不,关心质量不代表看重你!

如果是就看价格的客户,无论我们讲什么七大体系、市场需求、质量不合格会带来实际损失,他就是只看价格,磨?算了吧,干脆采用日式报价法,能做就做,不能做就算了。很多人担心,万一客户得寸进尺怎么办?得寸是可能的,进尺是不行的,因为我们的底线在哪我们很清楚,过界了就不能做,这是规矩。

我也不能明确地告诉你,哪类客户可以磨,哪类客户不可以磨。但是和客户相处的原则应该如下。

(1)针对一个客户采用什么样的谈判手段往往不是一开始就能定得非常清楚的。如果说真的有套路,套路就是不断地展现我们的价值,不断地了解客户,不断地提供完善的方案给客户。这样才能深入地了解客户,拿出精准的谈判方案。

(2)一切的起点都是我们的价值。每次说到这个话题,总会有人说自己的产品没优势、没特点、没亮点,不知道价值在哪。我始终还是那个观点,人才具有最大的价值。如果我们两个人卖同样的产品,我比你专业,比你职业,比你商业,比你更有服务精神,比你更真诚,订单就是我的,你信吗?

(3)沟通成本这个东西看不见、摸不着,但却是杀人利器。当客户给出目标价时,有的人明明可以做,但是总觉得直接接受不好,绕过来绕过去,结果客户被抢走,后悔莫及。没人喜欢跟沟通效率低的人打交道,时间成本也是一种重要成本。

我处理每一个客户的目标很明确,在一开始就让自己变得有资格,后面才可能有机会。

Part 5
致命思维

利贸咨询管理团队正式运营之后，深入接触的业务员数量急剧增加，对以前只看到的表面现象终于能够进行深层次的了解和剖析，一些原本难以理解的怪相也慢慢变得可以理解，原来都是思维在作怪。

很多老板或者外贸经理都曾经这样描述过自己的日常工作："我们就是打杂的，每天都有处理不完的各种问题，而且很多问题都讲过了，但有的人就是一问再问。"

这是怎么了？要知道外贸业务员这个群体应该是接受过高等教育，学习能力强、理解能力强的群体啊，怎么会这样？都是事不关己的思维在作怪。

例如，某大利贸辅导的某个公司的某位同事有客户来访，我们决定对这个公司全体同事进行一次接待客户的细节培训，结果我们发现一个很有意思的现象，只有要接待客户的那位同事最认真，互动最积极，而其他的同事则是兴趣索然。估计他们心里想的是："反正我又不来客户，我现在学这个干什么？等有客户来再说吧！"

问题来了，外贸真的是一项需要极强的实战动手能力的工作，不是说明天有什么事情，今天看一下资料就好了。大家真的是应付考试习惯了，以为画画知识点，考前背一下就能过关。

可惜，外贸真的不是考试，看了很多，懂得很多，但是如果不一遍遍地去实践、模拟训练，知识永远成不了自己的。养兵千日，用兵一时，这一时就是结果，我们要的就是结果。要想做好外贸，就要把每一个细节都抠出来，找出方法，然后一遍遍地模拟训练，形成最适合自己的套路，然后再上战场"杀敌"。

上面是第一种致命思维，这种思维也让利贸在项目推进过程中遇到很多困难，因为大家大部分时候都是不准备、不练习，出现问题再补救，但是所有的问题都能补救吗？

利贸团队的成员不是神仙，无法解决所有问题。利贸能做的是给出适合企业现状和产品的方法，通过机制推动模拟训练，提升实战能力，让订单水到渠成，而不是等事情搞砸了再补救。

我记得我很早以前就写过一篇文章，号召大家在邮件的底部加上一句话，以防止客户被骗，把钱打错账号，后来又多次强调，但是没有多少人真的用了。因为刀子不割到身上不知道疼，总觉得自己会是例外，不会被骗，抱着可笑又可怕的侥幸心理，出现问题才意识到大祸临头。可惜大错铸成，绝大部分时候无可挽回。

第二种致命思维是完全漠视理论。

我讨厌理论派，但是不代表理论完全无用，因为这么多年，我从一些经典理论中悟到了很多有效的方法。

很多理论是先辈们用了很多年总结出来的，只不过看起来华而不实，实际上都是有大用途的，所以多看一些关于经济模型、管理模型之类知识的读物是有实际的好处的。

第三种致命思维是业务员却有着跟单员思维。

电子商务在外贸中的运用造就了一批外贸企业，因为它降低了外贸企业的获客成本、沟通成本，可以说，电子商务是众多中小企业甚至SOHO能够在外贸中获得利润的关键因素。但是电子商务同时也带来了一些负面结果，最严重的当属让这个时代的外贸业务员变得不像是业务员，而是跟单员。

供大于求，而且是极度大于求的现状让这个市场的竞争变得惨烈，你不主动怎么会有订单？

Part 6

客户未必会为你的高品质商品买单

曾经在杭州听我讲过一次课的某位学员向我咨询一个问题，我认为这个问题很典型，有必要拿出来探讨一番：有一位大客户，是这位学员花了大量的时间才找到并联系上的，客户也回复他说可以考虑跟他合作，但是客户的目标价是51美金，因为客户一直在经营51美金的产品。他的产品是 65 美金，他很明确地知道，51 美金的那款产品是低档款，65 美金的产品是升级换代款。51 美金的他也能做，但是他更想让客户经营他们的新产品，该怎么说服客户？

其实，这里面有个思维误区：客户应该为高质量买单。

但是实际上，客户根本没必要买所谓的高质量的产品，因为低级的产品已经可以满足其基本需要，除非你的产品真的可以给客户带来实际的好处。

做外贸十多年，已经数百次听到客户说类似的话："你产品的质量好，我很高兴，但是我不会为你所谓的质量高多付一分钱，因为低质量的已经满足我的要求了。如果你不肯降价，我只能选择可以给我提供基础服务的供应商了。"

很多人认为那肯定都是低质量客户，但说这话的包括三星的全资子公司、LG 的某个分公司、泰国橡胶工业大王、巴基斯坦的第一大兵工厂等。

还有化工客户这样讲过："别以为你的含量高就好，我们的原材料配方都是已定的，我要因为你这一个原材料进行大规模的变动，整个体系都要改变。除非你真的可以给我带来极大的效益，不然，不好意思，我不需要。"

机械客户这样说过："你的机械是全自动的，所以贵，对吗？我们国家的人工很便宜，电费却很贵，我宁愿多用几个人。"

所以，开篇的问题答案很明确：客户已经经营 51 美金的产品很久了，面对的也是熟悉 51 美金产品的终端市场，他拿到了 51 美金的产品很容易就可以卖得出去，赚到钱。所以肯定要先满足他这个需求，切入进去。

当然，假设你没有 51 美金的产品，那就只能拼命地推荐 65 美金的产品了，这个时候，如何介绍就是关键了。你要能够说明白你的产品比 51 美金的好在哪里，可以带来什么实质性的改善，终端消费者是否会因为这些改善而买单。也就是我以前说的卖点要跟买家的切身利益相结合，不然就是毫无意义的说明书。

在销售里面有一个过度满足理论，也就是客户的需求本来是 1，卖家却拿 2 来满足客户，借此来获取高价，但是却没有弄清楚 2 是不是真的符合客户的需求。就如同前文里面讲的，我们企图用质量好来说服客户接受我们的高价，却往往都效果不佳，也大多是因为过度满足的存在。

因此，如果想把高价产品卖给客户，就要做得更加深入。我会把每一个卖点与客户的利益相结合，试图说明虽然我的价格看起来比同行高一点，但是在实际的使用过程中会给你省钱，或者会让你的产品质量更好、更畅销。

千万不要有轻易就可以让客户为高质量买单的想法，除非你真的为客户发现了更好的市场，或者给客户带来了更多的切身利益。

Part 7
破解外贸里有名的死循环

在编程中，一个靠自身控制无法终止的程序叫作死循环，英文为"endless loop"。外贸里面也有大量这样的死循环，当然有些循环或许是因为当事人自欺欺人而造成，举几个例子。

一、招聘和留人机制

很多公司就如同酒店，人来人往，都是过客。有句话叫作铁打的营盘流水的兵，人来人往本来是正常的，可是来一批走一批，都不长久，就不正常了。就算是在非常浮躁的行业、非常浮躁的地区，这也是不正常的。

人少了不需要留人机制，没有留人机制就留不住人，无限循环。

如今的应聘者跟以往的真的有很大的不同，机会多了，选择多了，自然会挑剔，尤其是某些产业聚集带，更换工作的成本接近于0，从这家出门，右转一百米就能重新上岗。

很多老板很可笑，觉得留不住人就是因为招聘的人不对，于是天天招聘，招聘来了又留不住。一个十几年的公司，结果最资深的业务员来公司的时间不超过一年。

二、不会打所以不敢打，不敢打所以不会打

打电话已经成为现在外贸业务中极其重要的沟通方式，开发新客户，不会打电话，绝对事倍功半。

有很多人有诸多借口支撑自己不需要打电话，例如我也想打啊，可是我不会，所以不敢啊。

我想说的是，就是因为不敢所以不打，不打所以不会，又是一个死循环。

打不破这个循环，就永远不可能在打电话方面有所突破，打电话方面不能突破，市场开拓之路就会艰难无比。这个结果我相信没有几个人可以接受。

为了打破这个死循环，利贸在为客户的服务中采用的方法是做出标准化文件后，让员工按照要求反复模拟训练，然后通过量化管理使员工形成工作习惯。

模拟训练，一方面可以巩固标准化的成果，让原本属于别人的经验慢慢变成自己的能力，另一方面可以让业务员在不断的模拟中找到自己欠缺的地方，及时弥补，避免到了实战中犯一些低级的错误。

三、销量与价格

这可能是很多贸易公司的心头病，想要把市场做好，需要有竞争力的价格作为支撑，而拿到有竞争力的价格则需要大销量作为支撑。尤其是很多刚刚起步的贸易公司，正是因为拿不到合理的价格而举步维艰。

2008年，我们公司准备经营一个新产品。全国有几十家工厂生产这个产品，我跑遍了全国的工厂，去了就和老板说："我现在没有订单，但是我拿出了全部资产来做这个产品，万事俱备，仅仅差一家愿意支持我的工厂。"闭门羹吃了一次又一次，终于让我找到了一家，当然也不是一开始就有多么低的价格。在项目启动的前三个月，我往这家工厂跑了十几次，就是为了让对方老板明确地感受到我要做好这个产品的决心，于是我拿到了低价。

当然，如果你真的找不到这样一家工厂，也有一些办法。死循环中的两个节点，必须突破一个才能从中解脱，例如主动放弃自己的利润，把价格压到最低，甚至直接拿着工厂报的价格去谈订单，等拿到足够多的订单再跟工厂慢慢谈，把价格压下来。很多公司都是这样起步的。

四、订单和认证

这是一个让万千外贸业务员苦恼的问题。某位客户说:"要我下订单,你们需要有×××证书。"老板说:"×××证书?没问题,让他先下订单。"无限循环,业务员身在其中,无法脱身。

不得不说,能否打破这个循环取决于老板的格局。

很多人会问我遇到这样的问题怎么办,我的答案都比较一致:我不是你老板,我说再多道理也没有用。

可是今天我想告诉某些老板,如果是一些通用证书,不仅仅是一位客户需要的,那么这个证书就是基础门槛,没有这个证书,你连这个门槛都过不去,谈何生意?

这个死循环打破最简单,全在老板一念之间。

死循环,会让一个人、一个公司原地踏步,甚至是退步。很多改革的本质就是打破循环,找到出路,可是绝大部分的公司都没有跨出这一步的勇气。

Part 8 不打电话,你怎么会知道这些问题

有一个问题我一直想不通,不发邮件就不是做外贸了吗?为什么一说联系客户就是发邮件、写邮件、回邮件呢?

业务员都苦恼:客户不回复开发信怎么办?报了价客户就不回复了怎么办?联系得很好的客户突然不回邮件了怎么办?于是就开始有各种文章教业务员如何写邮件。可是打个电话不行吗?我们的目的是发邮件,让客户回邮件吗?不是,是联系客户,谈业务,拿下订单。以此为终极目的,能够达到目的的所有途径、方法我们都得去研究,去尝试,去使用。

我们从2009年开始就在做国外的地推拜访,而每次到达客户处经常问的问题之一就是:"您一般喜欢看什么样的邮件呢?"听到这个问题,80%的客户的反应都是这样的:"邮件太多了,不可能每一封都读,重要的邮件

都已经分好了类，直接进入类别查看就好了。除非正好需要寻找供应商，否则我基本不看新的邮件，就算是看起来像是回复询盘的邮件，也是随便看一部分。"

都已经这样了，你还不改变吗？

电话怎么打？方法我可以写出来，但是打好电话最重要的因素却不是技巧，而是积极的态度和坚持下去的恒心。

第一步，列出打这通电话的目的。

目的是什么？大多数时候应该是因为客户不回复邮件，我们需要打个电话探探情况。例如在广交会上见了客户，按照客户的要求发了邮件了，可是客户却没有任何回复，需要打个电话；给客户发了样品，一直拿不到检测结果，或者拿到了样品合格的回馈，却再也没有进展，需要打个电话跟进一下；客户说要给我们下订单，结果就没有下文了，要打个电话去问问到底发生了什么。

第二步，列出实现这个目的的话术。

第三步，揣摩打电话时应用的语气。

第四步，记录客户反馈的内容。

第五步，写出下一步的跟进计划。记住，一定要写出来，形成文字，不要靠闷着头想。

按照这个步骤，打了电话，会得到客户的很多反馈。我们要做的是，把这些反馈记下来，仔细琢磨一下如何应对，然后再打，再琢磨，再打，直到解决问题。能力就是这样锻炼出来的。

以我们的经验，客户的反馈无非以下几种形式。

（1）"不好意思我很忙。"

我会这样应对："忙说明生意好，我们一定要找机会合作一下。我们是非常专业的制造商，可以给您提供各种支持。"

反正客户似乎现在也不想搭理我，我要把想说的说完，除非他挂我电话。很多业务员怕让客户烦，客户烦了顶多就是不理你，可是现在他理你了吗？

如果我确定对方需要我的产品，而且量还可以，我会直接提出发样品，或者发一些视频，或者提出拜访。这便是销售。

（2）"我没有收到你的邮件，能否重发一下？"

这个回复我们很难判断是真是假，也可能是一种托词。不要紧，我们可以回答："可以啊，我会重发，而且会在标题中注明我的名字。您一定要看，看完有任何问题请随时回复，我也会在明天上午打电话给您。"

我经常会跟客户这样说："我知道您有非常好的供应商，我并没有让您直接更换，只是寻求一个机会。如果您在样品、价格、付款方式等方面有要求，我会非常耐心地配合的。"

（3）"我对你们的产品不感兴趣。"

只要对方不挂电话，我会说："我会推荐其他的款式给您，我们在不断地研发新品。我相信您还是会继续从事这个行业吧？"

千万不要问："不感兴趣？是因为不做这个产品了吗？"如果客户回答"是的"，你怎么办？

当然，也可以回答："如果您想开发一些新品，也可以把理念告诉我们，我们有很强的设计能力和研发能力。"

并不是这些话一定能打动客户，只是要不断地试探，看看哪些话能够踩中客户的兴趣点。

（4）"我正在等其他部门的消息。"

客户说："我已经把你推荐的样品给了其他部门，一直还没有消息呢，有消息我会通知你。"针对这个答复可以说："非常感谢您的推荐！一般来说，您公司的决策流程是怎么样的？其他部门是在对产品进行检测吗？一般来说多久可以拿到消息呢？"

请注意，不是让你一口气问完，每一个问题都要给客户留下表达的时间。

还可以补充一句："如果您可以告诉我大概什么时候能拿到消息，我会很耐心地等的，就不需要经常打扰您了。"看对方的耐心，如果对方还有耐心，就问一下："你们最近一直在进口吗？有没有其他的机会合作呢？"

（5）"我正在等终端客户的信息。"

对付中间商可能就会简单一些，中间商就是为了赚钱，我们要让他赚钱。但是中间商没有任何决策权，所以逼他也没有用。我们可以表达我们想跟他一起开发市场的意愿，表达出双方的优势，我们是生产商，他有完善的渠道，可以强强联合。

还可以问一下他有没有目标客户要开拓，我们可以提供样品给他，全力支持他。

（6）"我英语很差。"

例如某些小语种国家的客户就会这样回答，这个问题靠打电话解决不了，只能发邮件了。

这些情况是我们从利贸辅导的企业业务员打电话得到的众多答复中总结出来的，只要想好应对的措施，就能把电话打好。

有什么可怕的呢？不打永远不会，不做永远不会进步。

Part 9
每项工作都必须落实到位

这些年我在博客和微信公众账号中发了很多我自己原创的关于外贸方法或者技巧的文章，例如产品学习七大体系、JAC外贸营销大法、JAC议论文谈判法等。这些方法都是我自己在外贸的实战中一点点总结出来的，先是有了一些初级模式，后来不断地实践、完善、改进、总结，形成公司内部的标准化文件，然后再进行抽象提升，成为可以在一定程度上跨越行业的通用技巧。

问题来了，不抽象提升，就没法扩散，但是抽象提升过的技巧，要能够落地，必须结合自己的产品、行业现状。这就是为什么网上分析技巧的文章众多，但是大部分的外贸人学过之后还是叫苦不迭的主要原因。

结合难，落地难，放弃尝试和努力却非常容易。

把我的方法落地的外贸人都已经取得了非常好的成绩，这其中就包括利贸辅导的企业。关于七大体系，我收到过如下反馈："我带客户去车间，看到一个场景就能自然而然地想起我们当时做的七大体系文件，于是就能非常顺畅而自然地给客户进行一些细节的讲解。客户一直在说我们非常专业，对我们非常满意。"这句话是我去给企业辅导的时候，他们的外贸经理告诉我的。一开始的时候，他们是有一点抵触七大体系的，一直在我们的

"压迫"下完成作业。现在整个公司的人都明白了，因为都在不同程度上受益了。

每一种方法我都可以举出大量的落地成功的例子。很多事情容易做，还有一些事情不容易做，但是应该做，到底要不要做，就看诸位了。

一、七大体系落地

制订七大体系文件是不可能仅仅依靠业务部的，因为涉及了太多环节，所以从公司层面操作是最好的。如果公司不愿意，那就看业务员的公关能力了。

把每一个体系都分成文字、图片、视频三个部分，第一步就是分类整理，将属于原材料范围的文字、图片、视频整合，属于生产流程范围的文字、图片、视频整合，以此类推。然后把每一个体系的逻辑理出来，例如原材料体系可以分为原材料采购标准和入库前检验两个部分，把整合好的材料对应着放进去，这是初稿。

初稿内容会很多，按此做出来的PPT会很冗长，而且不会有人愿意看，因此就要提炼要素。

做好PPT后，开始模拟训练。模拟训练的时候，要把相关部门的同事全部叫到会场，因为他们可以指出业务员的不足，告诉业务员哪些东西讲得太浅。这些建议都是帮业务员完善PPT的好素材。

我们一般建议在前半年每个月进行两次模拟训练，半年之后每个月进行一次模拟训练，做到无论时间多长都能有素材可说，才算是合格。

二、背景调查表落地

背景调查往往分为两个部分，第一部分是搜索，第二部分是沟通。

有些客户网络信息较多，很多资料我们都能搜得到，调查表就很容易落地；但是针对某些客户或者说更多的客户，通过网络能搜索到的信息非常少，有的几乎没有。该怎么办呢？那就要仰仗于沟通了。

凡事都是有套路的，在战场上，每一次冲锋、撤退，任何一个战术动作都有套路。那么这里的套路就是为背景调查表上的每一个项目设定好问题，每个项目可以设定几个问题，多多益善。和客户打电话或者利用即时沟通软件沟通的时候，可以根据定好的问题进行对话。注意，在邮件中，很多技巧都不好用，不要总是把注意力放在邮件上。

举例来讲，针对背景调查表上的婚姻状况这一栏，我们怎么问呢？直接问吗？当然不是，我们可以设定几个问题。

"周末或者节假日，您都怎么度过啊？"

我有很多客户直接就说了："陪老婆啊，周末反而更忙，要陪老婆打扫卫生，收拾花园……"

"好幸福啊，我都能想象到这个场景，有孩子吗？"

"还没有，想多享受一下二人世界。"

有的客户可能没有那么容易就吐口，我们就要多设定一些问题。

"会经常跟朋友一起聚会吗？我在你们国家的时候，经常会遇到一些大型的聚会，好热闹。"

"你工作应该很忙，有时间陪家里人吗？"

估计很多人都会说："设定问题有什么用？客户不想跟我们聊，设定什么问题都没用。"但是为什么客户不想跟你聊，却愿意跟你的同行聊呢？因为价值，你是否有价值，客户是否看重你，客户是否把你当回事，很重要。

我始终在说一句话，没有一种方法可以搞定所有客户，不过多一种方法就多一条路。

三、JAC 议论文谈判法落地

JAC 议论文谈判法的准则就是，凡是回答客户的问题，一定要有论点，并且有证据。

图 5-1 是我们的同事跟客户聊天记录的截图。这位客户有供应商，我们通过偶然的机会找到了他，谈了很久，直到他愿意给我们一个机会，让我们参与到合作中来。同事付出了很大的努力，JAC 议论文谈判法也起到了重要的作用。

客户很信任这位同事，甚至连其他供应商给的配置单都给了她，让她修改、完善、报价。他把我们公司作为重点供应商，然后不断地提供各种信息供我们参考。

运气真好啊！很多人肯定是这种心态。用好 JAC 议论文谈判法，你的运气也会好起来的。

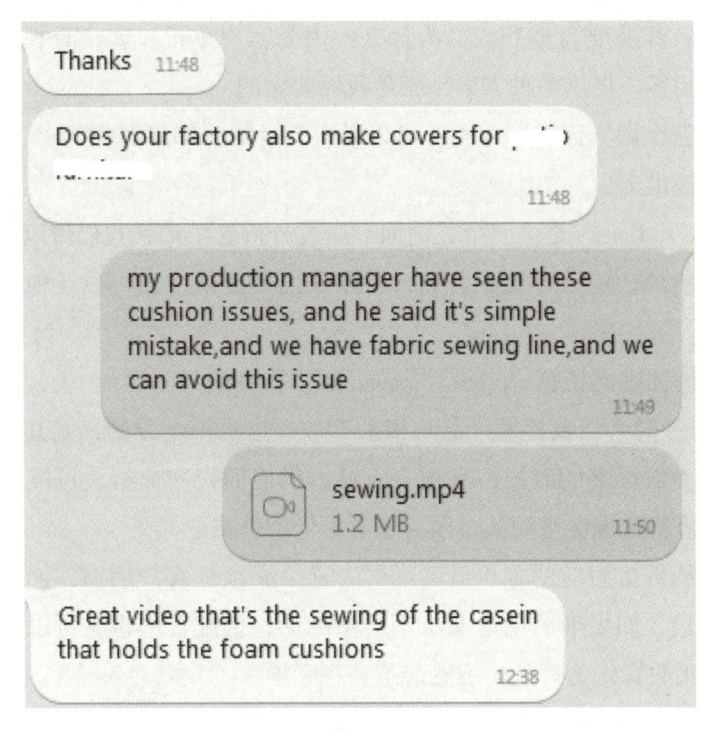

图5-1

JAC议论文谈判法的落地分为以下两步。

（1）收集整理资料。

（2）在与客户的沟通中充分利用整理好的资料。永远要记得，你说的话你的同行也在说，如何让你显得跟别人不一样，非常重要。

四、写一封有针对性的询盘回复

进行询盘回复前，先要做询盘分析。询盘分析分为两个部分：客户分析、邮件分析。

邮件分析是指邮件本身包含很多关键词，我们要对关键词进行分析，支撑我们进行有针对性的、有价值的回复。

"Please give me an offer about ×××including price, payment, package. Please also notice the delivery time."（请给我一份×××产品的报价，

包括价格、付款方式、包装等内容。也请告知一下交货时间。）

这封邮件行文很简练，但是第二句话很突兀，明明可以直接加到第一句话中来，却非要自成一段，为什么？因为客户重视。客户重视，我们也要重视，给客户提供各种方案，就是我们要做的。

方案怎么做？你有库存吗？可以马上交货吗？如果客户要求30天收到货，你能提供多少？20天呢？

"delivery time"是第一个关键词。通过分析这个词，我们可以得知，客户很重视货期，应该是比较着急，所以我们要提供一套可以让他尽快拿到货的方案。

其他的关键词还有"price""payment""package"。

说price时必然要提及产品规格和参数，这是一个原则，尤其是一个产品规格、参数很多的时候，有很多无良的供应商以次充好，可能你报了一个很低的价格，也会被淘汰，因为还有更低的价格。

更低的价格对应的是更低的配置，这个必须让客户明白，而且要明确地告诉客户，如果他的用途要求不严格的话，低配置的也是可以用的，当然，不能买假冒伪劣产品，不然会惹一身麻烦。

payment，如果对方国家有明确的付款方式规定，就直接说我们能够接受，不然就回复可谈，或者提供具备吸引力的付款方式，或采用阶梯报价法，不同的价格对应不同的付款方式。

package，这对应七大体系里的包装体系。记住，绝对不要简单地说我们是纸箱包装，而是要说明我们用什么样的纸箱，如何保持纸箱洁净，不会破损，等等。

邮件似乎到这就写完了，我一般还会加入对质量控制或者售后服务的说明。

邮件好长啊，客户有耐心看完吗？反正我们的邮件回复率都大幅度提升了，争论无益，用事实说话。

外贸做得好不好不取决于你学了多少东西，而是取决于你落实了多少东西。而要落地就会遇到困难，遇到阻碍，这个时候大部分聪明人选择了半途而废，像我们这种笨人却在想要怎么样克服这些困难，继续前进。

第二节　缜密的思维逻辑

Part 1

条件反射，做业务必备

外贸之所以难做，很大程度上是因为和客户远隔千里，大部分人又非常依赖邮件，而邮件难以传达语气、表情，如果双方的文字表达能力都很差，就会产生很高的沟通成本。这还是在双方都积极沟通的情况下，但是要么是我们不积极，一直在等待，要么是客户那边意向并不明朗，甚至会有诸多借口和托词，这样的业务就比较费神了。

就算是客户没有借口和托词，一个订单还是有太多的环节，几乎每一个环节都有很多困难，我们所追求的是，过五关斩六将，最终拿下订单。所以，我们要对每一个环节的进展具备极高的敏锐度，或者说形成条件反射，这样才能将订单加速拿下。

例如一个订单的流程如下：询盘——回复——讨论设计——打样——检验样品——讨价还价——成交。

我们辅导了很多企业，调研了他们跟客户之间的沟通后，发现了一个严重的问题：进入第三个环节的客户比重很大，但是很大一部分未成交客户都集中在了第三个环节。分析了他们的沟通记录后，发现很多讨论实际上已经产生了结果，但是客户没有提出进入打样（收费）环节，外贸业务员居然也没有提。

在解决这个问题的时候，我提出一个理念，要在这个环节形成条件反射：等你发现设计讨论已经基本结束的时候，就要打电话问对方，对设计是否满意，如果满意，会尽快安排打样，样品费用大约是多少。

等完成这个条件反射，你会发现，对方要么会告诉你他还有什么疑虑，我们继续解决（条件反射）；要么会针对样品费跟你讨价还价，这个时候，已经进入了新的阶段——探讨样品的阶段。

当然还会有客户说比较忙。当我们听到客户说比较忙的时候，要进行的条件反射是："您是在忙其他项目吗，也就是这个项目会被推迟是吗？"

如果回答是，我们的条件反射是："好的，那您有具体的时间表吗？"

如果回答不是，我们的条件反射是："那我先给您发一封邮件，明天再打电话给您。"

这些条件反射起到了非常好的作用，包括在我们自己公司和我们辅导的公司。

现在最常见的谈判流程是客户问，我们答，我也常说，谈订单的过程就是为客户解决问题的过程。回答客户的问题时也有几个条件反射，例如当客户问某个问题的时候，我们的条件反射如下：

第一步，判断客户对这个问题感兴趣是不是因为以前遇到过什么问题；

第二步，客户既然有疑虑，就要仔细地回答；

第三步，客户如果真的在这方面吃过亏，正好是我们表现的最好机会，我要给出一些案例、佐证；

第四步，我要马上问客户一些问题，证明我们第一步的猜测，获取更多信息。

曾经有客户问我："你们能把产品打托好的照片和到港后托盘的照片给我看一下吗？我想看看有没有破损、变形之类的问题。"

我们的条件反射是，客户很重视包装，要传给他照片和视频。

深度思考：包装和托盘的牢固程度取决于打托和缠膜等工序，所以我会把打托和缠膜的视频（这是粮草，来自平常的准备）统统让客户看，证明我们的包装是完全没有问题的。不相信？我们可以当场做实验！

讲完了，问一句："您之前的货物包装出过问题吗？是不是给您造成了很大的损失？"

客户的话匣子一下子被打开了，花了大约20分钟的时间控诉中国供应商，大意是，几乎每一次中国来的货物的托盘都是变形的、散的，甚至是破损的，造成了没法用叉车，只能用人工卸货，结果费用高了很多不说，造成了终端客户的极度不满，供应商每次都承诺解决，但是每次都解决不了。

这也是销售技巧，问问题一定要问到客户的心坎上。

当客户的问题都问完了，好像没有问题问了，我们的条件反射就是，做好备忘录，放在他面前并说："这是我们刚刚探讨的所有问题，您看看是否还有其他问题。"

客户确认没问题后，我们的条件反射是："既然没有问题，我们谈一下订单细节如何？"

再例如，某些公司体系很严格，采购经理再满意也要经过老板的审批，我们经常会遇到这种说辞，到底是不是真的我们先不管，先想想我们面对这种问题要形成什么条件反射。

我们的条件反射就是："好啊，您要给老板汇报，一定需要制作资料吧？我们给您做，包括PPT、我们谈判的备忘录等。您那么忙，我们替您分担一点。"

这一招让我们受益太多了，很多客户都是因此拿下，看起来是增加了工作量，可是这些材料即便是不给客户，我们内部也是需要的。客户的黏性因此增强了很多，在某些方面把客户惯得其他供应商伺候不了，你觉得他的忠诚度会提升吗？

案例分享　成交其实很简单

我喜欢发一些有难度的成交案例，因为里面会有一些技巧让大家受益。当然，我也会发我的失败案例，让大家看到其中的失误点、失败点，前车之鉴，后事之师。但是，我很少发一些简单的案例，因为没有多少意义，不能给人以启示或者使人警醒的东西发了，只能流于炫耀。

但是今天，我要发一些看起来简单的成交案例，不是我自己的，是我们辅导的企业的。其实很多时候，订单就在薄薄窗户纸的那一边，捅破窗户纸就能拿到手。

一、第一个案例

这个案例估计会让很多人跌破眼镜。这个业务员，其实我们大家一直很看好，从我开始辅导，他的老板就一直说，他现在没有发挥出真实水平，肯定有什么地方出了问题。

于是，我在电话模拟训练的时候重点训练了一下他，针对一些业务细节，教了他很多细致到位的方法，你猜怎么着：这个业务员连续14天签单，每天至少一单。

他在电话实战中第一个出效果，一通电话就把客户的款要过来了。

我想说一句意料之中，可惜没说出来。但是真的是意料之中，因为从模拟训练开始他就很活跃，在实战中，打电话方法也是贯彻得最彻底的，当然也是最早出效果的。当我们带着大家分析客户类型，以及应该采取的措施后，他真的爆发了，按照我们说的多用即时沟通软件和电话、少用邮件的原则去快速跟客户谈判，迅速地搞定了一个又一个客户。最快的一个居然只用了不到20分钟，当然只是一个小客户，非专业买家，可是也很牛了。你能做到吗？

总结经验如下。

（1）善用即时沟通软件和电话，跟客户保持快节奏的沟通。无论客户提出什么问题，他总是能够迅速地给出答案，让客户的注意力一直保持着跟他一致的节奏，成功地制造了冲动消费效应。

（2）基础知识扎实，而且资料整理得很有条理，可以迅速找到解决客户疑问的方案，无论是图片还是视频，都能迅速地提供给客户，极大地加快了订单的进度。客户会感觉沟通成本极低，跟其他的同行一比，优势立现。

（3）逼单果断。订单的进展速度很快，疑问一个个被解决，而且客户很满意，进入讨价还价环节，他本着很真诚的态度，能做就做，不能做就直接说，让客户感觉到他的高效，客户的满意度进一步提升，然后果断逼单，这些客户很痛快地就付款了。

当其他人还在思前想后、忧心忡忡、前怕狼后怕虎的时候，他已经拿下一单又一单，差距因此而产生。

二、第二个案例

这个案例跟上一个案例有一点像，业务员也是利用即时沟通软件快速回应，也非常专业，但是差别在于，和客户谈到一半卡住了，业务员束手无策。我提醒他做背景调查，于是他回去仔细地做了，找到了客户的各种资料，并且找到了客户公司的组成架构（利用领英），发现主谈人有几个合伙人，都在参与采购。于是他主动地开始拉拢这个主谈人，主动为主谈人提供了大量的专业材料，让主谈人跟合伙人沟通的时候充满了信心。最终这个主谈人的信心感染了合伙人，订单顺利拿下。

总结经验如下。

（1）多用即时沟通软件、电话等方式，减少沟通成本。

（2）一定要做背景调查，提升对客户的了解。

（3）如果主谈人不是最终决策人，一定要使主谈人对我们充满信心（做到专业、职业、商业、真诚），然后给他提供一些可以佐证我们水平的材料，搞定背后的人。

三、第三个案例

这是一个新人的案例，他没有任何经验，没有任何的心机，只是因为真诚地提供方案，客户感受到了他的用心，把订单给了他。

在给他们公司辅导的时候，他提出一个问题让我帮忙分析，其中存在的问题对于有经验的外贸人来说都不是难题，可是对他来说很难，因为他完全没有经验，而他的经理似乎也没有察觉到其中的问题。

客户来了一个询盘，问了款式、价格、最小起订量等，最后问了一句："能否告诉我你们的货期是怎么样的？"

对于我这种敏感的人来说，看到最后一句会形成条件反射，因为客户的行文极其简单，惜字如金，所以他提及的每一个问题肯定都是十分关心的问题。这个货期绝对也是，我甚至可以猜到，这个客户可能是急需货物。

但是这个新人回复的时候，对款式、价格、最小起订量都做了详细而专业的解答，唯独对货期使用了最常用的方案。这个方案并没有什么问题，但是肯定不是为客户量身定制的。于是，客户聊了一番之后就失踪了，他感觉客户应该有需求，但是就是搞不清楚客户为何会突然失踪，让我分析。

我说："为什么不为客户解决货期问题呢？"

他说："我们老大给出的方案就是货代给的方案啊。"

我说："这样不对，你要针对这个客户提供明确的方案。"

这很难，但是难才有机会，解决了这个问题，订单绝对有希望。

于是他回去找工厂确认货期，找货代确认行程，终于拿出了几套方案，发给了客户。客户很开心，拿样品并检验后，同意他提供的其中一套方案，下大货订单。

总结经验如下。

（1）客户关心的问题，是我们应该着力解决的问题，正因为不容易做，我们才有机会。

（2）解决问题的方案才是客户最想看到的，而不仅仅是一封简单的回复。

（3）你的用心，客户感觉得到。

三个案例写完了，我想做一次通篇总结。

（1）执行力最重要、最珍贵，因为不是每一个人都有。

（2）我们要做应该做的事，哪怕这件事很难。

（3）只做容易做的事，早晚会被淘汰。

（4）拿订单很多时候很简单，但只是看起来简单，谈订单的人肯定付出了很多努力，只是你没看到。

Part 2

跟进客户最强大的思维导图

跟进客户，一定要找到客户的关心点，否则就会徒劳无功。我们做的每一项工作，例如发邮件、打电话，都要有的放矢，否则就是骚扰。你对于骚扰是什么态度，客户就是什么态度。

如图 5-2 所示，客户的关心点往往包括两个方面的内容。

（1）客户在沟通中直接提出的问题，或者沟通中涉及的重要话题。

（2）虽然客户并没有问及，但是根据我们的背景调查，能够得出的一些问题。例如客户的终端客户是超市，虽然他们不说，我们也应该知道客户非常关心货物质量、质保、退换货方面的问题。还有一些问题，我们可以参照已成交客户画像来分析。

根据这两方面内容，我们就可以继续往下分析了。

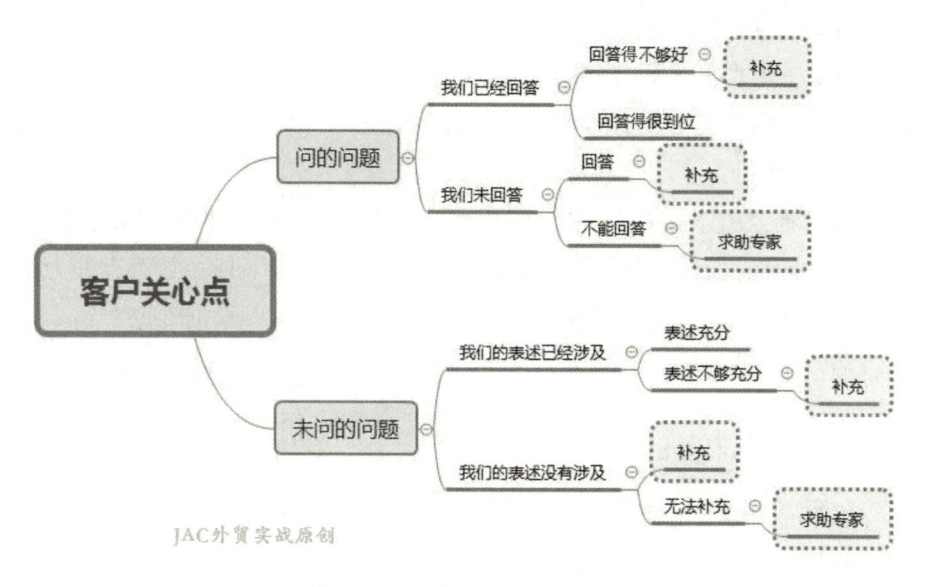

图5-2

一、客户已经问过的问题如何跟进

对于客户问的问题，会有两种情形。第一种，已经回答，但是当我们回过头来分析的时候，因为当时的水平、状态等问题，有些回答比较充分，但是有些回答并不充分。可能就是因为这些不充分的回答，客户不再愿意继续跟我们沟通下去，所以要做的第一项工作出来了，补充不充分的回答。

例如客户说："我们以前因为包装问题遭受过损失，那家供应商的包装非常不规范，有的袋子26千克，有的22千克。不知道你们公司会不会出现这种状况。"

答："不会的，我们公司的包装控制体系非常严格。"

客户回复了一句："原供应商也是这样讲的，结果他还是出了问题，你们每个人都这样说。"然后便再无音讯。

补充："我们以前没有更换包装设备的时候也出过类似问题，因为以前是人工包装，很容易出现多了或者少了的问题，公司的下游监管也并不是很严格。但是五年之前，我们更换了包装设备，采用全自动包装系统，在下料之前，自动称好25千克，误差在0.01千克以内。给您看下我们的包装生产线照片、视频及包装系统的原理图。"

订单搞定。

这是一个真实的案例。

总结：回答充分的标准是，真正做到有理有据，而不是干巴巴地自说自话，毫无佐证。

第二种，由于某些原因，或者自己不懂，或者怎么回答可能都不好，于是有些问题没有给出答案，列出这些问题，分析一下现在是否有能力给出答案。如果有，给出回复；如果还是不能回答，可以求助专家，请专家进行解答。

二、客户未问的问题如何跟进

思维导图的上半部分分析完了，我们来分析下半部分。

我们要对每一个客户进行背景分析，这个动作不仅仅是针对新客户，也针对谈到一定程度却遇到障碍的客户。

不同类型的客户有不同的关注点，不同职位的人也会有不同的关注点。所以背景调查的一个很重要的作用就是通过对我们获取的各类资料进行综合处理、分析、加工，找到客户的关注点，然后进行有针对性的阐述。

如果对方经营实体店，他会关注如何最大限度地降低库存压力，最好是只存有限的几套，当他们有需求的时候再迅速补货；如果对方经营网店，他会关注这个款式会不会在网上有很多雷同款，会不会涉及专利问题，包装够不够精美，包装能不能让他在库存和物流方面省钱；如果对方经营卖设备的工厂，他不光会关注机器本身的价格，还会关注机器开动起来之后产生的运营成本。

买你产品的各类人到底在关注什么，这个问题你必须非常清楚，这是外贸的基础工作。

在之前的沟通中，我们或多或少都会涉及客户关注的点。那分析的时候就要找出哪些涉及了，涉及的哪些说得很透彻、很深入，而哪些只是点到为止，然后进行有针对性的补充，让其变得深入、全面、透彻。

当然，可能更多的是我们没有涉及的，要分析这些问题中是否有我们现在可以给客户阐述的，要用这个话题进行跟进；哪些问题可能还是没法深入探讨，就要去求助专家。

这样一个流程下来，针对每一位客户，我们都能找到下一步切入的点，这才是跟进客户的最强思维模式。

所以跟进客户的方法和技巧很重要，但是更重要的是基础。基础包括两个方面，第一个方面是对自己产品的了解，第二个方面是对客户市场的了解。只有打好基础我们才能提供解决方案，客户最喜欢的就是解决方案。

Part 3
成交思维导图

思维导图很火、很强大，如果大家都能掌握这个工具的使用方法，基本上不会有什么问题可以难得到你。思维方法有多少种，思维导图的制作方法就有多少种。我们选择最简单的结果导向思维方法来画成交思维导图。

在电脑端，大家可以使用 mindmanager 这个收费软件，这个软件支持试用 30 天，方便大家进行入门锻炼。

首先我们写下结果——成交，然后思考成交的条件是什么，不需要想得太远，就是直接条件，如图 5-3 所示。

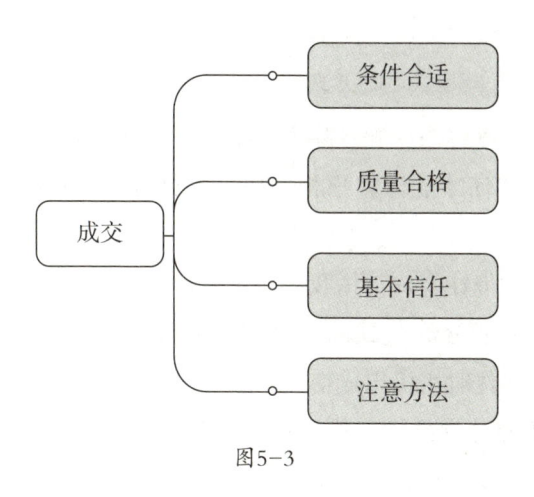

图 5-3

交易条件要合适，要符合双方的共同利益，任何一方不满意都不可能成交；产品质量要合格；信任是基础，否则不可能有钱和货的交易；成交是有方法的，所以这个方面要列举进去。

这里的列举一定要全面，就算一开始可能有点啰唆，也要全部写入，否则你的思维就会有漏洞。

然后，再分别解析这四个点，如图5-4所示。

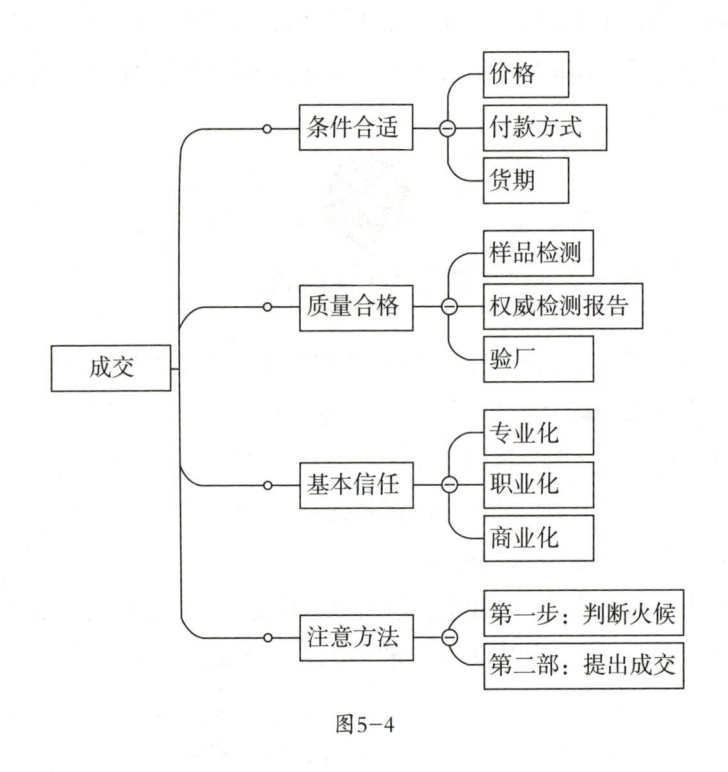

```
                    ┌─ 价格
         ┌─ 条件合适 ─┼─ 付款方式
         │          └─ 货期
         │
         │          ┌─ 样品检测
         ├─ 质量合格 ─┼─ 权威检测报告
成交 ─────┤          └─ 验厂
         │
         │          ┌─ 专业化
         ├─ 基本信任 ─┼─ 职业化
         │          └─ 商业化
         │
         │          ┌─ 第一步：判断火候
         └─ 注意方法 ─┤
                    └─ 第二部：提出成交
```

图5-4

条件合适，有哪些条件呢？除了价格，还有别的条件吗？

质量合格，如何才能让客户相信质量合格呢？有哪些证明手段呢？难道只有寄送样品吗？

基本信任，如何让客户信任我们？

注意方法，是很多人欠缺的，要敢于主动成交，成交的第一步是判断火候，第二步是抓住时机提出成交。

然后继续按照分支梳理思维，这样做下来，图片就有点大了，所以你可以改变导图的结构布局，如图5-5所示。

实际上很多的节点还可以继续推衍下去，例如专业化里面的懂产品、行业，如何懂呢，如何学习最快呢？可以使用JAC产品学习二步法：收集信息和逻辑化。

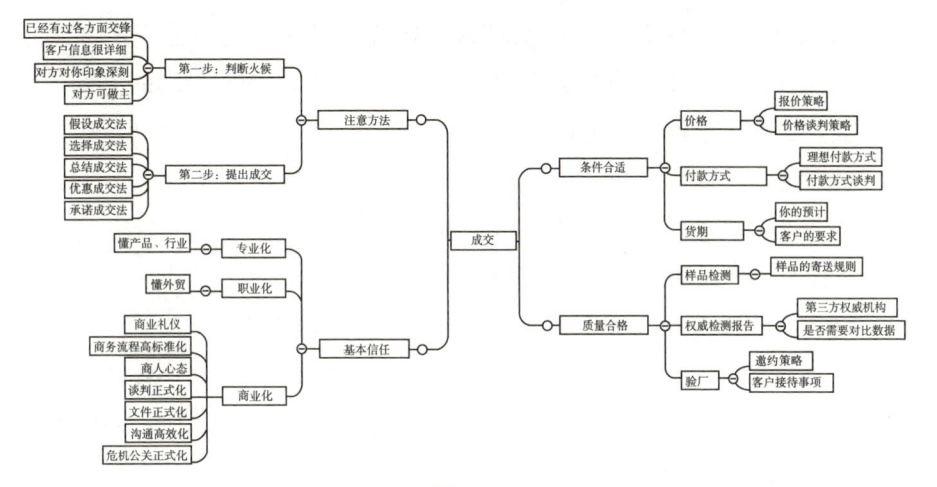

图5-5

制作思维导图的过程确实有点复杂，可是做完思维导图，你基本上知道为了成交，需要创造什么条件，每个条件又需要什么内容支撑，等等。

因为成交这个问题很大，所以思维导图会非常庞大，如果针对的是一个小的具体问题，思维导图就会小很多，例如我们单讲基本信任，那么就只有这个图中的一小部分。我建议大家一开始先做小模块的思维导图，等经过一些基础训练之后，再把小模块结合起来做大的思维导图。

我认为一个有强大逻辑的思维导图可以让你想说服的人的思维一直跟着你走。我谈客户的时候经常会用画图来明确逻辑性。

"Robert先生，我们现在的一切沟通都是为了成交对吗？您是有购买意向的，对吗？"

客户肯定说："对的，只要条件合适，我肯定会买。"

这里需要说明一下，不要以为一开始你就可以跟客户这样谈，因为客户可能不会理你。所以第一步永远是我们的卖点表达、价值传输，以换取客户短暂的兴趣。当然如果有机会面谈，这种模式使用起来就更方便了。

"我们的目的是一样的——成交，让我们把'成交'画在这张纸的中间，好吗？您来看看我能给您提供什么。"

将交易条件、价格、付款方式、货期等条件画在成交周围。

"您先不用着急，请允许我一次性把我的条件说完，我们再一项项地去对照好吗？货物质量，我们有权威机构的检测报告，这个检测报告采用了

×××品牌的产品做对比，足以说明我们产品的质量，您先看一下。（出示文件）此外，我们还有极其强大的售后体系，如果货物质量真的出现了问题，我是说如果，这种可能性极其小，我们有一套非常完善的勘察理赔体系，请您放心。"

专业性、职业性、商业性，都会表现在沟通过程中，对产品、行业的了解，谈吐，流程把握，等等，这些非常重要。

"您看，我的条件摆完了，您可以说说您的要求了。"

客户看完你画的图，思路会清晰，每一项都摆出来了，这样就不会漏掉一些谈判内容。下面的工作就是将每一项都谈透谈妥，当所有问题都谈完，确认客户没有问题的时候，我们就可以提出成交了。

第三节　修炼谈判技能

Part 1
三品策略

"三品策略"这个名字是我自己取的，因为这个方法的初始模型是三种产品，后来虽然做了扩展，但是还是保留了这个名字。

这个技巧在网店中使用得非常广泛，但是在外贸业务中使用的人少之又少，因为虽然我称之为技巧，实际上是基础，而基础是绝大部分人都不想做的。

诸位外贸人，你还记得被客户拒绝的场景吗？明明你给出的价格已经基本上没有什么利润，客户居然还是不满意，给出的所谓的同行的报价或者目标价更是离谱。这个时候我们会拿出质量这个武器来告诉客户，我们的产品质量好、有保障。

大部分时候，我们的语言是苍白无力的。而市场竞争越激烈，浑水摸鱼的人就越多。这群人有得是偷工减料的花招，揣摩透了客户贪便宜和侥幸的心理，也看得出我们正儿八经做生意的人无能为力，所以气焰嚣张！正儿八经的生意人斗不过骗子，是不是很可笑？

当然，这只是三品策略诞生的原因之一，还有一个重要原因是很多产品有档次和参数的区别。给大家举一个例子，在广交会上，客户来到利贸咨询辅导的客户的展位上，看上一个产品，听了价格后直接摇着头说："价格太高了，我刚刚从×××展位过来，他们的价格只有你们的70%左右。"这个时候，要怎么谈？如果把精力放在价格上，我们一定拿不下订单，因为可能我们的成本都高于对方的报价。换个角度思考一下，我们谈论的真的是同一个产品吗？如果不是，付出的时间和精力不就白白浪费了？

我们必须找到一种方法把我们的产品和与我们根本不能相比的低等级产品区分开，直接对比无疑是最好的方法。这种对比的资料是要在上战场之前就准备好的。对比的方法有很多，大家可以按照自己的需求进行选择。

进行对比的产品必须是表面上看起来几乎无差别的产品，以此为基础分为：

（1）我们的合格产品；

（2）我们不小心产出的次品；

（3）以次充好的产品。

我们要把这三种产品的区别清清楚楚地写出来，或者讲出来，拍成视频，如果面对着客户，可以给客户演示出来。

我一般会这样说："您看，这三个产品表面上看起来一模一样对吗？可是您知道它们的区别吗？区别太大了。这个是我们报价90元的，用的是×××厚度的骨架、×××材质的藤条、×××牌子的面料、×××厚度的海绵。这个是报价80元的，骨架的厚度完全不够，您觉得承重能达标吗？藤条的厚度不够，材质很差，太阳晒上几天就毁了。您是专家，应该摸得出来。这样的产品，您买回去再卖给您的客户，不怕产生问题吗？其实说句实话，我们以前为了拿订单，也做过这样的产品，结果给我们惹来了太多麻烦，因为客户肯定都会找回来的，所以我们现在不想再做这样的产品了。您再看看这个次品，结构本身就有问题，如果您真正安装起来，使用的时候就会发现，根本放不稳。这个不用80元，我可以免费给您。"

有几点一定要注意：

（1）可以将对比过程拍成视频，对我们以后的销售会很有帮助；

（2）一定要说明白产品的质量好坏对客户利益的影响；

（3）讲解一定要熟练，这就需要大家多多进行模拟训练。

以上是如何把我们的产品和偷工减料的产品区分开的方法。

但是如果我们和客户谈论的是同一种产品，可能某个产品就是会存在很多种档次，就算是低档次的，也不是偷工减料的产品，只是材质有所不同而已。那么我们在选品的时候，就可以将产品分为高中低三档或者更多。就如同我们在广交会上遇到的状况，如果我们可以拿出几档产品，就可以清晰地给客户演示了："您说的这个价格，我们的确也能做，只不过材质、配件、辅料等都会被替换。我相信对方的价格一定是基于这样的质量。这个质量的产品也绝对没问题，用来做促销还是可以的。但是如果您想把产品做得再好一点，就要用一些更好的材料了。"

> **小贴士**
>
> 请注意，因为我不方便透露具体产品信息，所以说得比较简略。实际上，大家应该结合产品，详细地为客户介绍每一个档次是什么样的配置，会让产品有什么样的表现，然后去跟客户的需求做比对。这样会让整个订单的进度加快。

其实，这些都是基础，无论我们的样品间、办公室，还是展会现场，都应该有这样的"三品"，以保证沟通顺畅、深入。

Part 2

外贸谈判要学会合并同类项

谈判是一项艺术，需要创造性。

谈判很困难，是因为对面的客户并不是一个静止的靶子，可以让我们瞄准好了，一击致命。对方的心态、情绪、思维是一直在变化的，很难捕捉。

现在买方市场的现状决定了我们在谈判里面首先就处于劣势地位。对于我们来说，找到一个有意向而且愿意在我们身上花时间的客户很难，但是对于客户来说，想找一个供应商，而且是他认为优秀的供应商却非常简单。客户可以没有思路，没有意向，没有考察新供应商的需求，因为大部分客户有现成的供应商，但是我们要开发新客户，就要主动营销，有思路地进行谈判。

谈判分为表达和提问两大部分：表达也就是主动介绍，而主动介绍的能力来自专业性（对自己产品的了解有体系、有逻辑）、职业性（对客户市场的了解，来自行业细分、背景调查和提问）；提问是为了对客户有更加深入的了解，这些问题在谈判之前都要设定好，进行模拟训练。

这个大的思路只是让大家的谈判前准备更加充分，但是谈判的过程非常复杂，很多时候我们的准备似乎很充分，但是在谈判过程中，会出现各类问题，例如客户会把话题带偏，把思路打乱，最终谈得一团糟。

有时候客户的关注点跟我们的关注点并不完全一致，我们可能比客户更加专业，或者客户受到了其他供应商的引导，关注点有点偏离，或者如果按照客户的思路和要求，我们根本不符合条件，因此需要把客户带到我们的轨道上来。

因此寻找并且合并同类项就是谈判中一种非常重要的方法。

有些客户可能在谈判中只会问他们关注的问题，这样我们就得不到主动表达的机会，这个时候要保持敏感，寻找同类项。例如客户问："你们的包装是什么样子的？"我们会展示事先准备好的包装体系（七大体系中的一部分）文件，采用 FABE[feather（特征）、advantage（优点）、benefit（利益）、evidence（证据）] 的表达模式。顺便反问一个问题："您这么重视包装，是因为您的运输条件特殊，还是因为之前包装在运输中出过问题，还是对包装有什么特殊要求呢？"

客户提出一个话题，我们要能敏锐地觉察到这个话题跟我们事先准备的表达和提问的话题是同类项。

还有些客户根本不搭理我们，问他们问题也不回答，怎么让他们主动开口？我们可以先主动介绍自己，并且不断引导客户开口。我常用的话术是表达完一个话题后，就会说："我们有些客户以前会遇到某些问题，不知道你们是否遇到过呢？都是怎么解决的？"这很重要，介绍的时候一定要问客户同类项问题，客户如果对某问题有感触，可能就会有倾吐的兴趣，我们就能从客户的话中获取信息。这是合并同类项。

因为客户正在关注这个问题，所以我们要利用好这个问题，主动介绍我们的产品或者公司，并且针对关注点提问，以便了解更多的客户信息。这是谈判中最重要的思路，不难掌握，是吗？

Part 3

价格谈判最强策略

价格永远是谈判中最重要的决定条件。在外贸 B2B 业务中，不可能不谈价格，因为客户买的不是一件衣服、一千克化工产品，而是十万件衣服、几十吨化工产品，每个单位省一元钱，整个采购项目就能省几万元、十几万元，甚至几十万元！

所有人都知道，外贸里 80% 以上的丢单的直接因素就是价格，价格谈判是整个外贸谈判中最费精力、最容易谈崩的环节。

如果按照对价格的计较程度对客户进行分类，大体可以分为三类：想贪便宜的购买者、想买便宜货但是有底线的购买者、无底线的购买者。大家想一下，是不是这三类客户你都遇到过。

第三类客户不是我们的目标客户。当我们用尽了全身解数，磨破了嘴皮子，给足了各种证据，说明这个价格只能买不合格品，他还是执迷不悟时，最好的办法是放弃。

第二类客户和第一类客户在实战中难以分辨，其实也没必要分辨，最好的办法就是通过我们的套路来给对方"洗脑"，要有正面的劝导，更要有反面的"恐吓"，如果对方依旧装傻充愣，我们也要有放弃的勇气。当然，虽然谈判方式叫套路，但是要有真情在其中，虚虚实实，才能让客户信服。

一、选择对的沟通途径

这个最强策略的第一点是选择对的沟通途径。尽量不要在邮件和客户谈价格，我们辅导了那么多企业的经验证明，很多很好的方法在邮件里根本不适用。所以我们倡导把价格谈判搬到即时沟通软件和电话中，及时、顺畅、沟通成本低。

一般来说，无论我们的第一封邮件如何报价，客户的反馈都是价格高，这个反馈有两种形式：直接告诉我们或者不理我们。这是客户惯用的套路，但是你有没有发现，对于这种套路，大部分外贸人居然无能为力。为什么？因为大部分外贸人专业性不强，逻辑思维能力欠缺，想到哪做到哪，多变而无序，过度依赖感觉，感觉对了，顺风顺水，感觉不对，处处碰壁，焦头烂额。而某些所谓专家又喜欢把简单的问题复杂化，非要把一个问题分为若干种情况。这种思维是没有错的，可是分出不同情况的目的是为了解决问题，而不是使其理论化。在外贸实战中，有的问题根本不可能分得那么清楚，那么所谓的针对性方法也就变成了花架子，好看而无用。

就如同开头对客户的分类，其实那是谈判的结果，而不是谈判的出发点。也就是说，只有等谈判完了，我们才能真切地感受到对方到底是哪类客户，而不是一开始就能判定清楚，然后给出有针对性的谈判方案。

当老客户说价格高，要求便宜点的时候，我们可以判断他是顺口一说，还是真心砍价，因为通过之前的大量沟通，我们对他有所了解。但是当新客户说价格高，要求便宜点的时候，我们根本不可能马上判断出对方的意图。

二、增强条件反射

在外贸谈判中，情形瞬息万变，只能见招拆招。但是做了这么多年外贸，我发现客户的价格谈判套路也就那么几种，所以我们要做的是，把客户的每一种套路都摆出来，然后给予合适的应对，进行模拟训练，形成条件反射。

那么，最强策略的第二点就是增强条件反射。

当我们收到一封邮件后，肯定要对客户进行背景调查，然后写一封专业的、针对性强的（专业性表现在七大体系中，针对性表现在对客户的了解中）邮件，连同报价一起给客户。

这是第一步，也是极为关键的一步，因为大多数情况下，大部分外贸人急于回复邮件，不耐心、不热心，不做背景调查，回复的邮件肯定不可能让客户感兴趣。这个时候，价格稍微有一点点不合适，我们就会被客户淘汰。

以高规格的邮件为基础，客户的回复率会有大幅度提升。客户的回复往往有两种状况：

（1）你的价格太高了，能不能便宜点？

（2）你的价格（2元）太高了，你的同行给我的报价是1元。

先说第二种，如果客户的目标价在我们的接受范围之内，就要赶紧做一个决策了，因为报这个价格的供应商可能真的存在。很多人觉得这个问题很难处理，其实一点都不难，就是你的决策问题，要么做，要么不做。

当然，你可以尝试着跟客户磨，但是请注意，一定要通过电话或者即时沟通软件，绝对不要用邮件，因为通过邮件磨客户，无疑会被客户无情地忽略。

如果客户的目标价和我们的报价差距不大，我一般是会接受的，当然，我会对客户的数量、货期或者付款方式提出要求。

如果差距太大但是还能接受怎么办？价格一下子降下去会不会不好？其实我想说的是，如果差距很大，说明你们公司的报价本身就存在问题。你应该思考的不是这个问题，而是更多的客户根本不会理你，你要怎么办？

如果目标价根本不能接受，因为不仅没有利润，甚至低于成本，这个时候我最常用的方法就是成本拆分，把价格算给客户看，并且明确地提出，这个供应商的报价肯定是有问题的，绝对不是现在我们谈论的这种配置，存在偷工减料的嫌疑。然后一定要说明，偷工减料会带来什么样的坏处，有佐证的数据最好。这一点是大部分外贸人做得不够好的地方，产品好或者不好，并不是绝对的，客户更在乎会给自己带来什么样的利益或者损失。

这里，我们要提一下卖点这个概念。卖点绝对不仅仅存在于产品本身，更可能存在于与客户的利益息息相关的部分。

当表述偷工减料带来的问题时，可以采用讲故事的方式。我最喜欢拿我以前的经历举例，情真意切，更容易让客户信服。我会说："之前我们公司也会做这种质量的产品，订单拿下了，似乎也赚到了钱。可是客户使用后，出现了大量的问题，反复投诉，我们又不能不管，于是给客户换货，造成了极大的损失。从那时开始，我们绝对不做偷工减料的事情了。"

很多产品会有等级，优等品价格肯定最高，中等品价格会便宜，低端品更便宜，这些都是合格品，最大的区别在于原材料、售后及本身的品质。很多客户表面上要优等品，但是给出的价格却是低端品的价格，我们要通过成本核算，通过分析产品带给客户的体验，让他清楚地知道其中的差别，如果客户还是坚持不肯出更高的价格，可以提出调整配置的方案。

前面分析过这类客户，要便宜货，但是有底线，底线就是产品要合格，所以就算是低端品，也要强调我们具备完善的生产体系、质量控制体系、包装体系等，因为只有这样，才能保证质量合格且稳定。

还有，当客户说价格高的时候，我们绝对不能片面地强调质量好而拒绝降价。因为质量好是一个伪概念，没用过，客户不可能知道质量如何，你怎么就知道同行的产品价格低是因为质量不好呢？就算你产品的质量优于同行，对客户有什么实际好处吗？可以让客户的终端价格提升？可以让客户的产量提升？可以为客户显著地减少成本？如果做不到，强调质量好起不了作用。

对于客户只说价格高，却没有说高多少的那种回复，我们应该直接打电话或者通过即时沟通软件告知客户，因为不知道具体数量、货期、付款方式等条件，所以第一个报价只是参考报价，希望可以仔细聊一下，以拿出精准报价。跟客户聊的过程中，我们就可以得知很多原来不知道的细节，支撑我们对客户接受能力的判断，进而做出决策。

无论如何，作为外贸销售员，必须要专业，懂产品，懂市场，懂客户，只有这样，客户才会认可我们，才会愿意告诉我们一些需求点，甚至具体要求，然后我们再制订价格谈判策略。

Part 4
JAC 议论文谈判法

JAC 议论文谈判法是我在《性价比是个伪概念》中提出的，我得承认，这个方法不是我原创的，因为这个方法的具体实施方案很多人一直在用，为了方便辨识，我给它取了一个名字。

性价比是客户选择的最终标准，但是因为客户的选择真的太多，筛选成本太高，所以他们需要设定一个更快、更高效的筛选标准。"性"和"价"比起来，价的可比性更高，所以大部分客户会把它作为第一个筛选标准。

因此，价格谈判就成为外贸谈判的主要部分。在实际外贸业务中，对于大部分的外贸企业来说，这是事实，因为大部分的中小企业经营的都是无特点、无优势的大路货，在竞争如此惨烈的今天，价格看起来是最有效的竞争方法。

我很讨厌价格战，因为2009年，我差点被某家同行坑死，不仅仅是我，是整个行业。2009年以前，那个行业还可以保持15%以上的利润，结果某家同行的报价直接把利润降到了9%，而且他们疯狂地给行业内的所有能找到的客户发邮件、打电话，甚至上门推销，我的客户也赫然在列。于是我的客户开始动心，直接或间接地透露出这个消息。我拼命地做工作、发邮件、打电话，每个月都上门拜访大客户，算是一定程度上稳住了。可是某同行还是不死心，继续压价，最后的报价直接把利润降到了5%。这时，客户已经不再是心动，而是行动。很多客户直接告诉我，他们老板或者合伙人要求先拿样品检测、验厂，如果产品合格、工厂可以，我不降价，就更换供应商。当然，有几家老客户一直很稳定，不为所动，可是仅靠这几家，根本不足以消化我的产量，无奈之下，只能把价格降低。但是我不会一降到底，我把利润降到了11%，剩下6%的差距，我得用JAC议论文谈判法来化解掉。

这个谈判法其实并不高明，只不过我的同行太注重性价比的"价"，忽略了"性"，而我可以在这个方面做足文章。

性价比其实是个伪概念，因为从来没有买过、接触过、看到过我们的产品的买家对于"性"，也就是产品质量、服务层面的因素来说，没什么直观的印象，所以样品、验厂才会显得那么重要。

样品和验厂，都是JAC议论文谈判法的重要工具。很多人喜欢分裂地看样品问题和验厂问题，这样不对。它们是谈判流程的一个环节，样品是不是要发，收费还是免费，都取决于你对谈判对手的判断，对谈判进度的把握。

但是大部分客户是新客户，不了解我们，没拿过样品，没验过厂，怎么使用JAC议论文谈判法？不难，论点是大家都不缺的，例如我的产品质量好，我的管理体系严格，我们的工厂运行很规范，这些都是论点，大部分人谈客户时，没少用这些点。但是有这些点远远不够，因为客户对我们信任不足，对我们的产品体验不足，所以我们要有论据，增强客户信心，加强客户对产品的了解和体验。而论据是一切可以证明你论点的证据，记住，是一切，形式越多、越有冲击力越好。

想要说明什么，你很清楚，那么你就针对你要说明的这一点准备足够多的资料就好了，例如说明文字、介绍图片和视频。我还是要特别强调视频的作用，因为视频资料是除了身临其境、亲眼观察之外最有说服力的论据，当然，以后或许会出现更高级的形式，但是至少到现在，视频还是最有用的。

这些资料从哪里来？这个取决于你的专业性，对行业的了解，对产品的了解，甚至对同行的了解，如果你是贸易公司，还取决于你维护与工厂关系的能力。了解产品、行业与同行，作为贸易公司去维护与工厂的关系，这都是外贸的基本能力，是基础工作，这些都做不好，就很难提高了。但是现在大家都在找捷径，寻求快速出单，基础自然会被忽视。

小贴士

行业不同，论据就不同，但是有些东西很重要，我需要强调：要整理出所有的卖点。

寻找论据的原则并不是人无我有，人有我精，不管你的同行有没有，只要你有，就要准备。这种资料必须要全面，就是因为同行也有，我们要显得特别，才要准备更多、更权威的资料，例如第三方的检测资料、检测数据、证明材料。

我的做法是把行业顶尖的产品跟我的产品交给一个第三方检验机构检验，将结果展示给客户，告诉他，其实行业顶尖的产品比我的好不到哪里去，他们只是起步早罢了。当然如果真的比我强，也要知道强在哪里，不然客户跟你聊起来，你完全不知道，如何展示自己的专业性呢？

"性"不仅包括质量，还包括服务等相关的内容，所以关于你们的操作能力、售后服务，尤其是产品出现问题时的反应机制的论据，也很重要，针对这些方面的论据也要准备充分。

如果你有样板客户，对方又同意你拿他们作为谈判时的例证，那你就赚了！

Part 5
你会向客户发问吗

在外贸业务中，业务员要么不会提问，不敢提问，要么一开始尝试着提问，但是客户直接忽略，慢慢地也就失去了勇气和锐气，变成了客户的疑问解答员。但是，主动向客户发问真的很重要，因为谈判绝对不是我们的独角戏，而是交流。谈判更不是让客户咄咄逼人地一直向我们提问，也不要奢望客户会主动向我们介绍我们关心的全部信息。

没有一些关键信息，我们提供的方案和客户的情况可能就会不匹配，不匹配可能或者说绝大多数情况下会被淘汰。我们公司内部开过一次案例分析会，因为客户发了一张表格给我们的新同事，他看到后几乎傻眼，那是竞争对手给客户的报价表格，每一个细节都做得很到位，而同事就没有获取这些细节。要不是因为我们对美国市场足够了解，发现客户冷淡了，通过电话等各种方式沟通得比较密切，价值传输得比较全面，估计都没有机会再翻身了。

从这里其实可以看到，客户并不是不愿意说自己的详细需求，而是不愿意对一个没有价值的人说需求。所以，首先要让自己有资格提问。

有了提问资格之后，如何提问呢？大原则：问客户感兴趣的话题。

可是怎么知道客户对什么感兴趣呢？以彼之道，还施彼身，也就是，拿客户问我们的问题来问客户。客户问我们的问题肯定是他感兴趣的问题，如果我们从他的问题入手去设置问题，去反问客户，客户感兴趣的可能性就会非常大。

这种方法我在外贸工作里面用得很多，效果非常好，举一些例子。

客户问："你们有×××认证吗？"

我们答："没有，这个认证属于高级认证，不属于基础认证。现在国内有的没有几家。"

然后反问客户："具备这个认证是与您合作的必要条件吗？没有认证就没有合作的机会是吗？"

这是一组真实对话，客户是一个中间商，他的回答是："这个单子必须要有×××认证，否则终端客户不接受，但是我们的大部分订单是不需要这个认证的。"

剩下的就是做决策了，根据成本与产出比决定到底是去争取这个订单，还是放弃这个订单，争取其他的订单。

客户问："你们最早的货期是什么时候呢？"

我们答："如果按照正常流程，是45天，您要得非常急吗？"

客户答："对的，我必须在一个月之内拿到货。"

我们问："是什么原因呢？补充库存吗？还是赶什么活动？我如果知道原因，可以向老板申请，努力满足您的要求。"

通过这些提问可以获知客户的库存状况、采购特点，甚至采购规律，这些都是我们跟客户谈判的砝码。

客户问："你们现在使用什么包装？"

我们答："用七层瓦楞纸纸箱作为外层包装，里面接触面都有PE袋，可以保证我们的产品在运输中不受任何摩擦。您对包装有特殊要求吗？"

客户答："对的，我们公司对包装的要求很严，因为我们是做邮购业务的。"

通过提问获知了客户的销售渠道，有利于我们进行针对性谈判。

客户问："你们的同步电机用的是中国产的电机吗？"

我们答："对的，我给您报价的这个配置使用的是中国产的电机，如果您要求，我们可以更换。您对电机有什么特殊的要求吗，例如品牌、产地等？"

通过这个问题可以获知客户对产品细节的要求。

以上都是客户问什么，我们反问一些很相近的问题，还可以问一些扩展性的问题。

客户问："你们派几个人上门安装产品？每个人大约要多少费用？需要多久可以让我的工厂正常运转呢？需要我的工人配合吗？"

我们答："派两个人，每个人每天80美金，路费您来承担。我们保证能在7天内让您的工厂正常运转。您很着急投产吗？还有，不需要您的工人配合，您的工人都到位了吗？有多少人了？成本很高吧？"

这些问题是我会问每位客户的问题，实际上是从他的问题扩展而来，大部分时候都能获取答案。这些答案帮我清晰地认识客户的工程进展、规模和成本。

设置问题的时候一定要注意不能太过尖锐，尤其是对不熟悉的客户，问题太过尖锐容易让谈话气氛很尴尬或者很紧张，不利于更深入的沟通。

客户问："能便宜点吗？"

我们答："不能，难道不便宜您就不买吗？"

这样问，就是针锋相对了，我们一般这样答复："这个取决于您的量和具体配置，您能告诉我您需要的量和配置吗？既然别人能做的，我们一定能做，当然，如果对方拿着不合适的产品跟我们竞争，我们就没法做了。"

先答后问，这种模式是很合理的。前面都是用简单回答的方式在举例，实际上每一次我们的回答都要展示我们的价值，只有让客户感觉到我们的价值，他们才会愿意回答我们的问题。

Part 6

你和客户沟通的时候有感情吗

请注意，不是问你和客户沟通感情吗，而是问你和客户沟通时有感情吗。

和客户沟通时仅凭技巧，很难成达到目的。技巧+专业素质，如虎添翼；技巧+专业素质+适当的感情投入，无往而不利！

那么这个所谓的感情到底是什么？

例如我们会告诉客户："您现在给的这个价格连成本都不够啊！我相信您拿到了这个价格，但是我建议您好好确认一下参数，如果对方真的承诺产品是这个参数的话，我坚信对方骗了您。"这个时候，你必须是真诚的、坚决的，因为我们说的就是实情。

在表达中，技巧可以让一件事情变得逻辑性更强，看起来或者听起来更合理，素材可以让表达变得更加真实，而真诚则可以让你的表达更有感染力、更加可信，三者缺一不可。

估计很多人会问："怎么让自己看起来很真诚呢？"说实话，你问住我了，我说过这不是技巧，甚至不是生意圈里的东西，是人生来就会有的。想一想当你跟你的好朋友说正事的时候，你是什么状态？而当你向女朋友或男朋友表白的时候，你又是什么状态？

而表达中的坚决，是大部分外贸人做不到的，所以很多时候我们会给客户一些模棱两可的答复，或者明明内容本身很真实，但是表达得干巴巴的，总让人觉得并不踏实，用的语气让人觉得里面一定有猫腻。

坚决来自底气，底气则来自专业、职业、商业，来自对自己的行业的了解，对客户的需求的把握。

当然，坚决还可能因为无奈，老板告诉你，就是这个价、这个付款方式，爱做不做。已经到了绝路，坚决地告诉客户可能还有机会，因为客户能够感觉到你们可能真的已经到了底线了，而"maybe"（可能）之类的表达只会让客户抱有幻想。面对这种情况，还有一条路就是显示自己的真诚："我就是一个业务员，我也想赚钱啊，有了业务才能赚钱，所以我很想跟您合作，但是老板很坚决，就是接受不了。我问了一下老业务员，我们从来没有给过这么低的价格，老板真的已经显示出了极大的真诚了，所以很抱歉，达不到您的条件，希望您能理解，给出这个价格，我们真的已经到了底线。"

上面的这段话我写过很多次，很多人都用了，但是效果千差万别，原因有很多。其中很重要的一个原因就是技巧之外的感情投入，有些人说起来就让人感觉特别假，有些人说起来就让人感觉特别真诚，能够使人相信。

当客户坚持的价格真的有问题，不可能做出高档次产品，只能做不合格品的时候，我一定会这样说："说句实话，这个价格是能做出产品来的，而且产品从外观上看不会有什么两样，但是质量差别很大，一用便知。如果这个产品您是卖给别人的，我敢保证您的客户一定会回来找您（可以加一些原因）。我们之前做过这个价格的产品，给我们带来了太多麻烦。那一年，我们总是要处理各种客诉，赔了很多钱。从那时开始，我们再也不做这种产品了。对了，当时的很多照片和视频我们都留存了，当作警示，我可以找给您看看。"

这段说辞，你可以模拟训练一下吗？

模拟训练的步骤如下。

（1）翻译。翻译的时候就要进入角色，想象如果客户就在你对面，你怎么向他表述这段话。

（2）模拟。建议大家表演出来，两两合作，一个人练，一个人观察，你可能会突然发现，原来之前你跟客户沟通的态度那么让人觉得不可信。

（3）完善。经过不断地模拟之后，你会发现很多不通顺、不容易表达、太生硬的地方，再进行修改。

（4）继续模拟。

Part 7
你会"恐吓"客户吗

所有人都喜欢正面谈判，正面引导，不断地告诉客户我们的价值、我们的优点，生怕客户一时疏忽，错过我们。从任何一个角度来讲，这样做都是对的，毕竟客户的选择太多，我们总要给客户足够的理由或者诱惑，让客户愿意跟我们对话，愿意告诉我们他的确切需求，我们才可能真正地抓住客户，争取到最后的订单。

因此我总结了正面表达自己和自己企业专业性的七大体系，以及如何能够让客户更加信任我们的JAC议论文谈判法。当我们向客户正面表达的时候，要自信，要果决，不能犹犹豫豫，在自信和果决中，还要有足够的底气。底气包括两个部分：第一是表达的内容要有逻辑性、条理性，使人易懂、易了解；第二是表达的内容要有证据支撑，不然就会落入"别的供应商也是这样说"的陷阱中。

但是，好声好气地跟客户讲，客户未必会听，贪婪的本性总是让人挺而走险。当面对低价诱惑的时候，非常专业的买家会立马辨识出这个价格低到不可能，一定有猫腻，理性的分析加丰富的经验，会让他们做出理智的决定：立马将这个卖家淘汰。但是并不是所有的买家都很专业，尤其是供应链的下端环节跳过原本合作顺畅、对中国市场极其了解的渠道商的时候，就很容易掉入陷阱。

在国际贸易的传统模式下，一级渠道商或者二级渠道商因为了解中国供应商，懂得国际贸易规则而控制了下游供应链。但是随着竞争的加剧，尤其是B2C平台的崛起，供应链的下端环节已经无法与网上卖家竞争，他们只能跳过前端环节，直接找中国供应商合作。这个改变让小订单、零散订单增多。同时，这些原本跟中国供应商没有多少交集的买家，对真正的供应商状况并不了解，极易受到蒙骗，做出错误的决策。

当客户突然告诉我们一个不可思议的目标价，我们用尽了所有的成本组成方法，还是发现这个价格根本不可能生产出合格品，存在两种可能性：

（1）客户在试探我们的价格底线；

（2）客户真的收到了这样一个价格，而这个价格来自毫无底线的某供应商。

虽然我们分析的时候头头是道，但是在实际外贸业务中，我们大部分时候根本不知道是哪种情况，所以我们在回复的时候要选择一种方法，两者兼顾。

首先我会打电话过去，用很惊讶的语气询问对方有没有发错价格。我们不能正面地否定客户，那会让客户没面子，我们要表达出相信客户拿到了这个价格，但是给这个价格的人不靠谱的意思。然后我会对这个价格进行成本拆分，说明可以通过更换某种材料、成分、配件来达到这个价格，但是同时意味着产品已经变成了劣质产品，最后说明劣势产品有哪些问题，会带来什么后果。

注意，最后一部分很重要，需要有理有据，最好是有数据，有完善的对比材料，让客户清楚高配、中配、低配、不合格品有什么区别，对使用有什么样的影响，会带来什么样的结果。

在我们表述这些问题的过程中，客户不可能没有任何表示，尤其是当我们的材料翔实、数据精准、对比详细的时候，客户大部分时候是信服的，因为专业最让人有安全感，不管他是想试探你，还是真的拿到了这样一个价格。

说完这些，我往往还会加上一段："实话实说啊，我们公司刚刚起步的时候，比这个价格低的订单我们都接过，但是真的是后患无穷。客户不停地投诉，免不了退货、换货，实际上赔了很多钱，浪费了很多精力。所以我们后来痛定思痛，就坚决不做这样的订单了。毕竟现在公司有几百号人，不可能冒着极大的风险去做这种订单，毁了自己的名声，就什么都没了。"

因此所谓"恐吓"客户其实就是讲理、摆数据与说情的结合。

基础一定要扎实，无论是正面引导，还是反面"恐吓"，所有的素材和数据都来自日常积累，没有这些硬的东西，我们就是在忽悠。

"恐吓"客户的意图很明确，为了让客户质疑不合理的低价，让他们考虑得更全面一些，那样，我们或许还有一线生机。

Part 8
用样品拿订单的最强大方法

我觉得大家争论样品应该收费还是免费根本没有意义，能收费，谁会免费呢？只不过我们在外贸业务中遇到了很多客户，他们从来没有付样品费的习惯，但是的确是我们的潜在客户，而且其中有一些很牛，我们到底要不要冒险投资，赌一下呢？

不管收费或者免费，最终的目的都是拿到后续的订单，所有的事情都要为这个想要的结果服务。当然，很多老板设置了很多措施，美其名曰是为了拿订单服务，实际上根本不是，只是因为一些无谓的猜度，例如认为收费样品的客户比免费样品的客户更加有意向。但是我经营或者辅导过的公司的产品有化工产品、劳保产品、水泵、服饰、鞋子、包等，收费样品和免费样品的客户的成交率几乎无差别。

还有一种说法，就是一定要谈到对方同意我们的价格才能发样品，哪怕是收费样品，也要如此。但是我们接触了的很多客户都要求先把样品发过来，样品合格了再谈，不合格免谈，而且很多规模很大的客户也是如此，例如孟加拉国制药行业的前十名，我们见的四家都是这样说。我们前段时间去美国跑市场也遇到了这样的客户，而且大部分是这种客户。

我始终觉得大部分人在讨论样品和订单问题的时候，着眼点放错了地方，头疼医头，脚疼医脚，很多所谓的专家绝对是庸医、江湖郎中。

决定订单的关键真的在于样品是收费还是免费吗？绝对不是！当然，完全没影响吗？也不是，或许有些许影响，但是绝对不大。为什么要把精力花在影响不大的事情上呢？

我始终认为，样品是打破谈判僵局的有效手段，更是证明我们产品质量的有效工具，也就是说，样品的作用应该是推动订单进程，而不是阻碍订单进程。

寄送样品只是整个外贸流程中的一个环节，它的作用绝对不仅仅源于它本身，还与前置环节和后续环节息息相关，所以我们就要仔细地分析这几个环节。其实外贸就是一个流程，一环扣一环，每个环节都有客户流失，这就是销售漏斗理论。我们要做的是拆分这个流程，寻找每一个环节中客户的流失点、流失原因，然后找到降低流失率的方法。例如客户提出要样品，我们说要收费，如果客户痛快地同意了，这个环节的客户流失就不会出现，我们就能进入下一个阶段；但是如果客户说"我不想付费，而且从来不付费，你要想收费，免谈"，流失可能就出现了。我们是坐视客户流失呢，还是妥协，降低这个环节的客户流失率呢？这是一个博弈。

要不要免费发，符合什么条件的免费发，发样品要注意什么，发完之后要如何跟进，才是每一个业务人员应该关注的点，或者说是每一个外贸企业的决策人员应该关注的点，因为发或者不发，完全是因为决策者的一句话。

我们在为企业做辅导的时候，一定会涉及建立机制，而建立机制的主要原因就是为了防止后期扯皮。我们会明确地列出条件，符合条件的免费发，就算是后期没有拿下订单，只要成本控制不出问题，就是允许的；如果成本超出控制，就是机制有问题，想办法调整机制即可，不需要找人的麻烦。所以，第一步就是设定机制。

设定机制之前，我们要仔细思考，哪些客户值得我们投资。我认为如下几种客户值得我们投资。

（1）量大的客户；

（2）影响力大的客户，可能可以成为样板的客户；

（3）愿意进行全面检验，并且愿意给我们全面的检验结果的客户；

（4）聊了一段时间，算是较为了解的客户；

（5）一直在买我们某一个竞争者产品的客户。

以上只是举例，公司有特殊状况，产品也有不同，但是这个问题管理者必须想清楚。

这个问题解决了，下一步就是打样、发送的问题了。经常有人问："我给客户的样品寄错了怎么办？样品不合格怎么办？"每次打样，我们恨不能把最好的东西给客户，怎么还会不合格？客户很清楚，样品几乎代表了企业的最高水平，最高水平还不合格，你怎么能埋怨客户不再理你？不要说客户没说清楚或你没搞明白这种话，安慰一下自己还可以，客户要找的是能听得明白、搞得明白、比他还明白，可以提供方案的那种供应商，可惜你不是。

样品合格才有机会进入下一轮，所以打样的时候，你要盯紧品质控制、各项细节、包装方法（参考你的产品邮递时需要注意什么）、出厂前检测、规格说明书、检测报告、检验方法推荐等的处理，千万不要找借口，因为每一个借口都是客户淘汰你的理由。

这一步就是要确保你的样品保质、保量地到达客户的手里。

客户收到样品没有回复的原因有很多，样品质量只是其中的一个因素。我曾经寄过一个样品给巴基斯坦的客户，我很确定这个客户需要我的产品，而且需要的量不少。我们前期沟通得不错，于是进入发送样品的环节。客户告诉我，样品寄达后大约15个工作日才能有结果。我查到客户签收后，就隔三岔五地打探情况。可是客户从收到样品后态度明显冷淡了，到后期干脆就不理我了，我百思不得其解。过了好久才知道，我们的样品到的时候出现了很多问题，包装简陋，居然没有检验报告，实验室人员不知道是什么东西，不敢开内包装检验，直接处理了。

要知道，客户未必仅仅要了我们的样品，其实从寄送样品这一步竞争就开始了。我看过很多客户的样品记录表格，项目如下：

包装情况：分为破损、一般、优秀等；

包装洁净度：分为差、良好等；

资料齐全程度：这个地方是一个列表，列出了产品的一些必备的资料，有一项就打一个钩；

产品外观：包括多项评定标准；

检验结果：填写各种项目参数的检验结果；

是否通过：分为是、否、可重新打样。

我估计绝大多数人没有看过，甚至都没有想到过有些客户有这个表格，所以对于客户的评价标准一无所知。

样品是否合格往往有两种评判方法：实验室检测、市场试卖。也有的客户将两种方法结合在一起，经过实验室检验之后再试卖。

很多产品只需要经过实验室检测，当我们得到样品合格这个消息的时候，要明白两层基本意思：

我们有了继续谈判的资格；未必只有我们合格了，要考虑如何从竞争者中脱颖而出。搞明白这两层意思，我们才会知道该如何推进：合格的样品只是敲门砖，能不能拿下客户还是取决于后期的谈判与沟通。

快消品一般还要经历市场试卖这个流程，因为在确定卖得出去之前，客户是不可能贸然下订单的（中间商拿产品送给终端客户的情形与此类似），所以这类产品的门槛是产品合格、适销对路。产品是否合格我们可以掌控，适销对路却掌控不了，这与销售人员的能力、终端客户的理解力有着密不可分的关系。但是我们真的就只能干着急却无可奈何吗？不，那不是我的风格！我会帮客户销售。别误会，绝对不是让你跑去帮他站柜台、跑客户、摆地摊，而是教客户的销售人员如何卖产品。

你有没有考虑过一个问题，采购部、市场部、销售部的人是同一个人吗？你向采购员推销的时候，卖点表达得淋漓尽致，但是销售员完全不了解这个产品。因此，你给样品的时候一定要附上销售手册，这个销售手册不是给采购员看的，而是给销售员看的，里面要有卖点介绍、销售话术等。客户背景调查的重要性就体现出来了，要样品的这个客户的市场在哪，客户群体是哪些人，在商场、超市还是线上卖，都弄清才能做好销售手册。

我们是有深刻的体会的，在我们给出销售手册，或者对柜台导购人员进行过培训的情况下，客户后期下单率非常高，而没有受到过销售指导的客户，后期就会出现各种状况。

当然，如果你是地推人员，可以面对面跟导购或者销售员谈，方法就更多了。我们曾经想出给销售员发提成的方法，也就是除了客户的公司发一遍提成之外，只要卖出我们的产品，我们额外发提成，效果可想而知了。

遇到困难，找到方法解决是我们这些人的责任，因为没有解决方案而放弃做某些事，是最笨的解决方案。

Part 9
提高开发信回复率的最强技巧

技巧是什么？我相信绝大部分人的理解都是错的，技巧绝对不是不需要付出坚持、努力和耐心就能成事的方法，而是让我们的坚持、努力和耐心，更有价值、产出更高的方法。付出了坚持、努力、耐心，虽然可能没有成绩，但是都是有意义、有价值的，因为在这个时候，可能就是一个技巧和方法，就能让你马上提升；而没有基础的人，即便获得了所谓的技巧和方法，还需要很长的时间来积累、沉淀。

我一直倡导的产品学习七大体系，如图5-6所示，找我要过这个资料的估计有上千人了，可是我敢说绝大部分人拿到之后发现做起来太复杂，很快就放弃了。坚持下来的人往往会告诉我一句话："老师，这个东西做起来是真的好麻烦，我们做了两个多月了，才有了基本框架，但是真的很有效，因为跟客户谈得越来越顺畅了。"

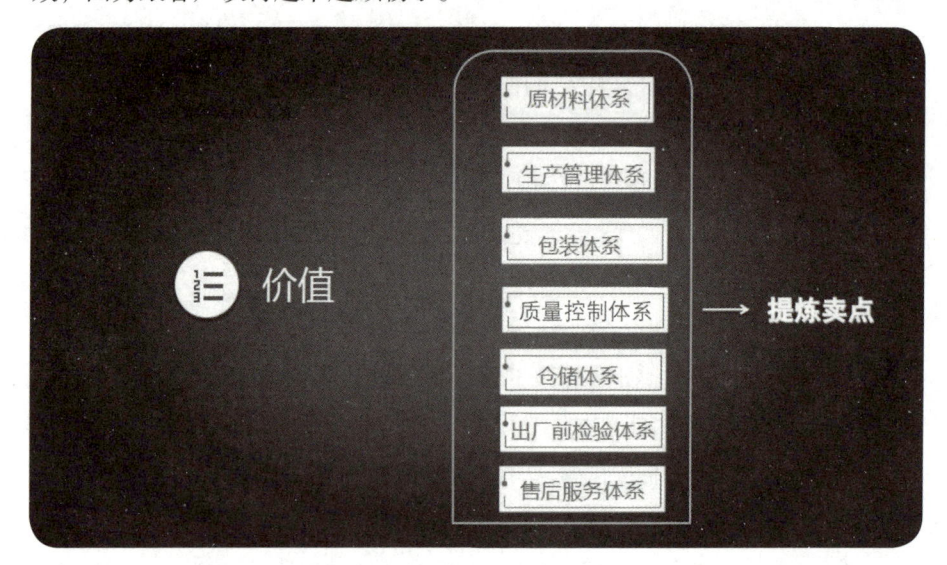

图5-6

比起没有体系和逻辑的产品学习来说，七大体系就是技巧。可是很明显，这个技巧本身并不能为我们带来什么，要想使它产生威力，就要按照这七大体系坚持做下去。

跟客户谈判、聊天有技巧，但是只有技巧没有内容也是白搭，所以这个时候按照七大体系整理的PPT或者文件就成了基础。客户问："你们公司的售后服务体系是怎么样的？"我可以马上将售后服务体系的图片资料发给客户，而没有整理的人怎么办呢？又如何跟我竞争呢？

很多人都听过我的SNS运营课程，回到公司之后发现操作一天很容易，操作一个星期似乎也不难，操作一个月似乎也能坚持，可是再往下就基本上三天打鱼，两天晒网了。坚持下来的小部分人几个月后开始有客户询问，甚至有成交，开始和很多邮件从来不回的客户在SNS上交流。如果SNS成了完美体现我们专业性的地方，客户怎么会不感兴趣？

讲SNS运营的时候，我讲了很多所谓的技巧和方法，例如从哪里找专业内容，但是这个技巧只是让大家更加容易找到自己想要的内容，至于能够积累多少，能够发布多少，能够坚持多久，则是只靠技巧做不到的事情了。

SNS运营有两个非常重要的技巧：第一，寻找目标用户，利用社交需求让SNS变成"核武器"；第二，发布专业知识及能够反映我们经营理念的内容，例如关于质量控制、包装、装船前抽查的文字、图片、视频等。对于某些人来说，这些又是没用的，因为不能一招制敌，只能细水长流，用量变来完成质变，这哪能接受呢？不可接受啊！

开发信，这又是一个外贸人十分关心的话题。

开发信绝对是有效果的，这个必须承认，提高开发信回复率也绝对是有技巧的，可是就算我给了你这个技巧，你也会觉得好难落地，因为这个技巧是：懂产品＋了解客户基本需求＋服务精神。

技巧就是基础，不是吗？

讲课的时候，我给学员们安排过一个作业，但遗憾的是很多人都没有做。作业是完全搞清楚所供应的产品的客户及其特点。例如我的某个产品可以用于以下领域：兽药、炸药、树脂、橡胶发泡制品。我要发送开发信的时候，客户群体肯定是这四类中的某一类，那么我要做的是，把这四个领域的客户对我产品的要求搞清楚，包括用量、用法、参数要求等，开发客户的时候（通过邮件、电话、面谈或即时沟通软件）对号入座就好了。

我始终在强调一个概念，沟通效率很重要。当客户发现我们清楚他的基本要求，至少我们曾经服务过类似客户的时候，他就能想到跟我们沟通的效率应该不会太低。谁不喜欢专业而又高效的沟通呢？

当然，还有的产品是这样分方向的：主营产品、促销品，或者分为：进超市的、进网店的、为品牌代工的等。

不管怎么分，每一个群体都有其特点，要么对公司资质有特别要求，要么对公司服务有特殊要求，要么对产品某个参数有明确要求。

获取这些知识的技巧就两条：

（1）经常思考总结；

（2）经常向前辈询问、学习。

Part 10

一点点蚕食客户的兴趣点

在主动营销的系列文章里，我提到了资料和询盘的区别：询盘是一个机会，客户之所以发询盘，十有八九是他有需求，只要你能抓住机会，就可能有订单；而资料只是一条线索，客户可能根本没有需求，因为他有非常称心的供应商，所以资料变成订单的前提条件是，线索要变成机会。

何其难啊！绝大部分的业务员都在创造机会或者等待机会的路上失败了。

哪个客户没有几个老供应商？

旧款式，老供应商已经做了很多年，无论在原材料、工艺、消耗还是品控方面都已经达到了极致，除非你对这个产品也非常熟悉，否则你一点机会都没有；新款式，就算是你推荐给了客户，客户的第一选择还是把它交给老供应商，让老供应商进行开发，因为老供应商的付款方式、售后服务、可信度都远超过你。

没机会了？当然不是，机会是一定有的，两种情况下，机会会出现。

第一，客户跟老供应商之间发生了不可调和的矛盾，客户不得不更换供应商，或者老供应商因为某些原因减产、停产，客户被迫寻找替补队员。

第二，我们并不想被动等待客户的施舍，所以就要主动地创造机会。可是机会该如何创造呢？

客户可以直观地感受到老供应商的产品，客户更相信老供应商的付款方式和售后服务，还有两个很重要的要素就是密切的私人关系和非常低的沟通成本。两家公司合作了那么久，没有一定的私人感情在里面是不可能的，同时合作了那么久，双方知根知底，了解彼此的性格脾气、表达方式，你在乎什么我知道，我在意什么你清楚，有什么还不好沟通吗？

到底要如何打破这种僵局呢？我曾提出各种方案，似乎大家还认为不够可行，那么今天我们再拿出一个方案进行深入剖析。

为什么沟通成本高呢？因为我们对客户不够了解。因此我一直呼吁广大外贸企业要在企业内部建立客户行业画像，先从大的层面上对客户有一个基本了解。但是有行业画像还远远不够，因为每一个客户可能都会有一些不同的细节要求，而这些细节要求则是拿下订单的关键。

怎么获取这些细节？有人说直接问，可是客户凭什么回答你的问题？

我提出的方案是，一点点蚕食客户的兴趣点。例如做鞋子的客户，一定需要我们的某种皮革，但是客户有非常稳定的供应商，所以我们虽然和客户在展会上见过面，留过名片，寒暄过一番，还是无法取得合作。因为对方是我们的目标客户，所以我们采取的策略是打电话过去，告知他，我们有最新款式的用于男鞋的皮革，愿意免费发样品给他，让他选择。实践证明，客户非常同意我们寄送样品。于是我们设定了样品策略。如果只是简单地寄一块皮革样品过去，客户拿到之后，看一眼，可能随手就丢到一边了，因为你认为的新款式，客户却未必理解得了，毕竟每个人的审美不一样。客户每天都能收到来自不同供应商的所谓新款，为什么一定要在你的所谓新款上花精力呢？你要给客户一个理由。例如你的新款是不是在某些邻近国家的市场已经有很好的销路，是不是符合客户所在国家的特色，是不是在性能方面比同类产品有优势，等等，文字、图片、视频等资料，都要发给客户。

很多人问："提供了这些资料，客户就会买吗？"十有八九不会。但是就如同之前我们一直探讨的 JAC 议论文谈判法，不断地向客户输送价值，两者的目的一致：获取客户的一点好感和关注。

我们给客户寄了样品，并且按照上面的几个点做了阐述之后，客户回复了："这几种皮革的确很不错，但是我们并不做这种类型的鞋子，我们的鞋子以素色为主。"这个信息很重要。

当我不断地给客户传输价值之后，从部分客户那里得到了以下答复：

"我的包装的确出过问题，刚刚换了包装，正在测试……"

"感谢你的提醒，我们也的确正在为售后服务的事情头疼……"

"看得出你真的是一个为亚马逊卖家服务的供应商，我打算下个月开发新款，可能会有机会……"

下一步就是研究客户回复的这些信息，有针对性地推进，继续提供价值，争取进一步获取客户的细节信息，一点点蚕食客户的关注点。

大部分业务都是如此，需要耐心、细心、用心。

Part 11

业务员基本素质之高效沟通：跟客户使用 WhatsApp 等手机软件聊天该注意什么

WhatsApp、Kakao Talk、Line、Duo、Allo 等手机软件已经成为越来越重要的商务沟通手段。一般来说，即时沟通手机软件有沟通高效、使用方便、充分利用碎片化时间的优点。但是，从某些角度来讲，用的人越来越多就会出现问题，因为信息泛滥，骚扰频繁，就像如今邮件的地位如此尴尬，大多是因为垃圾邮件横行。

当然，就如同大家比较喜欢探讨邮件如何使用一样，即时沟通手机软件也有使用技巧和注意事项。

我使用即时沟通手机软件特别频繁，甚至到了很少发邮件沟通的地步，邮件只用来发送备忘录和确认合同，总结一下自己的心得吧。

一、注意商务礼仪

手机软件的使用比邮件灵活，但是灵活不意味着随便。毕竟是商务交往，而且以陌生人的身份交流，第一印象极其重要，留下好的第一印象就是商务礼仪。

对方的名字是一定要知道的，打招呼用"Dear JAC"要比"Hello"好得多，然后适当地发些问候，例如"Good day""Good morning"等。"Are you free？"之类的问题不必问，客户有没有时间不是绝对的，你说的东西有价值，他就有时间，你说的都是废话，他就没时间。

打过招呼之后，单刀直入，告诉客户你是谁，你能提供什么价值，然后再问客户是否有三分钟或者五分钟时间。这是我不断地尝试过后总结出的最好方法。其实，理论上来讲，最符合商务礼仪的是，打招呼之后等客户回复后再继续说下去，但是由于太多人骚扰，客户往往不会回复，才退而求其次。

当你问是否可以耽误客户三分钟或者五分钟的时候，客户一定会回复吗？我的经验是，等客户五分钟左右，不管客户回复不回复，我都会接着说下去，因为毕竟是手机端，客户可能无法及时看到。

接着说的内容就比较重要了，要有一个衔接，我一般会说："可能您现在没时间看，我会把我们能够提供的东西详细地告诉您，等您有空慢慢看。有任何问题，可以第一时间跟我联系。"

二、不熟悉的时候尽量不要发语音

不知道大家有没有这种体验，当你看到一条40秒的留言，以为有什么重要信息的时候，结果一听，全是废话，又一条，还是废话，就会很反感。一条40秒的语音所传递的信息，扫一眼可能只需要10秒，所以我跟客户一开始联系的时候很少发语音。而且打字的时候我们会再三斟酌，精练表达，而发语音的时候会出现一些无用的语气词、过渡词，甚至废话。

的确，用手机打字的速度更慢，但是不要为了方便自己而麻烦别人。WhatsApp有电脑版，如果想要打字快，或者要复制粘贴一些材料，可以使用电脑版。

如果你就是想使用语音，例如发的是某些敏感的信息，不想让客户截图留下证据，那么一定要对你发的这条语音给出一点备注，例如标明"这条语音讲的是我们产品的售后服务，您一定要听一下"。

使用语音交流还有一个缺点，当客户想要寻找一条重要内容时，只能挨个去听，浪费时间。

三、把你要表达的内容在三次内全部表达清楚

我们都在用微信，微信的提醒有时候很让人心烦，例如你的某一个联系人总是每条就发一个小句子或几个字，一段话要分成几条发送，微信就会不停地提示，如果屏蔽他，又怕看不到重要信息。

同样的道理，不要总是频繁地骚扰客户，可能客户正在用手机写邮件、看新闻、跟同事视频会议等。我们在寒暄和过渡之后，剩余的内容一定要在三条内讲完，如果实在有重要的内容，可以扩充到五条。因为当一个人不想看某些信息的时候，三次已经是在挑战他的忍耐力了。

四、让我们的表达变得有条理

为了减少骚扰客户的次数，我们要做的是，把这一次会话想要表达的内容分为有逻辑条理的几个部分，有层次地表达出来。

当不同的人面对相同的话题时，会有不同的表达方法。绝大部分人是想到哪说到哪，可能会出现颠三倒四的情况，这样的表达方法只会使浏览者的思维混乱，难以把握表达者的核心思路。而我的习惯是，一定要理出一个层次，让客户看一次就能直接把握住核心内容。例如展示售后服务的时候，我会这样表述："我们的质量很少出问题，至少到现在还没有客户表示过我们的产品有问题；如果真的出现了问题，我们有完善的售后服务机制和勘察机制（可以具体描述一下售后服务机制和勘察机制）；以上内容我们都会清清楚楚地写进合同里面。"

上面只是简单地举例，要让自己的思维逻辑化，只能通过多学习一些思维方法和模拟训练实现。

五、每一次会话要表达完整

不要表达到一半或者只说了一部分就突然不说了,这样给客户的感觉是你很随性,不够稳重。不管客户是否回复,应该按照条理化的要求给客户传递价值,必须尽快讲完,不要明明说有三条,结果两条写完之后就没后文了。这个时候客户可能在看,这样会给客户留下不好的印象。

六、代表性图片要发,视频要有

大家不要认为图片和视频会耗费大量的流量所以不敢发,商人不会因为要省那几张图片的流量而拒绝一次机会。当然,不能发得太随意,最能代表你们产品价值、公司价值的图片一定要发,如果要发视频,而手机软件不标注时长和大小,你要手动标注。

图片和视频会大幅度提高客户对你产品或者公司的印象分,因为更加直观。

以上内容是我总结的实战经验,希望能够对大家有所帮助。

第四节　勤思考,才能进步

Part 1

你以为销售真的就是卖产品吗

你真的认为销售就是卖产品吗?那下面的几个现象如何解释?

(1)同样的客户,同样的产品,同样的价格,我的同事与客户见面谈了一次,客户就是不愿意理他,而我去谈了一个多小时,订单拿下;

(2)经营同质化极其严重的产品,卖几乎同样的价格,有的公司赚得盆满钵满,有的公司面临倒闭破产;

(3)在同一个公司,卖同样的产品,价格、付款条件、询盘来源几乎一致,有的人一年贡献几百万元产值,而有的人就是几乎不出单,最终被公司淘汰。

成功靠的是天赋、悟性、缘分，还是运气？不拼到最后似乎也根本没法判断吧！既然无论如何都要努力，何必花时间在那些根本没有标准也无法判断的问题上呢？

如何努力？我们慢慢地说。

销售卖什么？可以说是产品。但是销售就是卖产品吗？当然不是！就是因为销售不仅仅是卖产品，才出现了上文列举的差别。

当然，有一些牛人，基于自己的专业性、逻辑能力和表达能力，只谈产品已经基本上让客户折服了，你能做到吗？

一谈到产品，无论何时何地，都会有人问这个问题："JAC老师，我们的产品跟同行一样，同质化非常严重，价格又不低，没有亮点，怎么卖啊？"面对这个问题，我的回复就是开篇的三个现象，并且引导他想想这是为什么。很多人想不通，我今天来给出完善的答案。

一、你真的会介绍你的产品吗

讲课的时候我都会问这个问题，我也会关注下面人的眼神。大部分人都很蔑视这个问题，工龄越长的蔑视得越明显，潜台词就是："我们都做了这么多年了，还不会介绍产品？"

但当我让他们用英语介绍公司或者产品，要求有条理，逻辑性强，有吸引力，设定场景为在展会上面对潜在客户时，多数人都不能完成。利贸为400多家客户提供了咨询管理服务，做过这个测试的外贸人员超过3 000人，能介绍到1分钟的都不多，而且逻辑混乱，不知所云。

为什么？是笨吗？绝对不是！这个世界上最不缺的就是聪明人，但是聪明人最不屑的就是用看起来很笨的方法做看起来很笨的事。可是事实证明，看起来很笨的方法却是有效的方法，因为世界上根本没有捷径可走。

大家都没有受过主动介绍的模拟训练，也从来不想去梳理体系、整理逻辑、模拟训练。从我文章的浏览量，可见一斑，凡是讲授技巧的文章的点击率就会很高，讲授模拟训练的文章发出来，浏览者寥寥，为了显示其重要性，我发了两遍，可是依旧没人看。

大部分销售员都是传话筒，客户问，他们答，客户的思路就是他们的思路，当客户突然不问了，他们就束手无策了。主动介绍能力是一项极其重要的能力，而主动介绍要结合客户的大体需求，怎么做？根据客户的行业细分和背景调查，准备客户感兴趣的话题和素材，再进行模拟训练，直到游刃有余，然后向客户主动营销。

二、你会卖自己吗

产品不会说话，而销售员是产品的嘴巴。与其说我们在卖放在桌上的那瓶水，不如说卖的是我们描述里的那瓶水。

我们并不需要把产品描述得十分完美，只要描述清楚，有条理，有亮点（结合客户需求的描述就叫作亮点）就够了，因为做到这些的销售员都不多。

这就是人与人的差别。当然，差别还不仅仅在这里，举一个很合适的例子：四个人谈判，二对二，客户请我们吃饭，边吃边谈合作的问题。同事总是把焦点放在产品上，聚焦于一个产品谈来谈去，其实产品真的有那么多东西可以谈吗？所以，很多东西都是在重复。而我的思路就比较开阔，我会跟客户谈公司的以前，谈一些小细节，谈我们的发展思路、未来规划。当然，我可以确定这些东西都是客户们愿意听的，因为他们也是刚刚起步，急需一个懂行、有追求、负责任、有远见的人去带他们。所以他们需要的绝对不仅仅是一个供应商，而是一个合作伙伴，而且是一个可以给他们安全感、一起规划未来的合作伙伴。

这就是在卖自己！

大部分客户跟我合作都是因为我这个人——我很愿意思考，也很愿意去挖掘客户需要的东西，这个很难吗？不难，只要你愿意投入精力去琢磨客户的处境，分析客户提出的问题、对你的要求，就基本上能够得到答案。

不仅仅要会谈产品，更要有人文关怀，客户也是人，有各种诉求，不违背良心和原则，力所能及，你可以发现并且满足他的诉求吗？以人为本，或许就是这个意思，这一点，我做得非常透彻。

分析完以上两点，你还认为销售就是在卖产品吗？

Part 2
为什么客户明明需要你的产品却不理你

曾经有一段时期，我经常遇到这种问题：通过网站或者海关数据查找，我可以非常确定该客户需要我的产品，而且一直从同行那里购买，但是无论我怎么联系，对方都不反馈，甚至会直接说对我的产品暂时不感兴趣。

每次找到一个目标客户，我就会狂喜，几轮折腾之后就会开始失落，因为回应者寥寥。尤其是2007年刚开始创业那会儿，压力很大，我苦苦思索，终于算是想通了一二，后来客户开发的成功率也就高了很多。

我主要抓住了以下几点。

网站上的电话大多是销售电话，尤其是工厂，大部分有专门的原材料采购部，原材料加工后交给销售部销售，而网上留的联系方式往往是销售部的。按网站上的联系方式打去推销时，其实面对的可能是销售人员，无异于对牛弹琴，所以找到采购部的联系方式就变得格外关键。我主要通过领英寻找采购部的联系方式。

找对人是第一步。找对人之后，就要使用合适的方法把产品推销给他了。什么才是合适的方法？

我一直在说一句话，供应关系决定推销方式。其实当时似乎我的思路也没有完全转过来，毕竟从2002年开始做外贸，经历了最容易的时期，几乎没有竞争，遍地是黄金，只要我肯提供信息给客户，客户的反馈度往往会极高，哪受过这种冷遇？

不断的碰壁中，我领悟到一个道理：不能再提供信息了，因为信息太多了，客户不缺，要提供价值，要提供诱惑。

于是我开始思索两个问题：

（1）客户是需要这个产品，但是人家凭什么买我们的呢？

（2）客户现在跟原有的供应商合作得好好的，要挖墙脚得具备哪些条件呢？

我开始提炼产品的卖点，力求把遍地都是的大路货说得跟一朵花儿一样，不管是图片还是视频，凡是能说明卖点的都统统整理出来；我开始仔细地拆解产品、核算成本、调查市场价格，力求让我的产品价格能够在较低的档次，挖人家墙脚就要付出代价，价格绝对是很重要的一个方面；我开始研究更多的付款方式，因为我坚信付款方式绝对是订单谈判的重要工具，也是决定成交的重要条件，研究了当时同行的付款方式，主要是电汇，于是我更多地研究信用证，等等。反正价值在哪就研究哪，哪能创造诱惑就研究哪，其实我一直以来的文章都是基于这些内容。

标题中的疑惑就此被我解开，方法无非就是我谈及的那些而已。但是因为产品不同，行业有异，我只能提供思路，具体执行方法只能靠你结合自己的行业制订了。

Part 3

已经跟客户合作的同行到底比你好在哪

我经常问自己，那些已经跟我的目标客户合作的同行究竟比我好在什么地方？为什么客户就是不愿意把他换成我呢？

想来想去，其实就一个原因：因为他们在合作。

因为他们在合作，所以客户可以切切实实地感受到产品的质量如何，包装如何，使用起来如何，也正是因为在合作，说明同行的产品一定令客户满意。而我们呢？只能通过我们的描述让客户去感受我们的产品。仅凭这一条就可以淘汰很多人，因为绝大多数人居然不了解自己的产品，不知道自己产品的卖点在哪。你都不了解产品，如何能让客户对你的产品有一个基本的认识呢？你不知道卖点，如何让客户知道你产品的优势在哪呢？

有一个观点我已经说过很多遍了，要把客户当作一无所知，一条条地把你的产品介绍给客户。为什么？因为客户从来没有见过你的产品，你不给他介绍，他怎么会对你的产品有一个基本的了解呢？不要以为客户了解了，人家了解的是别人家的产品，不是你的。

产品的卖点在哪？很多人说："我的产品很简单，哪有什么卖点？"你的产品再简单，也比纯净水复杂吧？你见过农夫山泉和恒大冰泉把自己的卖点定位于解渴吗？

了解产品是第一步，然后是表达。刚刚说过了，客户可以直接感受到同行的产品，而我们只能靠描述。很多人习惯了用文字介绍，其实还可以用图片、视频等方式，很多人习惯了发邮件，其实还可以用电话、即时沟通软件等方式。

为了让我的表达令客户感同身受，我利用了一切手段，更是采用了JAC议论文谈判法，事实证明效果不错。

其实还有一种方法可以让客户直观地感受到我们的产品——寄送样品。可是国内的供应商似乎很少主动提出发样品，甚至当客户提出发样品的时候，还要赚点钱，或者把是否付钱当作判断客户是否有意向的手段，真的是愚蠢！

让客户直观地感受到我们的产品已经很难解决了，可是这只是第一条。

因为客户与老供应商已经在合作，所以对彼此更信任，尤其在付款方面。

钱，或者称为货款，永远都是最敏感的，买卖矛盾从来都是不可调和的，双方都是不见兔子不撒鹰。对于卖家，兔子是钱，对于买家，兔子是货。正因为他们已经合作，甚至可能合作了不止一年，已经解决了这个令人纠结、令无数生意破裂的问题。

其实信用证是一个非常好的解决这个矛盾的方式，可是国内有许多人不做信用证。客户对你根本没有任何信任，你还想享受老供应商的待遇，简直是痴人说梦！

正因为客户已经跟他们合作，而且可能合作了很久，他们之间可能出现过问题，但是已经被解决，例如货物质量出现了问题，而卖家给出了很好的解决方案，于是双方的信任加深。客户很明白，没有任何一个公司的产品不会出问题，关键是出现了问题如何解决。我们如何让客户相信如果出现了问题，我们一定会负责到底？

价格、货期、私人交往，都会因为合作过而变得不同，而我们对于客户可能只是一个陌生人。

基于以上的种种原因，你想挖人家墙脚，还不拼命？你还要挑剔客户冷漠，不热情？你还会觉得你发一封、两封或者若干封邮件，客户就应该给你一个大大的笑脸？

还是那句话，客户不会一开始就对你很热情、很友好，因为人家没必要。只有你拿出自己的职业和专业精神，证明了自己的价值，客户才会认可你，对你很热情。

Part 4
你知道你的客户是怎么一个个流失的吗

利贸的培训有一个非常完善而且强大的体系，绝对不是通过"打鸡血"的方式让大家在短时间内感受到激情，而是从基础开始帮大家一点点地进行梳理。

首先是产品七大体系的梳理。很多公司的老板可能都没有想到，他们的业务员对于产品的了解非常不系统。这其实不能都怪业务员，业务员肩上扛着那么大的压力，不可能再系统地学习产品，而公司也没有提供一个系统的体系。因此利贸对所有的服务对象，第一步都是梳理产品知识，提炼卖点，塑造专业性。

其次是业务流程的梳理。利贸会把整个业务流程进行拆解，从拿到询盘或者在展会上拿到名片开始，一直到最后的成交，每一步都清清楚楚地列出来，用销售漏斗的理论进行分析。

销售漏斗有很多种形式，图5-7至图5-9展示了几种销售漏斗。

估计很多人都看过类似的理论，但是大部分人都没有让其发挥功效，真正落地。本书第41页的图2-1是利贸给客户做的销售漏斗模型，数据是虚构的，但是订单流程是真实的。我们的工作就是根据这个流程，寻找每一个环节客户流失的原因。

例如在第一个环节中，客户的询盘有100个，我们处理询盘之后的客户回复只剩下了30个，这个环节的流失率达到了70%。利贸从来不理会这个行业的平均水平是什么，我们只知道，既然我们接了这个项目，就要让流失率变小，通过率变大。利贸的最好成绩是让某个公司的回复率从原来的11%变成38%。某个公司在利贸接手的时候，平均回复率就超过了60%，在同行中已经是顶尖水平，我们还是让其提高到了74%。

评估销售机会6%

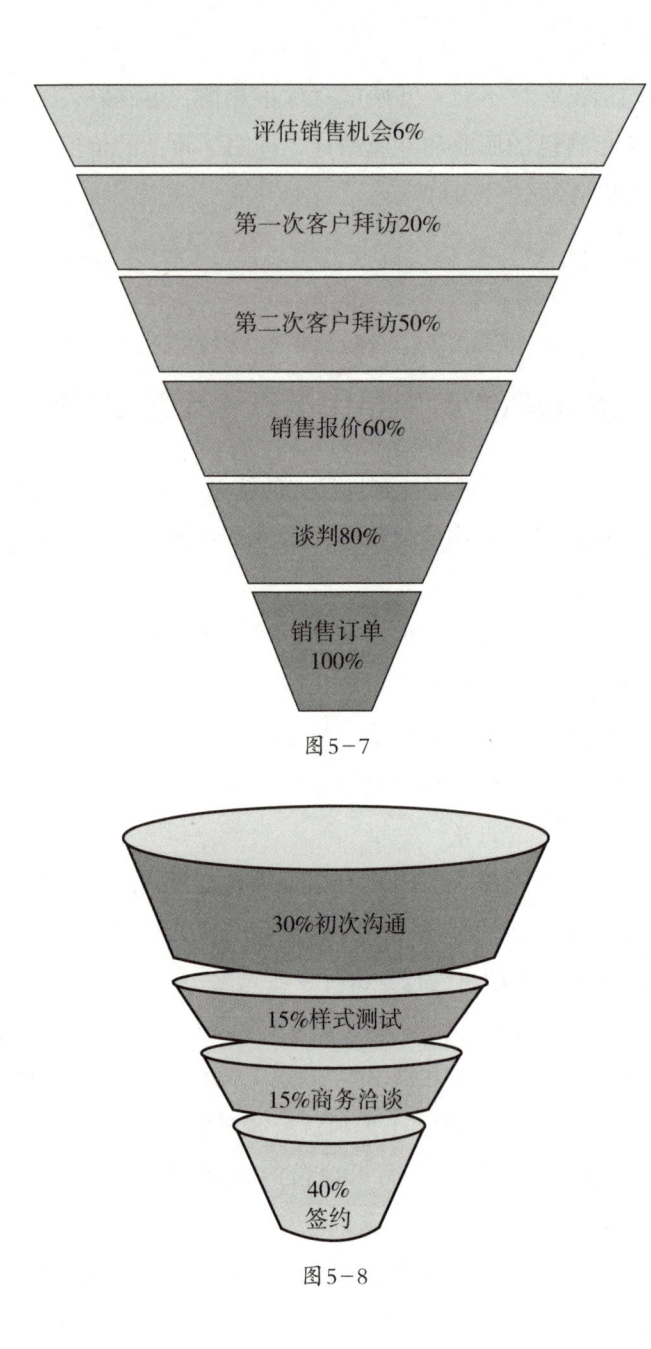

第一次客户拜访20%

第二次客户拜访50%

销售报价60%

谈判80%

销售订单100%

图 5-7

30%初次沟通

15%样式测试

15%商务洽谈

40%签约

图 5-8

提高客户回复率的方法如下：

（1）做好客户的背景调查；

（2）使回复询盘的邮件更加具有针对性；

（3）分析邮件中客户透露出的最关注的点，给出答复；

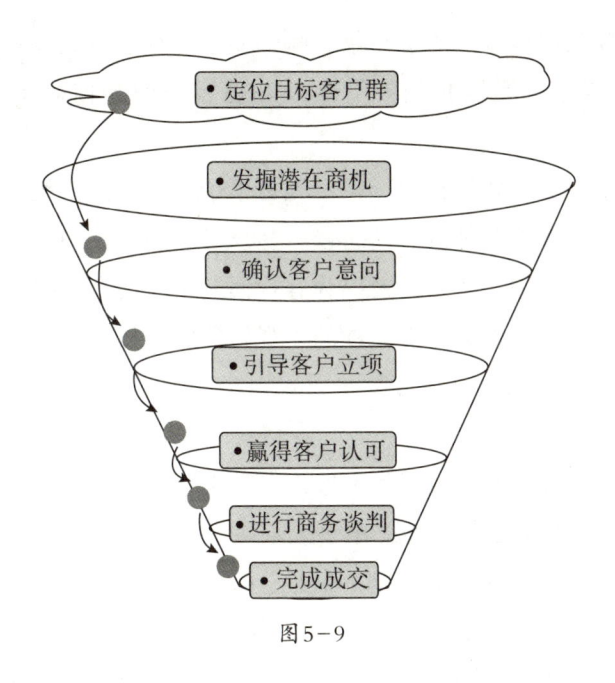

- 定位目标客户群
- 发掘潜在商机
- 确认客户意向
- 引导客户立项
- 赢得客户认可
- 进行商务谈判
- 完成成交

图5-9

（4）提供客户需要的解决方案；

（5）多用即时沟通工具（例如电话），提高沟通效率，降低沟通成本。

这些方法比起大多数人原来那种看到询盘后轻轻松松回复的模式复杂了很多，大多数人都不愿意去做，尤其是背景调查，就算是利贸进入企业内部推动，都要费些气力，甚至要针对性地设置考核方案，才能真正落地，可见其困难程度。所以，利贸把背景调查、产品学习、模拟训练并称为外贸实战里面最为核心，但是仅仅靠自觉难以彻底落地的三件大事。

针对背景调查，利贸整理了一套完整的文件资料和标准化文件。为了真正落地，利贸的每一名服务专员都要学习客户的产品，我们内部的快速学习法可以让专员们用一个月的时间至少达到普通员工一年的水平，只有这样，在模拟的时候，我们才能给予指导。

这样，第一个环节的流失率就降低了。如果客户回复率可以达到40%甚至50%，就意味着下面每一个环节的客户绝对数目都会增加，业绩就会增加。

在客户回复之后会进入沟通环节，虽然沟通两个字在图中不起眼，但却是极其重要的环节，沟通贯穿了整个订单流程的始终。但是沟通很难，因为这个时候我们对客户不甚了解，哪怕做了详细的背景调查，还是有大量的信息不清楚，所以我们要清晰地知道客户的具体需求，才能有的放矢。

需求的获取是需要资格的。很多人都不了解这一点，客户的选择那么多，当供应商一点价值都没有的时候，客户可能很快会消失，怎么可能告诉你他的具体需求呢？所以不要以为客户回复了，就有了很大的机会，客户很多回复都是应付性的、形式性的、观望性的，我们一定要抓住时间加一把火，让火一直烧到订单签订。

价值便是那把火！

那么价值在哪？业务员就是价值！产品再好也不会说话，公司再牛也不会说话，业务员才是产品和公司的喉舌。

我们对于客户的价值是专业、职业、商业和服务精神。例如父亲节快到了，不管这个客户是否和你合作过，既然在聊，我们不妨提示一下他：父亲节可以做些活动，有的客户做过，效果还不错，可以尝试一下。

客户的问题可能很简单，但是我们很重视，详细地回答，再加入一些可行性的针对方案，客户怎么会不喜欢我们呢？

有一个公司的业务员在跟客户的沟通方面存在着很大的问题，除了会问"您好，这个订单进展得怎么样啦？""您好，您的客户反馈了吗？""您好，您对样品是否满意？"等问题之外，别无沟通方法。当我提出让他们要找各种方案跟客户沟通的时候，他们都表示不知道要怎么做。其实我很清楚，对于他们，理论上的东西都没有用，他们看过不少，但就是落不了地。

因此我要求他们对现在正在谈的客户的沟通记录和背景调查表进行分析，寻找客户的兴趣点、关注点，针对性地设定一些跟进方案、沟通话题，让客户真切地感受到他们的专业、职业、商业和服务精神。

当然，在沟通里面，还有一个非常重要的内容，就是提问。很多人不会提问，更多的人不敢提问，怕客户不回答，怕客户尴尬，前怕狼后怕虎。

案例分享　　　　　　**要学会问问题**

某公司的销售员问了我一个问题："一个原本很着急的客户突然不着急了，我完全找不到应对策略，应该怎么办？"我让他阐述了整个过程，他是这样说的："某位客户和我联系，一直在强调货期，我询问客户是不是很着急要货，客户说：'是呀，现在是夏天，如果夏天过了，就不好卖了，所以很着急。'但是过了一个周末，客户就说：'现在不是时候，不着急。'"完全让业务员摸不到头脑。

我只能说，这个问题我也没办法，我只能猜，因为我们错失了一个跟客户沟通的好机会，就是在问了第一个问题之后，应该马上问第二个问题。

"您很着急要货吗？"

"对，很着急，因为夏天过了，就卖不掉了。"

"明白，的确是。您的货是您自己销售吗？还是替您的客户采购啊？"

这个问题非常关键，因为答案决定了客户的决策模式，到底是他自己说了算，还是别人说了算。如果别人说了算，客户突然变得不着急，就有可能是别人不从他这里采购了；如果是他自己说了算，一定是产生了什么顾虑，我们要想办法解除。

问问题应该遵循由浅入深的过程，并不是一个问题就结束了，可能就着某个话题问下去，会得到很多非常重要的信息。

销售漏斗下面的环节不再一一分析，基本上思路是一样的，在每一个环节都应该提供价值，不断地让客户把精力放在我们身上。大家可以根据自己的订单流程来画销售漏斗，尝试分析。

这里还有一个问题，销售漏斗中的每一个环节都是环环相扣的，很多环节是必要环节，你非走不可，因此要会推进订单流程。例如到了设计环节，我们突然发现，客户对设计还算满意，但是拖延的时间太长了，客户从最初的非常感兴趣变成兴致索然，再下去可能就消失了，这个时候，我们要主动往前推一步，客户可能当时提到了对包装要求比较严，我们就可以直接提出："设计款式您慢慢确认，我先给您推荐几个不错的包装吧。"客户的注意力可能就回来了。

我们辅导的企业中有位连续成交的小伙子，当他发现订单一直停留在探讨设计阶段的时候，就会主动提出："我相信您对设计基本满意了，要不我把样品给您打出来？"这就叫推进订单。

我很不喜欢一个订单一直僵持在某个环节，我的谈判风格就是逐层推进，除非客户那边的流程极其烦琐，我不允许原地踏步，不允许等待。谁说的订单只能让客户推进？如果连订单进度都不敢推进，更不要谈主动成交了。这个临门一脚，你会踢吗？

每位业务员都应该建立自己的销售漏斗模型，不然你不知道自己做的工作到底带来了什么，更不知道自己的客户要如何推进；公司更应该建立销售漏斗模型，不然永远不知道，公司数据库里的客户到底都处在什么阶段，从公司层面要给予业务员什么样的辅助和配合。

Part 5
关于报价的种种疑虑

报价是外贸业务的第一步，也是永远不可能绕过去的一步。很多人在报价的时候有很多的疑虑，我们今天列举一下这些疑虑，并且做出简单的分析。

一、信息不全不能报价

客户要在第一封邮件里写明白所有要素，某些人才会痛痛快快报价。很多人会选择问客户很多信息再报价，但是往往这种邮件回复率很低。

针对客户提供的信息不全，有两种解决方式：第一，给客户打电话，电话交谈能获取更多、更全面的信息，也可以利用即时沟通软件询问；第二，推荐，先推荐热销款、常规款、同一国家（地区）的客户常买的款、你们公司的主推款，然后再询问。

事实证明，这两种方法可以极大地提升客户回复率。

二、如果降价幅度太大，客户认为我们的利润太高，留下不好的印象怎么办

获取高额利润是每一个商人的目标，所以很多东西都是我们自己想出来吓自己的。决定是否能拿下订单的是产品及交易条件，尤其是价格。你为什么不想想，如果不降价，客户跑了怎么办？

三、客户得寸进尺怎么办

没有人会嫌自己买的东西便宜，所以客户一再砍价很正常。但是你应该先想清楚报价策略，根据行业竞争状况，在谈判一开始就设定底线，任何人都不允许碰触底线。有余地的时候，我会后退，到了底线了，无论谁再推我，我都会站在原地，甚至会反逼。这样的退让是战略性退让，不知道自己底线在哪，肯定会觉得很被动，很茫然。

当我们提供的价格有诱惑力的时候，客户也会珍惜谈判时的和谐气氛，毕竟没有几个客户喜欢天天跟供应商谈判、拉锯，我们痛苦，他们也痛苦。

四、低价竞争，我不想参与

低价竞争会引发恶性竞争、行业混战，对整个行业的发展都不利。但是，除非你有本事发动整个行业坚守底线，都守着自己的蛋糕，互不侵犯，不然拒绝低价竞争就不可能做到。

"你吃饱了，我还饿着呢，我才不管吃相么难看，我要填饱肚子，不然我就饿死了！"这是很多供应商的心声。你跟他们谈有序、健康发展，免了吧！活不下去的时候，这些都是空话。

只要有一两家企业的底线失守，整个行业的底线就会立马失守。这种情况我经历了两次，一次是2008年，江苏新工厂开业，低价倾销，把整个市场的价格拉低了10%。一次是2012年，一家小工厂突然降价，要知道整个行业有上百家工厂，一家降价就引发了恐慌。我们一直坚守底线，新客户成交率骤然下降，老客户也慢慢地开始抱怨。我觉得我维护客户的能力够强，手段够多了，但还是难以掌控。

五、客户只是试探我们的底价怎么办

这种情况是真实存在的。

例如我有位客户，经常在砍价后失联两天，后来又回来问我："能便宜点吗？"我说："不好意思，不能。"他说："好吧，给我合同。"我之所以那么坚定地说不能，是因为我们合作过，互相了解了，关系好了。我知道他的特点，他会一直砍到价格让他满意，然后去跟他的买家确认订单，订单拿到了，再回来尝试性地问一句："能便宜点吗？"

在接触之初，他砍了价失联后，我也会慌，打电话得知他正在确认订单，也很煎熬。但是因为我知道底线在哪，所以我坚信价格不会高很多，而我的专业肯定会打动他。

几天后，他回来重新砍价，我也在权衡、犹豫，因为我很多时候判断客户是来试探的，于是拒绝降价或者拒绝降到客户的目标价，结果客户就跑了！于是我象征性地降了两美金，他马上说："好的，给我合同。"他的确是试探，那是基于前面的砍价已经让他满意了。我也是合作了一段时间以后才知道他在试探。

没有合作，不知道客户有什么特点和习惯，接受能力如何，你如何判断呢？

如果有海关数据，可以查一下；如果没有海关数据，就只能基于对行业竞争状况的了解做判断。权衡是坚守价格，获取高利润，但是丢失订单的风险偏大，还是降价，降低利润，但是拿到订单的可能性加大。高风险，高回报，亘古不变。

价格到底怎么报，没有定式，对新老客户的报价方法不一样，不同的量、不同的付款方式也会影响价格，但是必须根据行业竞争状况报价，市场是检验你的交易条件是否合理的试金石，不要盲目，更不能没有策略和底线。

六、我的质量好，所以价格高

除非你能证明，你的产品真的能给客户带来实实在在的好处，否则客户是不会买单的。

例如客户做零售业务，你告诉他原来的那款不如你这款功能强大，当然价格肯定有差距，他是否能卖出去。他不像大卖家，可以做广告、做营销，他要先保证生存，卖好自己熟悉的款，再慢慢推销新款。这是大部分零售商的策略。

再例如，你说你的配件很好，但是价格高，这会造成客户的成品成本上升，他会考虑自己产品的市场竞争状况，是否有能接受的群体，群体有多大，成长期如何，等等。

其实这个时候考验的不是销售能力了，而是市场策划和营销的能力，你要怎么做策划、营销，给客户提供什么样的市场策划和营销策略，这很重要！

Part 6

想一下，你手头上是不是有这两类客户

我一直在倡导行业细分，也就是把你的客户分解到各个类别中，分别分析每个类别的特点，然后"对症下药"，各个击破。

而行业细分一个很重要的方法就是案例分析。

案例分析是利贸对客户进行服务的重要方法，在按照客户的产品特性对订单流程进行分解后，建立销售漏斗模型，然后把每一环的客户流失都用案例表示出来，对每一个案例进行剖析。在剖析的时候要打标签，注明这是哪一类客户。而在案例分析的过程中，其诉求、特点也就能清晰地展现在我们面前。

提醒大家注意，有两类客户你可能会错过。

一、对我们的产品感兴趣但并不是经营者的客户

相信大家一定遇到过这种客户，在询盘中或者展会上，客户自己表示对我们的产品感兴趣。但是通过背景调查，我们发现他根本不是我们产品的经营者。

这类客户的热情很容易退却。你会发现这类客户慢慢地不再跟你联系，

虽然他们花钱买了样品，而且一直信誓旦旦地说要拿到订单。

我们深入研究了这类客户，发现这类客户之所以对我们的产品感兴趣是因为以下几点：

（1）他经营的领域跟我们产品的适用领域相同、相似或者高度重合；

（2）他意欲扩大生意；

（3）他认为把我们的产品介绍给他的客户不会很难，毕竟双方有其他的合作。

我们分析了自己公司和所辅导客户在上百次展会上收集来的客户数据，发现这类客户居然占了40%。也就是说，在展会上，别看收集到了很多张名片，实际上有接近一半的人从来没有买过你的产品，他们之所以对你的产品感兴趣，是基于以上三点原因。

就如同，有一个人一直经营大米、玉米、豆粕等生意，他同食品工厂有生意往来，于是他想："我是不是可以替他们采购食品机械呢？"商人逐利，有这些想法本来很正常，而且从逻辑上是绝对说得通的，也有一定的可操作性。这就是他们热情的原因。

由于这类客户群体庞大，我们不能不重视，所以要仔细地对他们进行分析，为什么绝大部分这类客户最终销声匿迹了呢？

（一）与客户本身的实力有关

我们现在一般把买家分为专业买家和非专业买家，而专业买家还分为有实力的专业买家和实力一般的专业买家。有实力的专业买家体系完善，可能会有采购部、市场部、营销部等各个部门，等他们拿到一个新产品的时候，会进行包装，然后向他们的目标客户推销。这类客户是我们要重点关注的客户，因为他们有足够的能力来对市场进行深入开拓。

至于实力一般的专业买家甚至非专业买家，他们要把一个他们不了解的产品推销给客户，即便这些客户是他们的老客户，也是很困难的。因为不了解产品，就没法控制质量，没法真正拿到优质价格，他的客户恐怕不会轻易把订单给他们。

或许他们去推销的时候，连产品都介绍不清楚，怎么会有订单呢？因此我们需要多做一点工作。给这两类客户样品的同时，一定要有专业的产品培训跟进，让他们能够迅速进入状态，最快见到成效，他们才会真正地将热情持续下去。

（二）与产品本身的特点有关

一些不需要后端服务的产品推销起来会简单一些，大部分成本实际上就是产品的成本。而如果后端服务较重要，新入行的经营者就会遇到问题，毕竟刚刚开始研究某个产品，不可能一下子就把整个服务体系完善地搭建起来，那么下游客户就会存在疑虑和担心，可能绝大部分都会持观望态度。

如果我们的产品需要安装等后端服务，想要开发有共同客户资源的买家，就要协助这些人把服务体系建立好，这样才能真正拿下订单。

（三）与供应链有关

例如 A 是跟我们联系的人，B、C、D 是他的老客户，也就是 A 推销的对象，这时候决定推销能否成功的，还有一个很重要的维度，就是 B、C、D 从哪里采购，如果他们直接从中国采购，估计 A 的机会也就不是很大了。如果 B、C、D 从本国的渠道商那里拿货，那么从理论上来讲，A 还是有机会的。这个时候，上面分析的两点就变成了决定条件。

这类客户，实际上捏着我们想要的那部分客户，而这部分客户的供应商是我们的竞争对手，或者是我们竞争对手的客户，正面交锋往往会有很大的困难，例如我们想挖竞争对手的客户，会引发激烈的竞争，如果有一些新方法可供利用，我们绝对不能放过。所以跟进这些客户的方法，就是不断地强化他们对我们产品的信心，例如不断地告诉他们各种客户案例，告诉他们这个产品潜力巨大，哪些客户是刚需，哪些客户必须购买，告诉他们我们会全力配合他们开发市场，我们甚至可以派地推过去协助（当初我们开发韩国、泰国、孟加拉国的市场时，就是这样打下的基础），也可以少赚钱。

这类客户做好了，展会效果自然会爆棚。

二、作为设计师的客户

还有一类客户也会在展会上出现，尤其是国外展会，他们就是设计师。这些设计师来展会的主要意图是寻找灵感，寻找新的元素，以供自己做设计案的时候采用。

如果你的产品在工程上可以使用，你就会有这样的经历，某些设计师经常过来问价格、款式、参数，总是有不同的需求，但是就是没有订单。

很多人会说，这些客户不靠谱。如果你这样说，说明你对这类群体并不了解。他们来找我们询问，只是为了让自己的设计案尽快完成，让设计案更完善、价格更精确。但是需求方会不会选用这份设计案还是未知数，就算选用了，这份设计案也会被转交给工程承包方，由承包方来寻找供应商，跟我们联系的设计师根本就不负责实际采购。

因此，我们跟这类客户沟通的时候，可以明确地提出条件："我们可以无偿地提供各种协助，例如提供价格、参数，甚至样品，我们只有一个要求，把我们推荐给工程承包方，让我们获得一个销售机会。"

行业细分真的是极其重要，深入地剖析客户以后，所有的信息都明确了，该如何推进，也就有了思路。

Part 7 做外贸可以不谈论价格吗

我一直试图破解一个难题：如果销售的是大路货，价格没有多少优势，怎么拿订单？

现在大部分外贸企业的现状是，产品无明显特点，竞争对手众多，客户总是挑来选去，只能眼睁睁地看着自己的利润一点一点地被挤压，却几乎无力回天。

客户也有烦恼，就是选择太多了，要做出采购决定总要有一个筛选标准，那么最好的标准就是性价比。性价比是什么？就是质优价廉。

但是性价比里的"性"，也就是产品的质量，是很难迅速衡量的，因为不是面对面交易，客户不可能看到、触摸到、体验到我们的产品，所以用"性"作为筛选标准相对困难。当然也有些客户什么都不跟你谈，直接要样品，如果样品合格，再谈其他的。为了解决这个问题，为了更好地表述出自己产品的"性"，我提出了一种谈判方法：JAC 议论文谈判法，即跟客户沟通时，不仅要提出论点，还要拿出充分的证据，也就是论据，例如文字、图片、视频、第三方数据等，最大限度地打动客户，引导客户多多考虑"性"，而不是价格。

为了让筛选更快捷、更高效，客户往往会选择性价比里面的"价"，也就是价格，作为判断标准。因为价格一目了然，容易比较，更因为商人最关心的就是利润，获取最高利润是商人的本性。因此价格往往是客户筛选的第一个标准，先用价格这个标准淘汰掉大部分供应商，然后再进行产品、专业度、服务水平的考察。

这绝对不是什么理论，而是每天都发生在外贸人身上的实实在在的普通事件。

所以，谈外贸可以不谈价格吗？绝对不可以。不仅不能不谈，更应该永远都把价格放在心上，每次报价都要慎之又慎，不可能每次都是最低价，但是至少不要每次都是最高价。

为什么客户看到你的报价就不理你了，价格原因占了很大的比重。

但是谈价格、重视价格绝对不是提倡打价格战、拼价格的意思。我很讨厌价格战，因为拼到最后，大家都会受损失，这不是我想要的。

我不打价格战，但是我的同行在打啊。我做得再差，每年还能赚点钱，可是我的同行呢？他们快饿死了，想吃得饱一点就要拼命地挖墙脚。价格是他们最有利的武器。

我为了维护客户付出了巨大的成本，几乎每个月都要飞去见大客户一面，吃吃饭，聊聊天，谈谈友谊，叙叙感情。可就是这样，客户还冷不丁地说："你的同行又降价了啊。"

我该怎么抉择？你会怎么抉择？

我是最重视产品学习的，如果你看过我的文章，如果你听过我的现场课程，你就会知道，我总是不厌其烦地强调专业的重要性。我一直认为，想要做好外贸，就要做到专业+职业。

但是专业+职业并不能从根本上解决价格战的问题，只能让我们不需要拿着最低价去拼也能拿回一些订单，或者说同行是卖产品，而我只是想加一些附加值进去，让我的利润稍微高一些。但是，如果你的价格高得不合理，恐怕谁也救不了你。现在信息太透明了，尤其是价格。

抛开价格谈外贸业务就是空谈。

什么时候是个头？当行业洗完牌，存活的企业不需要再忙于生存，有足够的实力、足够的精力去关注产品、提高产品的时候，好日子就会来了。我相信有的行业已经有这样的公司出现。

当然，还有一部分企业在浮躁的环境中始终坚持自我，别人为了迎合市场无所不用其极，他们却坚持走高端路线。这样的企业要么一败涂地，如果挺下来，也会成为行业翘楚。

Part 8
如何让你的 PPT 发挥最大功效

无论是用于公司介绍、内部学习，还是给客户汇报，PPT 都有着极其重要的作用。

很多人在我的倡导下开始在外贸业务里使用 PPT，用于平常的模拟训练和跟客户面谈时的演示。有人反馈效果很好，也有很多人不知道要怎么做才更有功效。

第一步，做 PPT 就跟拍电视剧、拍电影一样，要有一个剧本，也就是要有一定的逻辑顺序，这个逻辑顺序要根据你想表达的核心思想来定。支撑你核心思想的各个方面，构成了每个部分的表达核心。

举例来讲，我要表达我的公司是最合适的供应商，这是核心思想，那么这个核心思想应该由以下内容支持：

（1）公司对于本产品经验充足，堪称行业专家；
（2）生产设备先进，质量极其稳定；
（3）生产团队、质量控制团队、销售团队都极其专业；
（4）售后服务团队强大，勘察理赔机制完善；
············

以上都是要点，是整个 PPT 的核心，要配上充分的证据，例如图片、视频。

总结一下，就是你要先找到表达的目标，然后根据目标来展开论证。你可以找到支撑你要实现目标的几个因素，作为目录标题，然后采用 JAC

议论文谈判法丰富标题下的内容。

这样就可以直接把PPT的第一版做出来。这一版PPT可能很全，但是篇幅偏长，在有限的时间里给客户演示，就会出现问题，例如时间太长，让客户感觉不到重点，让客户觉得很啰唆等。

因此第二步是精练，能用短语的不要用句子，能用一句话的绝对不用两句话，能用表格的用表格，能用图片的用图片。总之，让你的PPT变得可读、容易读、容易懂。很多时候，可能你的内容不错，但就是因为表达不够精练，让浏览者看着就头大，肯定不会起到什么好效果。

精练部分还包括让你的英语专业起来，不要出现任何中式英语，这一点很重要。

这样第二版就出来了。这个时候的PPT内容健全，而且表达精练，图文并茂，已经基本上可以拿来用了。

第三步就要进行修饰了，可以加入一些小的装饰元素，或者直接从网上购买一些比较好的PPT模板，让你的PPT变得美观，让人看起来心情愉悦。

小贴士

有些小细节要注意：

字体搭配要合理，英文字体可以选用Arial或者Times New Roma；

颜色不要太突兀；

商务演示类PPT不需要太花哨，不要设置太多动画；

置入PPT中的图片务必要美观，不要将原图直接放进去，加一些渐变效果，跟PPT的底色融合，会漂亮很多；

做完之后要检查兼容性，很多人制作时使用WPS，其中的很多图标如果用Office演示可能会变得混乱，一定要事先检查兼容性，不要临场才发现问题。

做完PPT就要进行模拟训练了：

30秒总结你做的PPT的核心点；

3分钟讲完你的PPT，而且要包含核心、要点、证据；

5分钟讲完你的PPT，而且要包含核心、要点、证据、论证过程；

完全脱离PPT进行演讲，锻炼熟练程度；

对PPT进行演讲的时候，尝试加入跟浏览者的互动；

让自己的演讲变得风趣生动，表情丰富但不夸张，音调丰富但不浮夸。

按照以上步骤做，你一定可以在接待客户的过程中给客户留下美好的印象。

Part 9

汇率如此变化，外贸还怎么做

其实汇率对于很多行业影响不大，可能是这些行业利润比较高，少赚点没关系。但是对于某些利润很薄的行业，汇率变动可能造成致命打击，本来就只能赚一点蝇头小利，外币稍微贬值就会吃掉我们的血汗钱，怎么办？

外贸科班出身的都知道做远期外汇汇率锁定可以应对这种风险。但是问题在于这种方法只适用于大宗货物、大额交易，且费用不低，不适合我们这种小本生意，而且现在的很多银行工作人员居然连这个交易怎么操作都不知道，真的令人很无奈。

不知道有多少人经历了2006年到2008年的人民币升值。当时我做的是化工产品，微利，刚开始创业，资金不足，而且供应商实力不强，不能给予我足够的支持，四个字可以形容我当时的处境：灭顶之灾！

很显然，我撑过来了，所以我是有一些方法的，但是我承认，这些方法治标而不治本。什么是治本之法？产品升级换代，做出特色，拉开与同行的差距，保证利润够高。可惜这个方法需要天时、地利、人和：企业要先能活下来，有资金支撑研发，懂市场，知道研发方向，有研发人员。

可是大病来了，首先要祛除病症，活下来，再去考虑强身健体，才是正道。因此教大家一些治标之法，这些方法在过去了给了我极大的帮助。

一、设定价格有效期

其实，价格有效期在我们公司的报价体系中一直很重要，属于7P1A［7P：Price（价格）、Payment（付款方式）、Package（包装）、Product Capacity（产品集装箱容量）、Price Validity Period（价格有效期）、Product Data（产品参数）、Picture（图片），1A：Advantage（优势）］模式中的一个P，但是很多公司似乎从来没有价格有效期的概念。

在价格有效期内，无论汇率如何变化，变化多大，我们都甘愿承担风险。

客户也很清楚，汇率的变化对我们的生意具有很大的影响，所以这种设定合情合理。

二、声明如果出了价格有效期，汇率浮动超过一定数值，采用即时汇率

时间越长代表风险越大。但是很多客户的决策就是需要流程，需要时间，当客户决策好了，可能汇率真的发生了很大的变化，造成原本的一点点利润都没有了，我们总不能赔钱做吧？所以这个条款在报价时应该和价格有效期写在一起，而且应该郑重其事地重点标注。

三、人民币结算

采用人民币结算，大家应该不陌生了。现在境外的客户汇进来的人民币照样可以结汇、退税，手续、流程和处理外汇完全一样。而且世界上的大部分国家的中央银行都已经跟PBOC（中国人民银行）签订了人民币结算业务的协议，所以我们基本上和所有客户都能采用人民币结算。

这个地方有个小常识，人民币结算很大程度是为了原油购买的方便，所以第一批签订人民币结算协议的国家包括了几乎所有的主要产油国。

四、利用汇率的借口提前收汇

记得我当时好几个订单是这样谈成的，我们的价格是1 500美金，但是美金贬值太快，客户非要使用信用证，我们果断降价，要求前T/T（以电汇

方式预付货款），就是拿汇率为理由："美金贬值太快，等我们收汇，可能已经赔钱了，那我宁愿给您降价，您给我 T/T 吧。"多说几遍，讨价还价一番，也成交了几单。

如果客户非要远期付款，不接受就不合作，有以下几个选择：

（1）冒着风险做；

（2）不愿冒风险，不做；

（3）要求采用人民币结算；

（4）设定汇率浮动区间，如果汇率在浮动区间内就保持原价，如果超出浮动区间，采用即时汇率，要明明白白地写在合同里，并且规定如果不履约该承担何种责任。

这些方法都是我实际使用过且有效的方法，不是万能的，但是能解决一定的问题。

Part 10

客户凭什么回答你的问题

按照经济学的理论来讲，充分沟通是合作的前提。在外贸的实际操作中，我们经常遇到这么几种状况：客户来询价，但是信息不全，于是我们去询问客户，但是很大一部分客户再也不回复；推销产品，肯定要知道客户的具体需求，知道得越具体，推销方案越容易被客户接受，可是外贸里的沟通很多时候不可能面对面，我们询问客户需求的时候，很少能得到回复。

这是怎么了，客户都这么"高冷"吗？我们就这么倒霉吗，总是碰到一些没有意向的客户？其实并不是客户"高冷"，也不是我们倒霉，更不是客户本身绝对没意向，只是客户没有找到回答我们的理由罢了。

我们不是世界五百强，不是知名品牌，不是行业巨头，客户也不是我们的亲戚朋友，凭什么你问什么客户就回答什么？客户之所以回答你，是因为你有价值，上面说的五百强、知名品牌、行业巨头和亲戚朋友都有价值，所以获取客户回复可能相对容易。

可是，有多少人是在这样的公司里面工作？大部分人只能老老实实地做好自己的事：先传递价值。沟通分为表达和提问，要想了解客户的确切需求，就要提问，但是提问的前提是表达，展示自身价值、卖点。

当然，还有一种特殊情况，就是客户某天特别不高兴，看谁都不顺眼，不管你写了什么都会让客户很讨厌。这种情况我们就把握不了了，我们不可能，也做不到等着客户高兴的时候发邮件，只能在联系的时候尽可能地体现我们的价值。

当然，你可以在没有任何表达的前提下向客户提出问题，这个不会造成什么影响，但是当客户拒绝回答后，你还是要赶紧传递价值以拉回客户。

跟进客户也一样，很多人特别喜欢玩概念，区分怎么样是跟进，怎么样是骚扰，其实就一句话：有价值就是跟进，没价值就是骚扰。

我始终觉得做好外贸容不得半点浮躁，因为要卖产品就要了解产品，要卖产品就要会沟通，沟通能力不是学习来的，而是通过大量实战得来的，没有实战，就只能靠模拟训练了。

做好外贸或许没有我们想象得那么简单，因为基础工作总是很烦琐，要学习产品，寻找卖点，锻炼沟通能力，进行模拟训练。这些都要下大量的功夫，而且很枯燥，尤其是模拟训练，大部分人不会真正去做。这就是为什么同样获取了大量的知识，有人会慢慢地用起来，获得巨大回报，而大部分人还在寻觅"更好的方法"。

第六章
高效完成外贸关键点的规定动作

第一节　老客户维护开发的规定动作

有个理论说，开发一个老客户的代价是开发一个新客户的 20%。

我不知道这个理论的量化数据是怎么得出来的，但是道理是非常正确的。我们与老客户彼此熟悉，彼此信任，有很强的沟通基础，实际上双方合作最大的障碍已经扫除。

老客户的维护和开发的起点在哪里？估计很多人不知道答案。我今天告诉大家一个必须重视的时间点，就是客户的订单确定的那一刻。这一刻可能是收到预付款，可能是收到信用证，如果是后付款，那就是拿到确定好的合同或者形式发票。从这一刻开始，要按照事件为节点，向客户不间断地汇报进度。

举个例子，我们经营家具产品，要求付 30% 的定金，剩余的 70% 等产品生产完成，客户或者第三方来工厂验货，满意后，再付款。

所以收到 30% 的定金是起始点，怎么以事件为节点向客户汇报呢？

（1）收到 30% 的定金后，通知客户已经收到，马上开始购进符合订单需求的原材料；

（2）告知客户总计 5 种原材料到达工厂的日期及检验结果；

（3）告知客户哪些材料入库后就可以用于生产，拍下图片、视频，发给客户；

（4）如果按照产能计算，需要生产 15 天，每 5 天向客户汇报一次进度，包括检验结果、处理方式；

（5）如果付款方式是 CIF，告知客户是否订好舱；如果付款方式是FOB，应及时通知客户订舱；

（6）提前一个星期告知客户能够来厂进行检验的时间；

（7）如果检验合格，告知客户开始装箱的日期。

当然，以上只是举例，能做到什么程度，取决于你的用心程度和工厂的配合程度。

如果流程很顺利，皆大欢喜，但是如果中间任何一个环节出现问题，客户也能第一时间知道。当然出现了问题，不是让客户知道就好了，要给出解决方案，例如环保部门来检查了，要停产若干天，我会第一时间告诉客户，并且明确地告诉他："不光是我们，几乎所有的工厂都是这样，实在是抱歉，但是我们真的无能为力了。等恢复生产后，我们会尽全力生产您的货物，最大程度减少您的损失。"

很多人做事有这样一个毛病，出了问题藏着，一直到藏不住了才告诉客户，搞得客户连应急预案都没有。

如果上面的话题你看着非常眼熟的话，下面的东西就是新的了。

供应链管理是利贸现在在客户服务中非常重视的服务模块，也是2018年主推的模块。供应链管理，也就是我们如何管理我们的供应链。

供应链管理是世界五百强企业保持强大竞争力不可或缺的手段，世界权威的《财富》（FORTUNE）杂志早在2001年就已将供应链管理列为21世纪最重要的四大战略资源之一。如此重要的资源，却是绝大部分中小企业难以接触的。不仅仅是我们，更包括我们的客户，也就是说，我们的客户对于供应链的管理也是没有标准的，说得更清楚一些，实际上我们的客户对我们的判断和评价也大多依靠感觉。

这样很危险。我相信大家都有这个体会，多年的朋友会因为一件事闹掰，老死不相往来，因为这是靠感觉来维系关系，因为一个细节、一个动作，几年的努力可能都会毁于一旦。这是谁都接受不了的。

因此我们要拿出供应链管理标准，客户拿不出来，我们要帮他们。

我们服务的世界五百强企业有八家，他们的供应链管理就非常完善。每年我都要去述职，需要提交一份表格，内容包括采购时间、采购数量、采购金额，还包括以下几项：确保有货，表现为及时交货率，所以要列出及时交货率这个参数；确保低价，如果你的价格真的很低，就把利润率列出来。当然，我不建议在确保低价上跟客户纠缠，因为永远没有最低价，所以我们要把更多的时间花在确保成本最低上，总成本不仅仅包括采购成本，还包括运营成本、人力成本、试错成本等。表现在表格里，可以使用客诉率这个参数，针对质量、包装等与产品相关的方方面面，还可以针对沟通速度、沟通全面度、沟通效率等。需要强调的是，沟通效率和舒适度会决定一个订单的走向，你的产品再好，公司再有实力，但是谈来谈去，客户总是看你不顺眼，除非客户没有其他的同等选择，不然你觉得你有机会吗？如果客诉率不高，基本上可以认为人力成本、运营成本、试错成本最低，那就是确保成本最低了。

每年的年底或者年初，我们都要把这份表格交给客户。这是一份成绩单，也就是告诉客户，你所关注的点，我们都做得很好，我们沟通的时候也很愉快，没有障碍，我们应该算是优质的供应商吧！

可以查一下海关数据，看看客户到底从哪几家采购，我们分到的份额到底有多少，如果不满意，可以摊牌："不知道您是否对其他供应商做过评估，我们应该算是优质供应商了，但是您给我们的量只有20%左右，能够多给我们一些份额吗？当然了，我也只是提议，如果您希望再做一些考核，也没有问题。您能告诉我新一年您的大体采购需求吗？"

这实际上是供应链管理的第四层了，需求管理。很多公司实际上并不知道新的一年能够采购多少，但是大部分企业都有销售目标，销售目标能不能实现一方面取决于市场开拓能力，一方面取决于供应链的支持能力。所以，这个时候我们会适时地提出，我们可以尽力协助客户完成销售目标，我们不会要所有份额，40%就够了。

维护和开发老客户无非就是公事和私事，公事就是证明我们是不是一个优质的供应商；而私事，则是看我们是否与客户有良好的沟通，是不是会经常见面，礼尚往来。

如果上面都做好了，老客户维护还会有问题吗？还会害怕老客户把你的订单给别人吗？

第二节　展会的"前后左右",你做到极致了吗

Part 1 展前准备

展会是现在很多公司的最重要的营销渠道,在我们辅导的企业中,没有任何网络宣传,仅仅依靠展会营销的企业比比皆是。但是绝大部分公司却没有真正充分利用展会,他们准备粗糙,进行混乱,跟进无章,就算接触了高质量的客户,也很难实现转化。

把展会作为一个课题,深入地进行研究是非常必要的。网络上有各种各样的关于展会的文章,但是针对的都是某一个点、某一个环节,很难变成整个公司的运作体系,更难在公司内部大规模推行。

制订展会的标准化文件就是为了解决这些问题。

一、展位预订

实际上展位预订是有门道的。有经验的展会服务公司都非常清楚哪些展位人流量更大,哪些展位人流量可能很小,所以一定要多向几家展会公司咨询,到底哪些位置会更佳。

预订展位的时候要留足时间,因为晚了就不会有好位置了。

二、样品确定

确定是否要带样品,带什么样品。选择样品的最大原则是匹配性,要参考当地市场的特点和特殊要求。

当然,完全可以将展会作为新品推介会,但是一定要把新品的设计理念和工艺水平讲解清楚,否则意义就不大了。

三、行程确定

很多人在确定行程这个环节中存在问题，认为留下布展的时间，展会完就离开，不就好了？有多复杂呢？

还真有一些复杂。我们参展的目的是什么？就是去把展会时间表跑完吗？绝对不是！

如果参加国内展会，在展会上你见了那么多客户，总是有一些重点客户的，可以看看他们是否给你再聊一次的机会；展会逛完了，客户会有一些感受和比较，也可以去探听一下；万一客户有时间，应该邀请他来你们公司看看。

如果参加国外展会，好不容易去一趟，花费了大量的时间和金钱，应该趁机拜访一下没去展会的客户；展会上碰到的客户，也可以去他们公司拜访一下。

因此行程确定一定不能随意，也不能为了省钱就跟团，我们不是去旅游的，是去工作的。一次展会下来要花十几万元，如果再多花几万元能有更好的效果，为什么不做呢？

四、客户邀约

如果是国内展会，不涉及拜访，只需要邀请客户来展位就可以了；如果是国外展会，就要两方面一起做了。

展会上的群体分为两大类：一类是散客，也就是来逛展会的人；一类是我们约来的客户。所以展会效果的好坏，取决于两个方面：第一，能不能吸引散客；第二，能不能约到更多客户。

邀请客户的工作，很多公司都在做，但是效果不怎么好，究其原因还在于邀请客户的方式、方法有问题。

方式：拘泥于发邮件。其实邀请客户有太多的形式，例如打电话、利用即时沟通软件。

方法：邮件要写得有吸引力。首先，邮件形式可以采用邀请函、H5等让人赏心悦目的方式。其次，内容更加重要。外贸人喜欢模板，而如果套用展会邀约模板，无非就是告知客户我们参加某展会了，诚挚地邀请客户莅临。采用这种做法就是因为忽略了一个很重要的问题：客户为什么一定要找我们买？一定要有价值，让客户知道如果去展会现场会有哪些收获，例如新品发布，折扣产品发布，现场接受小额订单定制等，都应该写在展会邀请信中。

这还不够，还要分析原来客户跟自己的沟通中存在着哪些问题没有解决，可以告诉客户，这些问题都可以去现场谈。

这封邮件发出去，会有几个结果：

（1）客户回复会去；

（2）客户回复不能去；

（3）没有回复。

第一种结果是我们最想看到的，但是得到这个答复，也不要高兴，还要去跟客户落实几个问题：

（1）客户到的时间；

（2）客户是否预订了酒店；

（3）客户是中间商还是终端客户，销售渠道在哪，线上销售还是线下销售，主营行业是什么，这次来展会的目的是什么；

（4）结合行业特点与实际情况，必须获取的其他重要问题，要告诉客户获取这些信息是为了为他设置方案。

第二种结果，如果客户是当地的客户，一般都要问一下："为什么不去？这么重要的展会，可以看到很多新的产品和供应商。我们会在当地待一段时间，不知道您是否方便让我们去你们公司拜访呢？"总之任何一个机会都不要放过。

第三种结果，如果客户不回复邮件，就用即时沟通软件或者电话。展会本身就是一次非常好的事件营销，要利用好。

有很多外贸人天天喊自己跟进客户时没有话题，展会不就是很好的话题吗？

这个地方还有一个问题，对于很多快消品，会存在很多非专业买家，这些买家很小，没有很强的购买力，甚至很多是兼职。这类客户可以尝试着沟通一下，以可以小批量定制为理由请他们到场。

五、选购礼品

尤其是针对已合作客户，送些礼品还是很必要的。选购礼品往往有以下三个原则。

（1）选择客户喜欢的。这就要求我们了解客户，尤其是他在Facebook和领英等SNS平台发布的内容，要仔细研究。

（2）送我们喜欢的。很多时候我们不知道客户喜欢什么，就可以送我们自己喜欢的东西，并且告诉他你为什么会喜欢。

（3）送包含故事的。例如我常说的高粱饴糖，因为这个是很小的时候过年才能吃的，所以我吃到这种糖就会想起小时候的春节。

六、制作物料表

物料表是一次展会的全面指导性文件，制作这个文件的最主要目的是防止漏掉东西。

一般来说，物料表应该包括以下几个部分：

（1）与产品相关的，例如样品清单、说明材料、设计理念资料、工艺理念资料等；

（2）与宣传资料相关的，例如产品的PPT，整理好的产品图片、视频等；

（3）与接待相关的，需要摆在展会现场的水果、零食等；

（4）其他的必备物品。

这些东西都要用表格列出来，分配到每个人头上，设定准备的时间进度表，经常检查，免得到时候突然发现少了某种东西。

当然，很多东西准备好了，未必要带在身边，可以提前寄到酒店，减轻负担。

七、制作文件

参加展会还应该提前制作以下文件。

（1）已经约见到客户的背景调查表。因为不可能每一位同事都会去参加展会，那么约到的客户就要拜托参加展会的同事接待。如果没有背景调查表，同事如何能够迅速地了解客户呢？

（2）想要拜访的客户所在地区的地图。把当地的地图打印出来，将约好拜访的客户在地图上标识出来，标记好彼此之间的距离，方便安排行程。

（3）展会时间表，也就是约见到的客户到我们展位上的时间安排，方便现场同事安排接待。

（4）问题列表。谈判里面有一项非常重要的内容是获取客户的需求。通过问问题的方式获取客户需求会比较快速、高效，所以我们要事先设定一些问题，而这些问题对于判断客户的实力、采购意向、决策流程、产品特点有着重要的作用。例如客户是中间商还是终端客户？有没有仓库？从事这个行业多少年了？要准备好问题，在适当的时候提出，以获取信息。

Part 2 展会进行时

一、养精蓄锐

参加展会，尤其是国外展会，很多展会公司的安排很不合理，飞十几个小时过去，还没适应时差，身体处于疲劳状态，不让大家赶紧休息，为后面的展会做准备，反而安排旅游项目，使大家体力透支。展会前不要做没有意义的事情，应该好好休息，调整时差，养精蓄锐，把客户背景调查表从头到尾看一下，把资料检查一下。

二、布展

布展时展品的摆放要根据一定的原则，分类分区，例如划分新品区、促销区、最能代表公司工艺水平的专区、最畅销专区等。然后每一个分区的解说词要明确地写出来，因为当我们引领客户进入展位的时候要一一介绍，以寻找客户的明确诉求。

其他的问题比较普通，不再赘述。

三、间谍

布展的时候或者第二天一早，要在整个展区转一下，看一下是否有直接竞争对手，并且要明确地记下对方的名字和展位号码，如果可能，可以记录一下对方带的样品的特点。获取这些信息有利于我们在展位上谈判的时候应对客户的刁难和试探。

四、展中

来到我们展位的有两类客户，一类是我们约到的客户，针对这些客户，我们的准备会比较充分，按照我们准备好的流程接待就好了。

很多人不清楚到底怎么设置流程。第一步是要先搞明白见这个客户的目的是什么。如果约来的是老客户，目的无非就是维护关系，深度开发。第二步就是针对这些目的，设定一些问题，例如现在产品的销售状况怎么样？我们的产品有没有改善的空间？我们可否协助您开发更大的市场？

一类是散客，也就是自己逛的客户，针对这类客户的流程如下：

（1）让路过的客户停留；

（2）让停留的客户走进展位；

（3）让走进展位的客户坐下；

（4）让坐下的客户对我们感兴趣；

（5）让感兴趣的客户愿意信任我们。

有一点要记住，并不是客户需要我们的产品就一定会进我们的展位，因为展会上供应商太多了，他们没有必要每家都看。他们可能会匆匆路过某一个展位，例如我们的展位，直接忽略我们。

因此我们要让他们留下的办法就是看着客户的眼睛，向他微笑，直到他注意到我们，向我们回应致意。

当他们注意到我们的时候，我们要立马施展推销的本领："Hi！ How are you doing today？ We are the manufacturer of furniture, these are new designs, are you interested？"（您好！今天过得好吗？我们是家具制造商，这些都是最新的款式，您感兴趣吗？）

这个时候我们如果被拒绝，也要非常有礼貌地回应。如果对方回复："Yes, we are looking for a new supplier of furniture"（是的，我们正在寻找新的供应商），我们就要立马紧张起来，结合分区和针对分区准备好的解说词为客户介绍，一定要找到客户的兴趣点。如果客户对展位内的展品都不感兴趣，可以请客户坐下，取出产品目录并给客户介绍。

利贸提倡同事之间的配合。当客户走进来的时候，一名同事负责接待，另一名同事就要准备倒咖啡了，倒好后不能默默地放在桌子上，而是要上前告知自己的同事咖啡准备好了，可以邀请客户坐下谈。

如果在向客户介绍产品的过程中，客户发现了感兴趣的产品，我们要立刻把样品取下，递给客户，同时再多拿一些同类样品放在桌子上，邀请客户坐下谈。

记住，坐下在展会谈判中很重要，这是一个信号，表示客户很感兴趣。

当然，有一部分客户会中途跳票，看不到自己感兴趣的就准备走。这个时候我们一定要问客户到底需要什么，向客户展示产品目录，告诉客户："有很多产品没有带过来，样册上有，您可以看一下。"同时，一定要提出交换名片，或者添加领英、Facebook好友，以便多发一些产品的实际照片给客户。

客户坐下后，时间就会比较充裕。谈判开始后，往往是两大部分内容，第一是表达，第二是提问。

表达的素材来自我们事先准备好的七大体系文件，还有某类产品的解说词，例如新产品的设计理念、工艺水平，打折款有哪些优势，畅销款为何畅销等。

提问的问题则来自之前准备的问题列表，当然这里还有一个原则，就是客户关心什么我们问什么。我们可以这样判断客户关心的点，客户嘴里说的、问的，就是他关心的。例如客户问货期怎么安排，我们回答后要问客户是不是对货期要求很严；客户问包装够不够坚固，会不会出现破损，我们解释后要问客户是不是以前遇到过同类事件。

上面所有的内容是必须要做的，后面就要看谈判流程了，可能会涉及价格、付款方式等，这跟我们平常的业务没有区别，该怎么做就怎么做。当然，面对面的优势让我们更有希望得知客户的确切想法，所以提问在面谈里面有非常重要的作用。

展会当场签单有可能吗？完全有！

我们要在整个谈判中观察客户的心理状态，如果他有订单，会有比较多的问题，注意力会集中在产品上，会一直研究产品，并且跟我们确认很多问题，会针对某些条款跟我们反复协商，会不停地讨价还价。这种信号出现的时候，我们要紧张起来，他一定有订单。因此我们要拿出最好的价格和付款方式，在能接受的范围内，尽最大努力满足客户的需求。因为展会上同行多，如果错失机会，可能他在下一个展位就会把订单签下来。

记住，备忘录在整个展会谈判中也有很重要的作用。我们倡导配合，主谈和副主谈各有分工，副主谈要在备忘录上记录双方谈的重要内容、客户的问题、我们的答案，谈完后，将备忘录打印出来，放在客户面前，让客户确认。这是用解决问题的思路谈订单，让客户确认备忘录的目的很明确，防止双方出现误解，显示我们的专业、职业及认真负责的态度。最后要问客户是否还有其他问题，如果没有，可以谈一下订单的细节，例如下订单的时间、流程等。

面对我们的逼单，客户会有以下几种态度。

（1）愿意谈订单细节。这是最理想的结果，就算是拿不下订单，也会为跟进客户收集很多信息。

（2）表示需要回去汇报。要汇报肯定需要材料，所以我们要为客户准备一些材料，例如公司简介、七大体系PPT的缩略版、视频资料、备忘录等。

（3）表示还没有到采购季。不要紧，可以问一下采购季的时间。

（4）表示只是中间商，但是会把我们的产品推荐给客户。针对这种答复可以说："能否问一下您的客户都是合作客户吗？他们有没有一些比较明确的特点呢？我们可以有针对性地推荐，让我们有更多的可能拿下他们的订单。"

我们表达得越合理，越深入，就越能让客户看到我们的价值；问的问题越全面，就越能获取他们的需求，有利于成交和跟进。

客户要离开的时候，一定要记住和客户合影，然后在跟进的时候发给客户，让客户对我们有印象，提高回复率。

Part 3
展后主动出击

首先要强调一下，我说的展后，绝对不是展会结束之后，而是从这个客户离开我们展位开始就已经算是展后。

展会第一天结束之后，有以下工作需要马上做。

（1）给白天到展位的客户发送备忘录。备忘录的大体内容是在展位上聊的重要信息，如果有照片，可以发送照片。当然发送的渠道最好是即时沟通软件，因为很多外国客户在中国期间看邮件并不频繁。所以，在见面时就要尽量获取客户的即时沟通软件账号。

（2）兑现承诺客户的事项。例如当场不能报价，需要报价；某些事情没有确认清楚，一定要在当天确认清楚。当然，这项工作也可以在二次约见时实现。如果承诺了给客户发样品，要尽快安排。

（3）再次约见。客户可能不会在展会上仅待一天，那么当天晚上的一个电话或者重新约见就会很重要。因为多见一次，印象就会深刻很多。客户每天见那么多供应商，对谁的印象深刻，后期跟进时，谁就会占有一定的优势。这个方法不仅仅适用于展会，也适用于接待客户、拜访客户。

完成以上工作，基本上展会上的每一位客户都能在撤展之前联系一遍，而且有一些客户可能会见到两次甚至三次，这部分客户会是我们后面重点推进的客户。

因为我们实现了当天跟进，这个时候客户已经有了基本的分层，再如何推进呢？

（1）某些客户会主动跟我们联系。

这种客户可能不会很多，但是或多或少会有。这种客户算是最有意向的，基本上也会提出明确的诉求，或者讨价还价，或者要求寄样品，我们要快速反应，能做就做，不能做就要明确地告知客户原因，提出替代方案。因为一次展会下来，客户的选择可能有很多，既然客户那么着急地找我们，一定是有着急的诉求，如果我们拖下去，只能错失机会。

当然，如果客户跟我们联系之后，流程一直进展缓慢，我们就要主动推进。

如何主动推进，取决于你的销售漏斗模型。

（2）还有一部分客户完全不理我们。

这里面原因就多了，可能是因为客户在国外，没看邮件，可能因为邮件进了垃圾箱，还可能因为客户看了后根本对你提供的信息不感兴趣。无论是什么原因，解决方案都是打电话过去。

打电话过去也不要问有没有看邮件这样的问题，客户一句话就可以把你的路堵死："不好意思，没看。"

我会说："我发邮件给您了，您看了，但是没回复，是因为对我们的产品不感兴趣了吗？顺便问一句，您还在中国吗？还是回国了？"客户如果还在中国，可以立马约客户来我们工厂看一下。如果客户不想来，可以问一下客户这几天会在哪，有没有机会再见一面。

不管结果如何，这些都是表现我们的好时机。

如果客户回国了，针对不同的人就有不同的说辞了。如果是中间商，就应该问："是不是要把展会收集的信息进行整理，向客户推荐了？一定不要忘记我的产品（可以再阐述一下产品的优势）。"如果是终端客户，就问："按照您的判断，我们的产品有多少机会啊？"如果知道客户明确的产品需求，也可以直接提出寄送样品。总之要主动往前推进流程，不能被动等待。

第三节　高效地推进行时

Part 1

行前准备

从 2009 年开始，我就频繁地跑到泰国拜访客户，我说的拜访客户绝对不仅仅是指去见见老客户，而是实打实地跑到当地去开发市场，开发新客户。在电子商务时代以前，外贸就是这样开展的，所以不算是什么新型的方法。但是进入了互联网外贸时代，一切都变了：做些网络宣传，就可以等待询盘，又有成本更加低廉的谈判途径——邮件，所以面谈似乎变得有点多余。但是，随着大量供应商的涌入，线上已经是完全的红海，获客成本极大地增加，每一个询盘都变得值钱。可是线上的沟通成本实在是很高，我们根本无法与客户知根知底的老供应商竞争，而且很多客户在这么多年的寻找中已经找到了非常称心如意的供应商，几乎不会再出来发询盘。要开发这些客户就只能靠主动营销，而主动营销中最有杀伤力的武器便是地推。

一、客户分类

首先，我们要把拜访的客户进行分类。我习惯上把客户分为以下几类：已合作的客户、谈判中遇到障碍的客户、初次接触的客户、完全陌生的客户。

客户类型不同，意味着我们见他们的目的就会不同，那么我们需要采取的策略就会不同。

针对已合作客户：维护关系，深度开发。

针对谈判中遇到障碍的客户：找到问题，攻克障碍，推进订单。

针对初次接触的客户：这类客户可能刚刚开始跟我们联系，对我们不了解，那么就要让他们了解我们的价值。

针对完全陌生的客户：这类客户绝大多数时候根本没听说过我们，甚至有可能没有从中国买过任何产品，我们要做的是快速而直接地向客户介绍我们的公司、产品，甚至是我们的价格。

二、对号入座

下一步就是把我们资料中的这个国家的客户进行归类，分别对应到上面的四种分类中，然后就是对每个客户进行分析，记住是要对每位客户进行分析，分析的内容如图 6-1 所示。大家习惯了用模板，恨不能有一种模式可以应付所有客户。但是每个客户都有自己的特点、问题或者诉求，就算都是已合作客户，分析出的结果可能都会有差别，而谈判中遇到障碍的客户，障碍可能又会各不相同，所以先要找出"病症"，才能"对症下药"。

图6-1

沟通分为表达和提问两个部分。那么面对每一位客户的时候，该表达什么、问什么，分析完客户之后就会有一个清晰的结论。

举个例子，我们要拜访一位老客户，他跟我们合作了很多年，是中间商，我们的货物质量几乎没出过问题，价格也很有竞争力，但是似乎这么多年他的市场并没有很大的扩展。我们需要搞清楚这是为什么，看看是否有办法提高他的销量。

针对这位客户，我们设定的沟通策略如下：

（1）展现这些年的成交数据，分析采购量没有增长的现实；

（2）表达我们的诚意，用数据证明我们产品质量的稳定性；

（3）询问客户开发市场的模式，客户有哪些严格的要求，我们会尽最大努力满足，还可以跟客户聊一下市场的潜力、竞争对手的情况；

（4）分析客户是能力不足还是动力不足，如果是能力不足，我们可以辅助他开发市场，如果是动力不足，我们可以给予刺激。

如果是谈判中遇到障碍的客户，就要分析哪些问题是跟客户聊过的，客户关心的问题我们是否都妥善地解决了，客户是否提出了我们明显做不到的条件，例如付款方式、样品问题等。

针对这类客户，我们设定的沟通策略如下：

（1）直接询问客户为什么迟迟不与我们合作，在面谈中，很容易获取答案；

（2）尽量判断客户说的是托词还是真实状况，判断客户是决策者还是传话者，尝试着找到决策者；

（3）不断地向客户传输我们的价值，让客户认可我们。

仔细分析每一位客户之后，该准备哪些知识、文件、材料、证书、解说词就会非常清晰。这个地方有一个很重要的提示，要为每一位客户准备一份背景调查表、一份拜访备忘录，能写的都要写下来，不能靠想。

三、约见客户

估计很多人会问："把客户分析得那么清楚，万一约不到不就白费了？我们不可以先约客户再对约到的客户进行分析吗？"但是不好好分析客户，如何约客户呢？我们抓不住客户的兴趣点，客户未必会安排时间给我们。

大部分人不管三七二十一，用一套所谓的模板来约客户，那真的是碰运气了，回复率、成功率都不会很高。

约见客户的时候，我们要表现出价值，而每一位客户看重的价值又未必相同，不量身定做，效果怎么会好呢？而量身定做的方案就存在于上面对客户的分析中。

四、行程设定

我的习惯是将约客户分为两步，第一步叫作模糊时间，第二步叫作具体时间。

模糊时间指给客户一个时间区间，告知我们会在这段时间内去拜访，等设定好行程，再约具体时间。因为如果某些国家幅员辽阔，行程安排不合理的话，行程效率就不会很高了。

约见客户会出现一个大体结果，把需要拜访的国家的地图打印出来，把约见到的客户在地图上标出来，看相邻的两位客户是多少距离，尽最大努力把相邻的客户的拜访时间安排在一起，提高效率。

例如我会把美国分为美东和美西两个拜访区域，拜访美西的客户时，一般是从旧金山或者洛杉矶开始，驾车沿着高速公路一路奔向拉斯维加斯。如果拜访拉斯维加斯客户的时间没有限制，我会将全部客户一路拜访过去，如果拜访拉斯维加斯客户的时间有点紧，就挑选高速公路一侧的客户先拜访，回程时再拜访另外一侧的客户。当然实际过程中还是会有一些随机成分和变化。

五、物料准备

列出要准备哪些物料，例如礼品、样品、画册、报价单、已成交客户的数据分析等，避免遗漏。

六、模拟训练

模拟训练是利贸进行企业内部管理时候的撒手锏。模拟训练可以让一个新人迅速得到提升，可以让一个从来没有实战经验的人临危不乱。

拜访之前，要进行产品表述的模拟训练。当然也要进行预设问题的模拟训练，预设问题包括两个方面：第一是我们打算问客户的问题；第二是我们预估的一些问题和突发情况。例如我们明明按照时间到了客户处，结果客户告诉我们他没时间了，大部分人面对这种情况都会不知所措，不是因为笨，而是从来没有经历过，没有训练过。

如果第二天我要拜访客户，前一天一定会模拟一次，预估可能出现问题的一切环节，设定应对方案，到时见招拆招就可以了。

Part 2
从抵达目的地到谈判结束

一切都准备好了，就要启程了。订机票、做签证之类的问题就不说了，现在各类服务商多如牛毛，在这方面多费唇舌意义不大。

一、交通方式选择

如果你有驾照，而且是两个人以上，自驾绝对是最好的选择，时间自由且高效。如果不能自驾，就包辆车吧，花钱省时间很重要，多拜访一位客户就多一份希望。

当然，一定要确认好这个国家是否允许持中国驾照或者中国驾照的翻译件、公证件（大部分租车公司都提供这种服务）驾车。了解一下这个国家的交通规则也是非常重要的，一定要保证驾车安全。

如果是自驾，导航就很重要，iPhone手机自带的地图可以让你畅行无忧，而且大部分电信运营商都有流量费封顶服务，例如中国电信，一天使用的流量达到25元后就不再收费了，中国移动的封顶费是30元。

二、客户拜访确认

下一步就是确认客户是否有空，因为之前已经预约了，客户基本上知道我们这段时间会去拜访，但是具体的时间还是可能会有所调整，提前一天跟客户确认还是非常有必要的。

因为预约到的客户层次不同、关系不同，所以这次确认还是要很正式，说明白我们来这里带了什么有吸引力的条件，希望客户能安排时间给我们，否则可能面临的突发状况就是客户突然出差、突然没空或突然没兴趣。

当然，抵达的时候在Facebook、Twitter（美国的社交网络平台）、领英上update（更新）一下动态，或许会有意想不到的收获。

三、拜访准备——研究客户

如果约到了第二天见面，就需要赶紧研究客户了。

拜访客户一定是有目的的，目的一定要明确，然后根据目的，确认谈判思路和步骤，一般来说思路如下。

第一步，确认目的。

第二步，确认为了实现这个目的需要表达哪些内容，问哪些问题，将内容和问题逐条写下来。

第三步，现场调整。谈判未必像我们想象得那么顺利，因为客户也有自己的意识和心态，更有自己明确的思路，我们要学会寻找同类项。一般来说，话题不可以跳跃太大，否则会让客户不舒服，所以寻找同类项，然后合并同类项很重要，也就是相同话题一出现，我们就要把我们准备好的话题和问题都拿出来。

四、拜访准备——路线准备

跟客户确认了时间，肯定是要准时到达的，那么重新查找好路线，设定好出发时间就会很重要。宁愿早到，在客户的公司外面等待，也不能迟到。

我的习惯是到了客户公司的附近之后告知客户："我们会准时到，直接告知前台或者其他人员是来拜访您的就可以了吗？"这无非就是告知客户，一定要安排时间出来给我，我都到了，不要临时放我鸽子。当然，如果他暂时没空，我可以等。这个小细节很重要，不要忽视。

五、现场谈判

进行现场谈判时，我们面对的客户有两种：了解的客户、陌生的客户。针对了解的客户，因为目的明确，准备充分（如果诸位按照我的要求准备的话），我们按照思路去推进流程，然后随机应变就好了。一定要记住自己的目的，按照拆解的步骤进行推进。

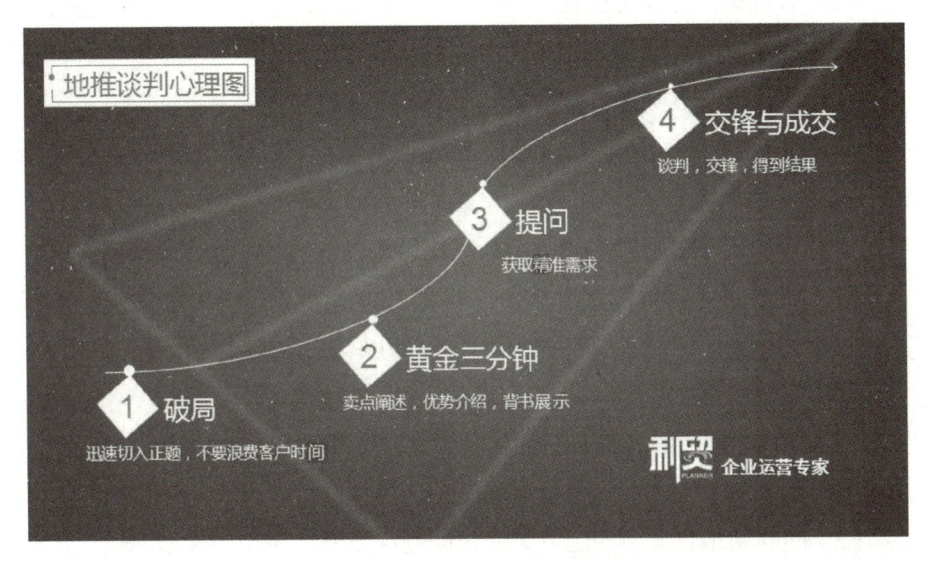

图6-2

对于陌生的客户，图6-2所示的心理图就非常重要了。客户对我们一无所知，甚至可能从来没有从中国买过东西，突然有两个陌生人来公司拜访，换作我们，也会有很强的防范心理。

不过在欧美国家，上门推销本来就是企业开发本地市场的最重要模式，例如在美国，大部分公司都会有大量的销售代表，这些销售代表未必是在职员工，但是职责就是跑市场、推销。有位美国客户曾经说过这么一句话：

"如果你想把美国市场做透,没有本地销售代表是非常难的,你也就只能拜访一下稍微大一点的批发商,不可能很深入的。"我深以为然,不仅仅是美国市场,实际上每个市场都是如此。

拜访陌生客户,讲究快速高效,不要浪费口舌,一开始就要告诉客户,我们是来自中国的某产品的供应商,过来寻求合作机会。

2009年以来的地推经验告诉我们,外国人往往还是比较有礼貌的,大部分人都会把我们引荐给采购员,或者把采购员的电话、邮箱给我们,让我们取得联系。

很多时候采购经理是在公司的,所以能获取几分钟的见面时间。这个时候的开场白非常重要,我们称之为黄金三分钟:

(1)介绍你来的目的;

(2)告诉客户你能提供什么;

(3)展示相关证明资料;

(4)阐述你对客户的行业有哪些了解。

这四点必须在三分钟之内表述完成,这就是我一直强调的主动介绍能力。

谈判中还有几个问题要注意。

(1)尽量当场报价。这个细节很重要,因为当场报价可能能当场获取客户的态度,我们能做出及时的应对,离开后再报价,客户如果不满意,可能就不会回复了。

(2)随身携带样品,如果带不了样品,要带上一切可以证明我们产品质量的材料。

(3)问问题很重要,一定要事先把问题准备好。至于问什么问题,你首先要想明白你想知道什么信息,然后根据你想知道的信息设定问题,不要直来直去,要学会委婉。有几个问题可以尝试问一下:"您负责采购吗?""一般来说,您的采购流程是怎么样的?""您觉得我们有希望合作吗?"

六、留存信息,反复邀约

有些问题,我们或者客户可能没法当场给出答复,但是如果他是实实在在的潜在购买者,我们就绝对不能放过。所以,通过问问题获取一些信息是为了后期的跟进，更是为了获取客户的精准需求，再战第二回合。我的习惯是会抓住每一个机会对我的潜在客户进行第二次拜访、第三次拜访，甚至更多次拜访。

但凡客户允许我们见第二次，说明他还是有兴趣的。我们要根据第一次的谈判调整我们的策略，改变我们的条件，在第二次见面时更加深入地推进谈判。

七、做好风控，安全第一

我们拜访的很多企业可能都不是什么大企业，抗风险能力往往较弱，说不定哪一天就关门不干了，所以跟这些企业合作时，风控很关键。

现在美国本土的企业之间合作，新客户都是 COD（Cash on Delivery，货到付款）或者 CBD（Cash before Delivery，交货前付款）。当我们跳过了大量的中间商，直接跟这些企业合作时，价格已经让他们满意，付款条件一定要按照我们的要求做。

一般来说，在那条供应链上，越上游的渠道商，量越大，价格越低，付款方式越差，而供应链的下游渠道商，量越小，价格越高，付款方式越好。

你会选择什么呢？

先付款的时候，质量保障和售后服务就会是主要问题，所以我才说一定要带样品或者能够证明你产品质量的证据，并且明确地摆明各项服务条款。

如果可以找个美国律师，让客户来起草协议，客户会更放心。当然，经过律师起草的协议，也能最大程度地保护我们的利益。

八、品质稳定，良性循环

这个似乎不需要多讲。地推是一种有效的营销模式，客户之所以选择跟我们合作一次，可能更多的是基于我们的专业性、职业性和服务精神，当然也包括一定的谈判技巧。可是想要和他们长久合作，我们一定要保证产品和服务质量稳定。

供应商不要妄图一口气吃成胖子，找门当户对的客户合作，这在一开始很关键，不至于让自己消化不良。当然，如果能找到一个规模很大、很专业，而且愿意带我们，帮我们不断改进的客户，我们也一定要抓住，哪怕是不赚钱，或许这个客户可以让你飞速提升。

我们当年以八亩地的工厂签下某世界五百强企业的订单，实际上背负了非常大的压力，我咬着牙要求所有的体系按照客户的要求走，质量、管控、服务等团队成员都付出了很多努力，可是我们撑下来了。我们企业很快名列行业前茅。所以机不可失，时不再来。

Part 3
地推里面这些"坑"要注意

地推绝对是现如今外贸里面最受关注的话题。

对于绝大多数外贸企业而言，有两大战场：第一，网络，不管是 B2B 还是 B2C，都在此列；第二，国内外的大大小小的展会。地推算是开辟了第三战场。

地推是主动营销的重要形式，也是"沉下去"做外贸的最有效方式。

我对外贸形势做过一些分析，存量市场、竞争白热化绝对是现在外贸最明显的困境，但是仔细分析后我们会发现，绝大多数的竞争白热化都是在目标市场的一级供应链。

我从 2009 年开始做地推，两个重要的市场是韩国和泰国，主要面对过四类客户：老客户、在网上发来询盘的客户、完全陌生的客户、当地的小型批发商甚至零售商。其实还有更简单的分类：第一，经常从中国进口，对中国市场相当了解的一二级渠道商；第二，未从中国直接进口，但是也经营中国制造的产品，购买渠道是当地一二级供应链环节的小型批发商或者零售商，包括亚马逊、eBay、Wish 等平台上的卖家。

很多公司的地推对象是第一种，采用惯常的模式不会出现太大的问题。因为实际上就是线上获客、线下谈判，只是把原来发邮件、打电话、利用即时沟通软件沟通的模式换成了面对面，其他的方面不会有很大变化。

于是很多公司以此类推，当他们面对第二类客户进行地推的时候，认为应该不会有很大的区别。于是奇怪的现象出现了：当他们带着样品、产品目录、价格单去谈的时候，对方都非常兴奋，可是当他们离开，回到了国内，绝大部分客户就音讯全无。这是怎么了？

常州有一家非常大的企业曾经在美国做地推，结果大败而归，于是他们得出结论，这种模式走不通。真的是这样吗？

2009年，我在泰国设了化工仓库，在一开始也遇到了这种问题。我当时也想，是不是这种模式行不通呢？但是看到从我同行那里买产品再加很高的利润销售的渠道商生意很红火的时候，我就把这种顾虑打消了，这种模式一定行得通，一定是有什么我们没有做好。

我于是开始分析，突然发现，实际上我们是拿着跟第一类客户合作的模式去扩展市场，大错特错！因为我们要替代掉这类客户，一定要把这类客户做的所有工作做足。他们做了哪些工作呢？思路一打开，我用了两个月就把问题全部解决了。我们做了以下的一些工作。

（1）重新起草合同。

起草合同一定要有当地的律师参与，符合当地的法律法规，解决纠纷的地点也应该是在当地，否则这类客户会想："我就买那么一点东西，出现了纠纷，还要找中国国际贸易仲裁委员会，太麻烦了。"而且，我们把当时参与起草合同的律师的律所名称、地址以及律师姓名和电话全部写进合同里，让这些小客户产生了极大的信任感，觉得有了保障。

另外，在合同起草语言方面，我们也加入了当地语言，并保留了英语、中文。

（2）解决了支付问题。

很多小公司根本没法汇款到另外一个国家，他们采用现金、国内电汇转账或者支票等付款方式，很多人甚至连PayPal（美国的在线支付服务平台）账号都没有。当然这是泰国的状况。

当我们去开发美国市场的时候发现，美国人最喜欢的支付方式有三种：信用卡、支票、现金，越简单越好，就算是有PayPal账号，也还是倾向于当面交易，他们认为这样更安全可靠。

在泰国，我们找了一家货代收钱，货代老板是中国人；在美国，我们找了为我们管理仓储的海外仓公司收钱，打消了客户的顾虑。

（3）解决了当地的证书或者认证问题。

当我们卖货给第一类客户的时候，似乎什么证书都不需要提供。我们就会想当然地认为，第二类客户应该也是不需要这类证书或者认证的。

这样实际上否定了渠道商在中间的作用。举一个最简单的例子，当我们卖家具给第一类客户的时候，只需要提供对于原材料的常规检验的结果就可以了。而实际上，他们拿着产品和对原材料的常规检验结果，找了当地的第三方机构，做了安全认证，甚至投了保险，然后再卖给一些商用用户，例如赌场、酒店、餐馆等。

大部分时候，我们并不知道中间有这么一道流程，所以直接找商用用户谈的时候，价格一般不会有问题，但是因为没有安全认证甚至保险，直接被淘汰。

因此一定要想尽办法获知你的产品在当地有没有一些证书或者认证是必要的，不然空有价格优势，也没人敢购买。

（4）解决了一些周边配套或者零配件问题。

有一位客户明确地告诉我："我们工厂需要11种化工原材料，我并不想这里买一种，那里买一种，时间成本、管理成本、沟通成本都太高。我宁愿花高价，只要可以一站式配齐。"

还有一位客户告诉我："我很想跟你合作，但是我不敢，因为我要是从你这里买这种产品，其他的十种原材料就买不到了，因为没人会卖给我，我不想惹麻烦。"

没办法，于是我们每次都会按照比例拼一些客户需要的其他产品发到仓库，以满足当地客户的要求。当然，也算是开发了其他的产品出来。

还有一个简单的例子，某种挂钟，中国工厂卖给中间商的时候就只有钟表，但是中间商拿到之后，重新包装，会在里面放上无痕钉，方便用户使用。中国的工厂怎么都没想到，一个无痕钉会让他们的地推遭受极大的困难。

还有一些产品需要设计、施工、安装，甚至大量的售后服务，如果没有，你绝对没有机会进入这个市场。

（5）售后服务和退换货措施。

买你的产品是很简单，万一以后出了问题怎么办？如果买当地渠道商的产品，他们在当地扎根，也不会为了一点钱砸了自己的生意，会负责到底。你们呢？没保障的生意谁会做呢？

（6）及时而灵活的物流配送。

这是基本要求了，也是海外仓存在的基础，海外仓能够解决这一问题。

这些"坑"，你一个都逃不掉。所以这些工作做不好，盲目地出去地推，就不会有很好的效果。

2019 年中国海关出版社乐贸系列新书重磅推荐 >>

《外贸经理人的 MBA》

作者：毅　冰

定价：55.00 元

书号：978-7-5175-0305-7

出版日期：2018 年 10 月

内容简介

本书结合世界 500 强企业先进管理方法和作者多年从事外贸企业管理的经验进行编写，读完这本书你将收获以下技能：

1. 突破经理人的思维误区，完成从王牌业务员到优秀管理者的角色转变，做到适度参与、合理放权；

2. 了解薪酬体系与人才架构的设置技巧，让专业的人干专业的事，摆脱高薪却留不住人的烦恼；

3. 摆脱国外 MBA 课程内容难以在中国企业落地的难题，借鉴本土化的管理方法，优化效率、提升业绩。

2019 年中国海关出版社乐贸系列
新书重磅推荐 >>

《外贸大牛的营与销》

作者：丹　牛

定价：48.00 元

书号：978-7-5175-0304-0

出版日期：2018 年 10 月第 1 版

内容简介

《外贸大牛的营与销》是"外贸 G（基）友团"核心成员丹牛继《外贸大牛的术与道》之后的又一力作，全书通过以下几个方面的内容，指导外贸人重塑"营""销"思维：

1. 重建"营销观"，用真正的"差异化营销"定位客户，开创性地利用"价格歧视""销售公式"等营销方法，助企业做好全渠道营销，提升成交率；

2. 从销售和采购两个视角，分析什么样的销售员客户才喜欢，并独家揭秘你不理解的客户行为的动因，助你提升销售能力；

3. 全书语言风格风趣幽默，让你在轻松的氛围中从根源上建立外贸商业逻辑。

2019 年中国海关出版社乐贸系列 新书重磅推荐 >>

《跨境电子商务概论与实践》

作者：冯晓宁
定价：48.00 元
书号：978-7-5175-0313-2
出版日期：2019 年 1 月

内容简介

《跨境电子商务概论与实践》是作者继《国际电子商务实务精讲》之后的又一力作。本书根据跨境电子商务全新发展形势，结合作者多年教学与实践编写，全书体例框架是对时下跨境电商实务的高度概括与总结。主要特色包括以下几点：

1. 将跨境电商分为出口跨境电商与进口跨境电商，B2B 电商和 B2C 电商，从不同视角解析跨境电商知识要点；

2. 详述各种模式跨境电商的网络营销、跨境物流、支付、知识产权、管理和政策等概况，紧跟跨境电商新政及实务，内容详实，体系完整；

3. 简化过于宏观和技术化的内容，以讲授理念为主，贴合实践，便于院校学生理解与学习。